eurolingua

★ ★ ★ ★ ★ ★ ★ ★ ★ ★ ★
Deutsch 3

Cornelsen

eurolingua Deutsch 3

Deutsch als Fremdsprache für Erwachsene
von Hermann Funk und Michael Koenig

Bearbeitung und Redaktion:
Lutz Rohrmann

Beratende Mitwirkung:
Dr. Hansjörg Frommer (VHS Karlsruhe), Wolfgang Halm (München),
Bernward Mindé (VHS Düsseldorf), Helga Nagel (VHS Frankfurt/Main),
Dr. Ewald Presker (Graz), Sabine Rosenfeld (KVHS Saarlouis),
Dr. Bernhard Schmidt (VHS Moers), Jacqueline Sword (Leine-VHS,
Hemmingen), Ursula Varchmin (VHS München), Dr. Erich Zehnder (Mainz)

Layout und Umschlaggestaltung: Regelindis Westphal

Illustrationen: Laurent Lalo

Erläuterung der Symbole

Der Text ist auf Kassette oder CD zu hören.

► ◄ Sie arbeiten zu zweit.

►ᵛ◄ Sie arbeiten zu dritt.

Sie bilden eine kleine Arbeitsgruppe.

Die Lösung der Aufgabe steht im Schlüssel.

Im Lernerhandbuch finden Sie weitere Informationen.

 http://www.cornelsen.de

1. Auflage ✓ 　　Druck 5 4 3 2 　Jahr 04 03 02 01

© dieser Ausgabe: 1999 Cornelsen Verlag, Berlin
© der Originalausgabe: 1993–1994 Migros Genossenschafts-Bund,
Koordinationsstelle der Klubschulen, Zürich
Mitwirkung an der Originalausgabe: Esther Naef
Wissenschaftliche Beratung für die Originalausgabe: Daniel Coste,
Anthony Fitzpatrick, Henri Holec, Ernesto Martín Peris, René Richterich,
Jan Van Ek

Umschlagfoto:
Opernplatz, Frankfurt am Main

Satz: Satzinform, Berlin

Repro: Satzinform, Berlin

Druck: CS-Druck Cornelsen Stürtz, Berlin

ISBN 3-464-21002-2

Bestellnummer 210022

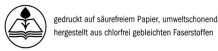 gedruckt auf säurefreiem Papier, umweltschonend hergestellt aus chlorfrei gebleichten Faserstoffen

HINWEISE

Der vorliegende Band 3 von **eurolingua Deutsch** gehört zu einem insgesamt dreibändigen Deutschlehrwerk, mit dem Sie das Niveau des Zertifikats Deutsch erreichen.

Dieses Buch wird Sie während des Kurses und zu Hause beim Deutschlernen begleiten. Sie finden hier das Material, das Sie im Kurs benötigen (Texte und Aufgaben) und Materialien, mit denen Sie zu Hause das im Kurs Gelernte wiederholen und vertiefen können.

Das Kursbuch

Wenn Sie das Buch durchblättern, stellen Sie fest, dass es 15 *Einheiten,* 3 *Optionen* und einen *Anhang* enthält.

Die 15 *Einheiten* präsentieren den Lernstoff in einzelne Abschnitte gegliedert, die es Ihnen ermöglichen, Ihre Deutschkenntnisse weiter auszubauen. Sie finden hier vielfältige Materialien und Aufgaben, die das Lernen erleichtern und es so abwechslungsreich wie möglich machen. Sie lernen, sich in wichtigen Alltagssituationen sprachlich aktiv zu beteiligen, gesprochene Texte zu verstehen, geschriebene Texte zu entschlüsseln und einfache Texte zu schreiben. Übungen, in denen Sie die grammatischen Regelmäßigkeiten der deutschen Sprache zum Teil selbst erarbeiten, helfen Ihnen, den Aufbau der Sprache besser zu verstehen. Sie erfahren auch einiges über das Leben und die Geschichte der Menschen in den deutschsprachigen Ländern und vergleichen es mit Ihren eigenen Erfahrungen.
Besonderen Wert haben wir darauf gelegt, dass Sie Gelegenheit bekommen, über Ihre persönlichen Bedürfnisse beim Lernen nachzudenken und so Ihren eigenen Lernstil zu finden.

Die *Optionen* bieten, häufig in spielerischer Form, zusätzliche Materialien an, mit denen Sie den Lernstoff der jeweils vorangegangenen Einheiten wiederholen und vertiefen können.

Im *Anhang* finden Sie die alphabetische Wortliste mit den jeweiligen Fundstellen im Buch, die Hörtexte, die nicht im Buch abgedruckt sind, und den Lösungsschlüssel.

Im Vokabeltaschenbuch

stehen alle neuen Wörter in der Reihenfolge ihres Auftretens mit Angaben zur Intonation, der Übersetzung bzw. einer Leerzeile und einem Beispielsatz. Sie haben die Wahl zwischen zweisprachigen Glossaren und einer einsprachigen Version, in die Sie selbst eine Übersetzung in Ihrer Muttersprache eintragen können. Wörter, die zur Wortliste des Zertifikats Deutsch als Fremdsprache gehören und die Sie daher unbedingt lernen sollten, sind **fett** gedruckt, solche, die nur verstanden werden müssen, sind ***fett*** und ***kursiv*** gedruckt. Den Wortschatz aus Texten, mit denen hauptsächlich das Leseverstehen geübt werden soll, haben wir nicht aufgenommen. Sie sollen hier versuchen, die zentralen Inhalte ohne Wortschatzhilfen zu entschlüsseln, und darüber hinaus die Arbeit mit dem Wörterbuch üben.

Die Kassette oder CD

enthält alle Hörmaterialien, die im Buch mit dem Kassettensymbol gekennzeichnet sind. Nur was man hört, kann man auch sprechen. Wenn Sie so oft wie möglich mit den Hörmaterialien arbeiten, werden Sie schneller Deutsch verstehen, und Sie verbessern auch Ihre Aussprache und Ihre Sprechfähigkeit.

Das Lernerhandbuch

hilft Ihnen, Ihren persönlichen Lernprozess zu steuern. Es begleitet Sie vom ersten bis zum letzten Band von **eurolingua Deutsch** und bietet systematische Informationen zu drei wichtigen Bereichen des Sprachenlernens an. Der Teil *Das Lernen lernen* gibt Informationen und Hinweise zu Lern- und Arbeitstechniken. Diesen Teil sollten Sie immer wieder konsultieren. Im Abschnitt *Kommunikation* haben wir die wichtigsten kommunikativen Situationen, die Sie in **eurolingua Deutsch** bewältigen lernen, systematisch geordnet. Die *Grammatik* fasst alle Strukturen zusammen, die Sie für das Zertifikat Deutsch benötigen.

Wir wünschen Ihnen viel Freude und Erfolg beim Lernen mit **eurolingua Deutsch**.

INHALTSVERZEICHNIS

EINHEIT 1: SCHULE UND BERUF

.... *über Schule und Ausbildung sprechen*
.... *Textaussagen mit eigenen Erfahrungen vergleichen*
.... *über Erinnerungen sprechen*
.... *über Gefühle während der eigenen Schulzeit sprechen*
.... *ein Bewerbungsgespräch vorbereiten*
.... *Wiederholung: Bewerbung, Lebenslauf*
.... *Systematisch wiederholen: Lernplakat*
.... *Prüfungsvorbereitung: globales Lesen*

1 Schulzimmer früher und heute

1.1 **Wählen Sie jeweils ein Bild aus und betrachten Sie es genau:**

– Was machen die Schüler und Schülerinnen?
– Wie alt sind sie?
– Beschreiben Sie den Lehrer / die Lehrerin.
– Wären Sie in dieser Schule gern Schüler/in oder Lehrer/in? Warum/Warum nicht?

Die Kinder sitzen alle.

Der Lehrer spricht, die Kinder hören zu.

Langeweile.

1. Mittelalterliche Schulszene im Kloster
(Miniatur aus der Manessischen Handschrift, um 1300)

2. Unterricht im Computerraum

3. Die Dorfschule, Gemälde von Albert Anker, 1848

4. Dorfschule in Afrika

5. Grundschulunterricht 1999

1.2 Sehen Sie sich die Zeichnungen an: Was ist für Sie Unterricht? Schreiben Sie einen kurzen Text oder malen Sie ein Bild und sprechen Sie darüber.

1.3 Hören Sie, was deutsche Lernende zu den Bildern gesagt haben. Was trifft auch auf Sie zu?

1.4 Betrachten Sie die Bilder. Was haben diese Dinge mit Schule zu tun? Welche Bilder sind aus Deutschland?

2   Der Biermann

2.1 Text A stammt aus einer Kurzgeschichte von Ursula Fuchs. Sie beschreibt darin einen Lehrer aus den dreißiger Jahren in Deutschland und seine Unterrichtsmethoden. Hören Sie zu. Welches Bild aus Abschnitt 1 passt am besten zum Text?

Text A
Der Biermann hatte das große Einmaleins mit dem Rohrstock abgehört. Alle Schüler mussten sich stellen. Dann ist es losgegangen. „3 mal 12!" – „3 mal 15" – „8 mal 19!" hat der Biermann gebrüllt und seinen Rohrstock durch die Luft pfeifen lassen. „36!" – „45!" – „152!" Wer es gewusst hat, hat sich ganz schnell hingesetzt. Ich hatte das große Einmaleins noch nicht gehabt. Ich wusste es nicht.
Zuletzt haben nur noch Heiner und ich gestanden. „Ihr Dummköpfe!" Der Biermann hat sich vor uns gestellt und uns finster angestarrt.

Text B
Ich erinnere mich fast nur noch an einen Lehrer. Der unterrichtete Biologie und Geografie …

2.2 Lesen Sie die Texte A und B. Welcher entspricht mehr Ihren eigenen Schulerfahrungen?

Das war so spannend, wirklich. Ich habe da zum ersten Mal ein richtiges Bild von der Welt bekommen, begriffen, wie alles mit allem zusammenhängt. Dass ich mich später immer wieder für ökologische Fragen interessiert habe, das kommt sicher von daher. Ich weiß noch, wie ich da saß und auf das Pult sah, und dieser Lehrer erzählte von Fröschen, die im Regenwald oben in den Bäumen leben, und ich weiß nicht, in diesem Augenblick dachte ich einfach, wenn die Welt so schön ist, dann habe ich immer irgendwie Grund dazu, glücklich zu sein, nur weil ich am Leben bin.

2.3 Einen Text genau verstehen: Finden Sie heraus, was diese Wörter aus Text A bedeuten, und versuchen Sie sie den anderen zu erklären. Wie? Das bestimmen Sie. Nur Ihre Muttersprache sollten Sie nicht benutzen.

das große Einmaleins – der Rohrstock – brüllen – durch die Luft pfeifen lassen – finster – finster anstarren

2.4 Lehrerinnen und Lehrer: An wen erinnern Sie sich? Warum? Schließen Sie die Augen und hören Sie die Musik.

Sie gehen in Ihre alte Schule. Sie öffnen die Schultür. Sie sehen … Sie kommen in Ihr altes Klassenzimmer, dort sind …

a) Ergänzen Sie nun zuerst die folgenden Aussagen.

b) Sammeln Sie nun gemeinsam weitere Wörter und Redemittel und erzählen Sie.

– Ich erinnere mich an meine Lehrerin / meinen Lehrer in …
– Ich hatte ihn/sie sehr gern, weil …
– Unser/e …lehrer/in der … Klasse war ganz schlimm …
– Ich habe mich immer auf die …lehrerin gefreut.
– Mein Lieblingsfach war …, weil …
– Alle hatten Angst vor Herrn/Frau …

2.5 Einen Text über die eigenen Schulzeit vorbereiten. Welche Erinnerungen haben Sie allgemein an Ihre Schulzeit? Füllen Sie zuerst den Fragebogen aus.

Meine Schulzeit	nie	selten	manchmal	oft	immer
nette Mitschüler/innen	☐	☐	☐	☐	☐
gemeine Mitschüler/innen	☐	☐	☐	☐	☐
gute Lehrer/innen	☐	☐	☐	☐	☐
nette Lehrer/innen	☐	☐	☐	☐	☐
langweilig	☐	☐	☐	☐	☐
Neugier	☐	☐	☐	☐	☐
Angst/Stress	☐	☐	☐	☐	☐
Spaß	☐	☐	☐	☐	☐
spannend	☐	☐	☐	☐	☐
interessant	☐	☐	☐	☐	☐
Strafen/Prügel/Gewalt	☐	☐	☐	☐	☐

❤ Lieblingsfächer ❤

_____

_____

_____

2.6 Schreiben Sie einen Text über Ihre Schulzeit. Verwenden Sie Informationen und Wörter aus 2.5.

3 Schule in Deutschland

3.1 Einen Hörtext vorbereiten. Andreas Terglane und Rolf Lehmann sind in Deutschland in die Schule gegangen. Sprechen Sie zuerst über die Grafik.

Hochschulen

c | c | Andere berufsbildende Schulen

Berufsschule

b | b

10. Schuljahr
a

Gymnasium | Gesamtschule 7 Jahre | Realschule | Hauptschule

9 Jahre | Orientierungsstufe 2 Jahre | Orientierungsstufe 2 Jahre | Orientierungsstufe 2 Jahre

Grundschule 4 Jahre

Kindergarten

Abschlüsse:
a Hauptschulabschluss
b Realschulabschluss (Mittlere Reife)
c Abitur

3.2 Lesen Sie die Stichworte und hören Sie zu.

a) Ordnen Sie die Stichworte den Personen zu (L = Lehmann, T = Terglane).

b) Bringen Sie die Stichworte im Heft in die richtige chronologische Reihenfolge.

☐ ☐ 3 ½ Jahre	☐ ☐ Lehre als Maschinenschlosser
☐ ☐ Aufbaulehrgänge	☐ ☐ Lokführer
☐ ☐ Fachbereich Grafik und Design	☐ ☐ man kommt viel rum
☐ ☐ flexible Arbeitszeit	☐ ☐ Mathematikzweig
☐ ☐ freiberuflicher Grafikdesigner	☐ ☐ Probleme mit den Lehrern
☐ ☐ freie Entscheidung	☐ ☐ Realschule
L T Grundschule (vier Jahre)	☐ ☐ Spaß an der Arbeit
☐ ☐ Gymnasium	☐ ☐ viel Arbeit
☐ ☐ Kunsthochschule	☐ ☐ Klasse 10 wiederholt
☐ ☐ Kunstzweig	

3.3 Fassen Sie die Interviews in Ihren eigenen Worten zusammen.

Rolf Lehmann hat zuerst die Grundschule besucht und …

4 Bewerbungsgespräche

4.1 Schreiben Sie Ihre „Schulbiografie". Der Sprachbaukasten hilft Ihnen.

Von … bis …	habe ich	die Grundschule	besucht.
Dann	war ich	in der Hauptschule/…schule.	gegangen.
Im Anschluss daran	bin ich	in die Realschule	studiert.
Anschließend	besuche ich	die …schule	gemacht.
Danach	mache ich	an der Universität	abgeschlossen.
19…	studiere ich	eine Lehre als …	gemacht.
Seit 19…/20…	arbeite ich	meine Lehre als …	
Jetzt		das Abitur /die Abschlussprüfung	
Im Moment		Weiterbildungskurse an der …	
		eine Ausbildung als …	
		…	
		…	

4.2 Wissen Sie noch, wie man einen tabellarischen Lebenslauf schreibt? Schauen Sie im Lernerhandbuch nach. Stichwort: „Lebenslauf".

B 23.2

Lebenslauf

Name: Fischer
Vorname: Ellen
Geburtsdatum: 27. September 1972
Geburtsort: Köln
Anschrift: Offenburger Straße 4
                   68198 Mannheim
Eltern: Karl-Heinz Beiler, Verwaltungsbeamter
                   Paula Beiler, geb. Weimann

4.3 Ellen Fischer hat sich beworben und ist zu einem Gespräch eingeladen worden. Sehen Sie sich die Zeichnung an. Frau Fischer macht einige Fehler. Diskutieren Sie.

> Frau Fischer dürfte nicht rauchen.

> Sie sollte …

> Es wäre besser, wenn …

4.4 Wir haben einen Personalberater gefragt, was Frau Fischer falsch macht.
Hören Sie zu und vergleichen Sie mit Ihren Notizen aus 4.3.

4.5 Hören Sie das Bewerbungsgespräch und lesen Sie mit. Was könnte Frau Fischer besser machen?
Markieren Sie die betreffenden Stellen im Dialog.

DIALOG 1

Frau Fischer: Guten Tag.
Frau Westphal: Guten Tag, ich nehme an, Sie sind Frau Fischer.
Nehmen Sie bitte Platz.
Fischer: Danke. Ist der Herr Hitzig nicht mehr da?   *Nicht nachfragen!*
Westphal: Äh, nein, Herr Hitzig nimmt jetzt andere Aufgaben in
unserem Hause wahr. Wir haben ja schon miteinander telefo-
niert. Sie interessieren sich also für die Stelle als kaufmännische
Angestelle. Möchten Sie einen Kaffee?
Fischer: Ja gerne, ich habe nämlich noch nicht gefrühstückt.   *Nicht gefrühstückt!?*
Sie haben ja ein schönes Büro!
Westphal: Danke, ja … gut, ich sehe in Ihren Papieren, dass Sie
zuletzt in Leverkusen gearbeitet haben. Erzählen Sie doch mal,
was Sie beruflich bisher gemacht haben.
Fischer: Beruflich? Eine ganze Menge. Also, angefangen habe ich in
Köln. Da habe ich eine Lehre gemacht. Das war eine tolle Zeit.
Die Kollegen waren nett und das Betriebsklima war super. Ja und
dann haben die mich leider nicht übernommen. Und da hab ich
halt eine Menge Bewerbungen geschrieben und bin bei der Bayer
AG gelandet. Da hab ich dann auch meinen Mann kennen
gelernt. Gleich am zweiten Tag. In der Kantine, es war Liebe auf …
Westphal: Ja, gut. Und jetzt suchen Sie eine Stelle in unserer
Gegend.
Fischer: Tja, was soll ich machen? Mein Mann hat einen super Job
bei der BASF bekommen. Eigentlich wollte ich ja auch eher in
Mannheim etwas finden, aber das ist zur Zeit nicht so leicht.

Westphal: Haben Sie denn Fragen zu der Stelle?

Fischer: Ja, allerdings. In der Anzeige stand ja nicht viel drin. Wie ist das mit den Arbeitszeiten und mit dem Urlaub?

Westphal: Tja, 35 Stunden die Woche und 30 Tage Urlaub im Jahr. Überstunden werden durch Freizeit ausgeglichen.

Fischer: Das klingt gut.

Westphal: Lassen Sie uns zum Schluss über das Gehalt sprechen. Welche Vorstellungen haben Sie?

Fischer: Bei Bayer habe ich zum Schluss 5000 verdient. Ich denke, dass 5500 bis 6000 für den Anfang in Ordnung wären.

Westphal: Na gut, das werden wir noch sehen. Frau Fischer, Sie hören von uns.

Fischer: O.k., Sie haben ja meine Telefonnummer.

4.6 Wie sind Bewerbungsgespräche aufgebaut? Hören Sie Dialog 2 und ordnen Sie 1–4 den Textabschnitten zu.

1. Personalchefin und Bewerberin klären Finanzfragen, Organisatorisches und weitere Kontakte.
2. Gespräch über die neue Stelle: Die Bewerberin informiert sich genauer über die neue Stelle.
3. Gespräch über die Berufstätigkeit der Bewerberin: Der Personalchefin will wissen, was die Bewerberin bisher gemacht hat.
4. Die Personalchefin macht sich ein erstes Bild von der Bewerberin.

DIALOG 2

☐

Frau Fischer: Guten Tag, Frau Westphal. Mein Name ist Fischer.

Frau Westphal: Guten Tag, Frau Fischer. Nehmen Sie bitte Platz.

Fischer: Danke.

Westphal: Wir haben ja schon miteinander telefoniert. Sie interessieren sich also für die Stelle als kaufmännische Angestelle. Möchten Sie einen Kaffee?

Fischer: Ja, gerne.

☐

Westphal: Gut, ich sehe in Ihren Papieren, dass Sie zuletzt in Leverkusen gearbeitet haben. Erzählen Sie doch mal, was Sie beruflich bisher gemacht haben.

Fischer: Ich habe in Köln meine Ausbildung als kaufmännische Angestellte gemacht. Und dann bin ich zur Bayer AG nach Leverkusen gekommen. In dieser Zeit habe ich mich intensiv weitergebildet und kurz vor meinem Umzug nach Mannheim noch einen Lehrgang in Bürowirtschaft abgeschlossen. Bei Bayer musste ich auch oft Korrespondenzen in Spanisch führen.

Westphal: Und jetzt suchen Sie eine Stelle hier in der Gegend. Warum sind Sie aus Leverkusen weg?

Fischer: Mein Mann hat eine sehr interessante Stelle im Labor der BASF gefunden.

☐

Westphal: Haben Sie denn Fragen zu der Stelle?

Fischer: Ja. In der Anzeige schreiben Sie etwas über „Eigeninitiative". Woran denken Sie da?

Westphal: Wir suchen eine sehr selbständige Angestellte, die die Verantwortung für ein Produkt übernimmt und die Kunden betreut.

Fischer: Ich glaube, das würde mir Spaß machen. Arbeiten Sie auch im Internet-Marketing?

Westphal: Wir sind gerade dabei, die notwendigen Strukturen aufzubauen. Das wird in der Zukunft wichtig.

Fischer: Ich habe noch eine Frage. Wie sehen bei Ihnen die Arbeitszeiten aus?

Westphal: Nach Tarif 35 Stunden pro Woche. Wir haben Gleitzeit. Die Kernzeit geht von 9 Uhr 15 bis 15 Uhr 15. Manchmal sind auch Überstunden nötig, die in der Regel durch Freizeit ausgeglichen werden. Sind Sie da flexibel?

Fischer: Kein Problem.

☐

Westphal: Lassen Sie uns zum Schluss über das Gehalt sprechen. Welche Vorstellungen haben Sie?

Fischer: Na ja, sicher nicht weniger als bisher.

Westphal: Na gut, da werden wir uns noch einigen. Frau Fischer, Sie hören von uns.

Fischer: Vielen Dank, Frau Westphal. Ich würde mich sehr über eine positive Entscheidung freuen.

4.7 Suchen Sie je zwei Begriffe, die Sie in 4.6 nicht kennen, heraus. Machen Sie dann eine gemeinsame Liste an der Tafel. Wer kann welches Wort erklären? Schlagen Sie die übrigen Wörter im Wörterbuch nach.

> Gleitzeit = Man muss nicht zu einer bestimmten Uhrzeit mit der Arbeit beginnen.
> Man kann z.B. erst um 9 Uhr anfangen und arbeitet dafür bis 17 Uhr 30. Oder man
> beginnt um 7 Uhr und hört um 15 Uhr 15 auf.

4.8 Sammeln Sie nützliche Redemittel für Bewerbungsgespräche. Machen Sie eine gemeinsame Liste an der Tafel.

Begrüßung/Vorstellung	über Berufserfahrung berichten
Guten Tag, Herr/Frau …	Ich habe … gemacht. Dann … danach …
Mein Name ist …	Von … bis … war ich …

4.9 Intonation – In Bewerbungsgesprächen ist auch der „Ton" sehr wichtig. Hören Sie zu und sprechen Sie nach.

4.10 Wählen Sie nun einen Abschnitt von Dialog 2 aus und üben Sie ihn ein.

4.11 Rollenspiel – Suchen Sie sich eine deutschsprachige Stellenanzeige, die Sie interessiert. Bereiten Sie ein Bewerbungsgespräch vor. Notieren Sie Stichworte für die vier Abschnitte des Gesprächs.

1. Dank für die Einladung
2. in São Paulo bei Hoechst gearbeitet / Laborantin /
   Deutsch am Goethe-Institut
   mein Mann / Stelle bei Hoechst in Frankfurt
3. Frage: Arbeitszeit/Weiterbildung
4. Gehalt wie üblich / wichtig: Möglichkeit zur Entwicklung

5 Systematisch wiederholen

🔑 5.1 Fehler korrigieren. Die Sätze 1–6 enthalten je einen Fehler aus folgenden Grammatikbereichen: Stellung des Verbs, Verbformen. In welchem Teil des Satzes ist der Fehler, in A oder B?

a) Markieren Sie sie.

A	B
1. ☐ Früher war die Lehrer	☐ viel autoritärer als heute.
2. ☐ Während des Unterrichts	☐ nicht durfte gesprochen werden.
3. ☐ Noch bis vor dreißig Jahren	☐ werden die Schüler auch geschlagen.
4. ☐ Erst Mitte der sechziger Jahre	☐ sind körperliche Strafen verboten werden.
5. ☐ Allerdings hatte die Lehrer	☐ auch viel größere Klassen.
6. ☐ Manchmal mussten über sechzig Schüler	☐ lernen in einer Klasse.

b) Kontrollieren Sie gegenseitig ihre Markierungen.

c) Korrigieren Sie die Sätze.

▶ ◀ **5.2** Mit Bildern lernen: Ein Lernplakat

a) Schreiben Sie Wörter, Sätze und Dialoge auf, die Ihnen zu diesem Bild einfallen. Spielen Sie Ihre Dialoge vor.

Die Frau in der Mitte trägt eine modische Bluse. Sie hat dunkle Haare.

Haben Sie den Termin mit Frau Westphal schon gemacht?

Ja, sie kommt am Montag, um 15 Uhr 45.

die blaue Bluse

die Schreibtischlampe

der Computer

Am 31.3. haben wir eine Konferenz mit der Marketingabteilung.

Am 31.3.? Da bin ich in Urlaub.

▶▼◀ b) Suchen Sie aus Zeitungen Bilder zum Thema „Arbeit und Beruf" und tauschen Sie sie im Kurs aus. Machen Sie Lernplakate.

Am Ende von **euro**lingua **Deutsch 3** haben Sie genug Deutsch gelernt, um eine Abschlussprüfung zu machen. In **euro**lingua **Deutsch 3** können Sie sich systematisch auf so eine Prüfung vorbereiten.

Die Prüfung zum Leseverstehen besteht oft aus drei Teilen:
Teil 1 Globalverstehen: Sie sollen das Thema eines Textes verstehen.
Teil 2 Detailverstehen: Sie sollen einen Text sehr genau verstehen.
Teil 3 Selektives Lesen: Sie sollen aus verschiedenen Texten schnell die herausfinden, die für Sie relevant sind.

In dieser Einheit üben Sie das Globalverstehen. Das Detailverstehen üben Sie in Einheit 9 und das selektive Lesen in Einheit 10.

6.1 Lesen Sie die Überschriften und die Texte. Ordnen Sie die Texte und die passenden Überschriften einander zu.

1. Abitur bestanden – 23 Lehrer krank
2. Flugzeugbauer „Airbus" erhält Großauftrag
3. Gedenktafel für Weltraumhund
4. Greenpeace fordert: Schluss mit Tierversuchen
5. Immer mehr Deutsche essen „gesund"
6. Mehr Hygiene in öffentlichen Gebäuden gefordert
7. Noch mehr Flugverkehr in Frankfurt
8. Ratte im Jumbo: 24 Stunden Verspätung
9. Reichstag kostet 8 Millionen mehr
10. Streit um Kunst am Bau

a Rund 30 Millionen Mark darf für Kunst in den neuen Regierungsgebäuden in Berlin ausgegeben werden. Allein acht Millionen davon werden in das neue Reichstagsgebäude fließen. Der Bund der Steuerzahler hält die Summe in dieser Höhe für völlig übertrieben. Die Parlamentspräsidentin bezeichnete den Betrag angesichts der Gesamtkosten der Bauten als „angemessen".

b 400 Flugreisende verbrachten die Nacht zum vergangenen Montag unfreiwillig auf dem Flughafen von Chicago. Grund: ein Fluggast hatte während des Flugs der Maschine von Atlanta nach Chicago eine Ratte durchs Flugzeug huschen sehen. Daraufhin mussten aus Sicherheitsgründen in Chicago alle Passagiere aussteigen und Techniker suchten sechs Stunden nach dem Tier. Ohne Erfolg.

c Die US-Fluggesellschaft „US-Airways" hat insgesamt 400 Flugzeuge bestellt. Zuerst sollen 124 Maschinen der Typen A 319, A 320 und A 321 ausgeliefert werden. Ein Firmensprecher bezeichnete den Auftrag als einen der größten der Firmengeschichte.

e Der Traum aller Schüler wurde wahr: Nach der Abiturprüfung mussten sich 23 Lehrer der Schule und die Prüfer krank melden. Die am Prüfungstag zur Stärkung gereichten Brötchen waren offensichtlich verdorben. Daraufhin musste die Schule für den Rest der Woche geschlossen werden. Das Gesundheitsamt untersucht derzeit die Ursache der Lebensmittelvergiftung.

d Zur Erinnerung an die „Weltraum-Hündin" Laika wurde am Montag in Moskau eine Plakette enthüllt. Das Tier war vor über 40 Jahren das erste Lebewesen, das ins Weltall geschossen wurde. Die Hündin verbrannte bei der Rückkehr zur Erde. Tierschützer bezeichneten ihren Tod als ein Symbol für sinnlose und unmenschliche Tierversuche.

LERNTIPP Zur Prüfungsvorbereitung: Sammeln Sie Kurznachrichten aus deutschsprachigen Zeitungen. Schneiden Sie die Überschriften ab und geben Sie sie der Kursleiterin zum Kopieren. Die anderen müssen Überschriften erfinden. Wer der Originalüberschrift am nächsten kommt, hat gewonnen.

6.2 Besprechen Sie im Kurs: Was hat Ihnen bei der Lösung der Aufgabe geholfen? Wo gab es Probleme? Was können Sie tun, um selbständig das Leseverstehen zu trainieren?

EINHEIT 2: WIR UND DIE ANDEREN

.... *über Klischees und Vorurteile sprechen*
.... *über fremde Länder sprechen*
.... *einen literarischen Text erarbeiten*
.... *einen Hörtext erarbeiten*
.... *indirekte Rede (Konjunktiv I, Wiederholung: ob, dass)*
.... *Prüfungsvorbereitung: schriftlicher Ausdruck*

1 Alle Hühner dieser Welt

1.1 Aus welchen Regionen kommen die Hühner? Ordnen Sie zu.

1. Frankreich
2. Italien
3. England
4. Japan
5. Holland
6. Deutschland
7. Schweiz
8. Amerika (2)
9. Islamische Länder

> Wahrscheinlich ist Huhn a ein italienisches Huhn.

> Huhn b kommt aus …

> Ich glaube …

1.2 Begründen Sie Ihre Lösung zu 1.1. Ordnen Sie die Begriffe den Nationalitäten zu.

☐ Lederhose
☐ Zigarette
☐ Rumfässchen
☐ Spaghetti
☐ Mickey Mouse
☐ Holzschuhe
☐ Baskenmütze
☐ Skier

☐ Schirm
☐ Hut (Melone)
☐ Federschmuck
☐ Zeitung
☐ Schleier
☐ Essstäbchen
☐ Baguette (französisches Weißbrot)

> Bei Engländern denkt man oft an Schirm und Melone.

> Wenn man an Deutschland denkt, dann denkt man an …

> Amerika, das ist für viele Leute …

1.3 Wie könnte ein Huhn aus Ihrer Region aussehen? Zeichnen Sie und erläutern Sie Ihre Zeichnung.

1.4 Das deutsche Wort für diese Vorstellungen ist „Klischees". Lesen Sie den Auszug aus dem Wörterbuch. Welches Klischee wird im Ausschnitt erwähnt?

> **Kli•schee** *das; -s, -s, geschr pej,* **1** e-e ganz feste Vorstellung, die kein Bild der Realität mehr ist ≈ Vorurteil <in Klischees denken>: *das K, dass Frauen nur im Haushalt arbeiten sollten* || K-: ***Klischeevorstellung*** || -K: ***Rollen-*** **2** ein Wort od. ein Ausdruck, die schon lange verwendet werden u. keine konkrete, genau definierte Bedeutung (mehr) haben ≈ Phrase, Formel <in Klischees reden> || *hierzu* **klischeehaft** *Adj.*

1.5 Können Sie andere Beispiele für Klischees geben?

Das stimmt ja gar nicht! ...

Die Deutschen sind alle fleißig, sauber, pünktlich und effizient.

Haifische ...

Dass ich nicht lache! ...

Schlangen sind ...

1.6 Was meinen Sie zu den Klischees oben? Wählen Sie die zu Ihrer Meinung passenden Adjektive aus und formulieren Sie dann Äußerungen.

dumm – gefährlich – rassistisch – unangenehm – unwichtig – harmlos – positiv – interessant – witzig – nett ...

Mir ist das egal.

Bei uns gibt es so etwas auch.

Ich finde die meisten Klischees einfach dumm!

Man sollte nicht so humorlos sein!

Viele Klischees sind ...

Manchmal können Klischees ...

▸ ◂ **2.1** Sehen Sie sich die vier Fotos an und geben Sie einer
der abgebildeten Personen eine Biografie.
Schreiben Sie einen Text mit fünf Sätzen über sie.

2.2 Vergleichen Sie Ihre Texte   – Informationen im Bild? (Kleidung, Gesicht, etwas im Hintergrund ...)
im Kurs. Überlegen Sie,   – Ihre Lebenserfahrung? (Jemand, den Sie kennen, von dem Sie gehört haben ...)
warum Sie die Biografien   – Etwas aus der Zeitung / dem Fernsehen?
so und nicht anders ge-   – Reine Phantasie?
schrieben haben.   – ...

2.3 Hören Sie, was zwei Deutschlernerinnen zu den Bildern gesagt haben.

3   Der Konjunktiv in schriftlichen Texten

3.1 In Abschnitt 4 werden Sie Ausschnitte aus einer
C 20.2   Geschichte lesen. Sie verstehen den Text besser, wenn
Sie den Konjunktiv I kennen. Hier sind drei Sätze aus
der Geschichte. Markieren Sie die neuen Formen.

Der Taxifahrer in New York fragt nach meiner
Nationalität, und als ich ihm sage, dass ich
Schweizer <u>sei</u>, sagt er, er ha<u>be</u> eine Schwester in
Stockholm. Stockholm sei in Schweden, sage
ich. Das wisse er, sagt er. Schweden und die
Schweiz seien nicht dasselbe und lägen weit
auseinander, sage ich.

Indirekte Rede: In schriftlichen Texten, z.B. in der Zeitung, wird der Konjunktiv I häufig verwendet, wenn man berichtet, was jemand gesagt oder getan hat. In der gesprochenen Sprache wird er meist durch den Indikativ ersetzt.

▶ ◀ **3.2** Schreiben und spielen Sie den Dialog zwischen Fahrgast und Taxifahrer.

– Woher kommen Sie?
+ Aus der …

3.3 Manchmal sind die Verbformen des Konjunktiv I identisch mit dem Präsens. Dann verwendet man den Konjunktiv II. Im Text von 3.1 können Sie ein Beispiel finden.

3.4 Sehen Sie sich die Tabelle an und markieren Sie alle Formen, die mit dem Präsens identisch sind.

ich	könn e	hab e	komm e	wiss e	sei
du	könn est	hab est	komm est	wiss est	sei (e)st
er/es/sie	könn e	hab e	komm e	wiss e	sei
wir	könn en	hab en	komm en	wiss en	sei en
ihr	könn et	hab et	komm et	wiss et	sei et
sie	könn en	hab en	komm en	wiss en	sei en

Das ist alles, was Sie wissen müssen, um den Konjunktiv in der indirekten Rede zu verstehen.

4 Peter Bichsel: Geographie der Schlachtfelder

▶ ◀ **4.1** In Bichsels Geschichte geht es um fremde Länder und was wir von ihnen wissen.
Welche Länder werden hier dargestellt?

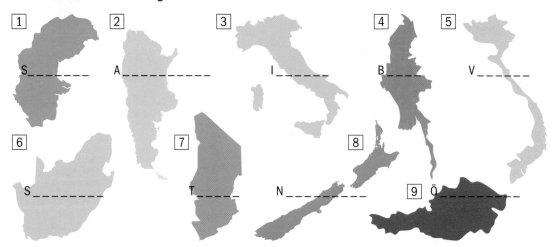

```
1          2              3              4          5
S_____  A_____  I_____        B_____     V_____

6          7              8              9 Ö_____
S_____      T_____    N_____
```

▶▼◀ **4.2** Und was wissen Sie über die Länder in 4.1? Könnten Sie zum Beispiel die folgenden Fragen beantworten?

1. Wo liegt das Land?
2. Ist es eine Insel?
3. Ist das Land größer oder kleiner als Ihr Land?
4. Welche Sprache spricht man dort?
5. Wie heißt die Hauptstadt?
6. Wie viele Einwohner/innen hat das Land?
7. Was wird im Land hergestellt?
8. Wie ist das Klima?

4.3 Über welche Länder haben Sie viel gewusst? Über welche Länder haben Sie wenig oder nichts gewusst? Warum ist das so? Vergleichen Sie die Ergebnisse.

Lesen und hören Sie jetzt den Anfang der Geschichte. Unterstreichen Sie alle geographischen Angaben.

Geographie der Schlachtfelder

Ich habe die Geschichte mehrmals gehört und gelesen, bevor sie mir selbst passierte, und Sie werden sie kennen.

Der Taxifahrer in New York fragt nach meiner Nationalität, und als ich ihm sage, dass ich Schweizer sei, sagt er, er habe eine Schwester in Stockholm. Stockholm sei in Schweden, sage ich. Das wisse er, sagt er. Schweden und die Schweiz seien nicht dasselbe und lägen weit auseinander, sage ich. Das wisse er, sagt er, aber er habe eine Schwester in Schweden und ich käme doch aus der Schweiz und das sei doch in Schweden. Mein Englisch reicht nicht aus. Höflich formuliert er für mich und liest aus meinem hilflosen Gesicht, dass es sich umgekehrt verhalten müsse, dass also nicht die Schweiz in Schweden, sondern Schweden in der Schweiz liege. Ich erinnere mich an die Erzählungen von sprachbegabteren Schweizern und ihre entsprechenden hoffnungslosen Versuche und beschränke mich darauf, zu sagen, dass es nicht ganz so sei oder dass es so ähnlich sei, und habe dabei den Eindruck, dass er an meiner Nationalität zweifelt.

4.5 **Was denkt der Taxifahrer? Wie ist es in Wirklichkeit?**

Der Taxifahrer denkt, dass _____

In Wirklichkeit _____

4.6 **Schreiben Sie zunächst fünf Begriffe auf, die Ihnen zur Schweiz einfallen, und lesen Sie dann weiter.**

Immerhin, ich habe auch Taxifahrer angetroffen, die trotz geographischer Einordnungsschwierig- keiten etwas mehr über die Schweiz wussten: Fondue, Banken, Uhren, und damit wusste er schon wesentlich mehr als ich über ein afrikanisches Land: ich weiß nichts über Gabun, Zaire, Sambia, Obervolta, ich weiß nicht, was dort produziert wird, ich weiß nicht, wo sie liegen – halt eben in Afrika; ein Land, von dem ich erstmals in der Sonntagsschule hörte, und dann gab es früher auch Kulturfilme, die man schon vor sechzehn besuchen durfte, und die Afrikaner waren schwarz und nackt.

4.7 **Was wissen Sie über Gabun, Zaire, Sambia und Obervolta?**

4.8 **Im nächsten Abschnitt bezeichnet sich der Erzähler als „Geographie-Idiot". Finden Sie heraus, was er damit meinen könnte, und schreiben Sie den Satz zu Ende.**

Ich empfinde es als eigenartig, wenn mein Taxifahrer die Schweiz nicht geographisch präzis einordnen kann, und dabei ist es absolut vorstellbar, dass ich einem Menschen aus Obervolta sagen würde, dass ich auch jemanden kenne in Kenia, und dass er sagen würde, das sei nicht dasselbe, und ich ihm antworten würde, das wisse ich, aber – usw., usw.

Selbst die Namen der afrikanischen Staaten sind mir nicht geläufig – ich bin ein Geographie-Idiot und kriege das einfach nie in meinen Kopf. Ich habe die Länder, die ich hier wahllos aufgeschrieben habe, von einer Weltkarte, die ich mir letzte Woche gekauft habe.

Ein Geographie-Idiot ist ein Mensch, der _____

_____

4.9 Was meinen Sie zu den folgenden Aussagen?

1. Es gibt wichtige und un-wichtige Länder.
2. Europa ist das Zentrum der Welt.
3. Erst wenn wir fremde Kultu-ren kennen lernen, lernen wir unsere eigene Kultur kennen.

Da bin ich ganz anderer Ansicht! …

So ein Quatsch!

Ich bin mir da nicht so sicher. Ich glaube, dass …

Leider stimmt das, aber …

4.10 Das weiß doch jeder! Schreiben Sie die Sätze zu Ende. Unten finden Sie mögliche Lösungen.

1. In Grönland ist es …
2. Peru liegt …
3. In Kenia gibt es …
4. Tunesien liegt …
5. In Japan gibt es …
6. In Italien wächst …
7. Griechenland ist bekannt für …
8. Mexiko exportiert unter anderem …

h	am Mittelmeer.		d	selten grün und meistens kalt.
g	große Nationalparks.		c	Baumwolle, Kaffee und Erdöl.
f	ausgezeichneter Wein.		b	seine antiken Baudenkmäler.
e	in Südamerika.		a	zahlreiche Vulkane und heiße Quellen.

4.11 Was können Sie über diese Länder noch sagen?

4.12 Was nicht jeder weiß! Schreiben Sie vier Aussagen über Ihr Land.

Viele Leute wissen nicht, dass …

5.1 Beschreiben Sie die
Fotos.

Karneval der Kulturen in Berlin

Straßenszene in Berlin-Kreuzberg

5.2 Einen Hörtext vorbereiten. Lesen Sie den Text.

Herr Montesem hat einen iranischen Vater und eine griechische Mutter. Er ist in Deutschland
aufgewachsen und lebt dort. In einer Sendung des Hessischen Rundfunks ging es um „interkultu-
relle Erfahrungen". Herr Montesem sprach über Verhaltensweisen aus den Kulturen seiner Eltern,
die er auch in Deutschland praktiziert.

5.3 Die folgenden Stichwörter nennen einige Themen,
über die Herr Montesem spricht. Notieren Sie, was
Ihnen dazu einfällt und sprechen Sie gemeinsam
darüber.

– das Haus
– der Kühlschrank / kochen
– etwas Süßes
– allein sein
– krank sein / Krankenhaus

5.4 Hören Sie das Interview. Welche Bilder passen zu den Aussagen von Herrn Montesem? Warum?

5.5 Hören Sie das Interview noch einmal und notieren Sie weitere Informationen zu den Stichwörtern in 5.3.

5.6 Haben Sie eigene Erfahrungen zu den Themen, die Herr Montesem angesprochen hat? Sprechen Sie darüber im Kurs.

5.7 Veränderungen

Viele Verhaltensweisen und kulturelle Strukturen ändern sich schnell. So war noch vor wenigen Jahrzehnten die Familie viel wichtiger für die Menschen in Deutschland als heute.
Können Sie Beispiele nennen, was sich in Ihrer Kultur in den letzten Jahrzehnten verändert hat?
Hier sind einige Stichworte. Wählen Sie aus.

Familie – Freunde – Männer – Frauen – Herzlichkeit – Wärme – Kälte – Freiheit – Kontrolle – Hilfsbereitschaft – Aggressivität – Höflichkeit – Ruhe – Hektik – Offenheit – Gastfreundschaft

5.8 Können Sie Gründe für die Veränderungen nennen?

6 Prüfungsvorbereitung: schriftlicher Ausdruck

6.1 Lesen Sie die Aufgabe und kreuzen Sie in 6.2 an, was für Sie zutrifft.

Eine deutsche Brieffreundin möchte etwas über wichtige Feste in Ihrem Land wissen.
Sie schreibt:

Liebe(r) …

danke für deinen lieben Brief. Du wolltest etwas über Feste in Deutschland wissen. Das ist gar nicht so einfach. Das wichtigste Fest ist natürlich Weihnachten. Aber es gibt heute große Unterschiede, wie die Leute das Fest feiern. Ich habe mir vorgenommen, mal alle meine Bekannten zu fragen, und dann schreibe ich dir ausführlich darüber. Dann ist natürlich der Geburtstag sehr wichtig. Besonders die „runden" Geburtstage werden oft groß gefeiert …
Und wie ist das eigentlich bei euch? Feiert ihr auch Weihnachten? Ich hab mal gehört, dass bei euch Neujahr fast wichtiger ist. Stimmt das? Feiert ihr den Geburtstag? Wie feiert ihr eure Feste?

Beantworten Sie den Brief Ihrer Brieffreundin. Sie haben 30 Minuten Zeit, um den Brief zu schreiben. Schreiben Sie etwas zu allen vier Punkten unten. Schreiben Sie auch eine passende Einleitung und einen passenden Schluss.

- Die wichtigsten Feste in Ihrem Land.
- Wie feiert man die großen Feste?
- Wie feiert man Familienfeste?
- Wann gibt es Geschenke?

6.2   Sich selbst einschätzen: Was kann ich? Wo habe ich Probleme?

Aufgabe
- [ ] Ich kann diese Aufgabe lösen.
- [ ] Ich habe Probleme, diese Aufgabe zu lösen.

Inhalt
- [ ] Ich weiß genug über das Thema.
- [ ] Mir fällt zu dem Thema nichts ein.

Form
- [ ] Ich habe vergessen, wie man einen Brief auf Deutsch schreibt.
- [ ] Ich habe schon viele Briefe auf Deutsch geschrieben.

Arbeitsform
- [ ] Ich möchte allein arbeiten.
- [ ] Ich möchte lieber zu zweit arbeiten.

6.3   Das Schreiben vorbereiten: Lesen Sie die Arbeitsschritte. Sie sind ungeordnet. Bringen Sie sie in eine sinnvolle Reihenfolge.

1. Ich achte auf die korrekte Briefform (Datum, Anrede, Schlussformel).
2. Ich ordne meine Stichwörter.
3. Ich gehe in die Cafeteria, trinke ein Mineralwasser und ruhe mich aus.
4. Ich lese meinen Brief mehrmals durch. Dabei achte ich besonders auf meine häufigsten Fehler.
5. Ich sammle Stichwörter.
6. Ich konzentriere mich bei jedem Lesen auf ein oder zwei Fehlertypen.
7. Ich schreibe kurze Sätze zum Thema auf.
8. Ich schreibe meinen Brief. (Auf Satzverbindungen achten und Wortwiederholungen vermeiden!)
9. Ich gebe meinen Brief ab.

☐ ☐ ☐ ☐ ☐ ☐ ☐ 9 3

6.4   Schreiben Sie nun den Brief. Beachten Sie die Schritte aus 6.3.

6.5   Tauschen Sie nun Ihre Briefe im Kurs. Verstehen Sie alles, was der/die andere schreibt? Entdecken Sie Fehler? Bei Problemen hilft Ihr/e Kursleiter/in.

6.6   Analysieren Sie Ihre wichtigsten Fehler. Überlegen Sie, welche Übungen Sie dazu machen könnten.

A 16

6.7   Vergleichen Sie Ihr Ergebnis mit Ihrer Selbsteinschätzung in 6.2.

EINHEIT 3: FERIEN IN DEUTSCHLAND

.... *eine deutsche Ferieninsel kennen lernen*
.... *einen deutschen Maler der Romantik kennen lernen*
.... *Bilder beschreiben und interpretieren*
.... *Dialoge zu touristischen Standardsituationen selbständig erarbeiten*
.... *Wiederholung: Adjektivdeklination*
.... *Prüfungsvorbereitung: Hörverstehen (global, Detail)*

1 Caspar David Friedrich: Der Kreidefelsen auf Rügen

1.1 Wie gefällt Ihnen das Bild?

Caspar David Friedrich, Kreidefelsen auf Rügen. Um 1818. Öl auf Leinwand 90.5 x 71 cm, Winterthur, Stiftung Oskar Reinhart.

Mir gefällt der Blick auf das Meer.

Ich weiß nicht. Das ist nicht mein Geschmack.

Ich finde das Bild schön. Es ist sehr romantisch.

Eine schöne Aussicht. Ist das die Ostsee?

Caspar David Friedrich wurde 1774 in Greifswald (Mecklenburg-Vorpommern) geboren und lebte nach seinem Kunststudium in Kopenhagen in Dresden (Sachsen). Nachdem Goethe ihn förderte, fand Friedrich nach 1804 breite Anerkennung. Seine Kunst wendete sich von der idealisierenden Italien- und Griechenlandsehnsucht seiner Vorgänger ab. Für ihn sollte die Kunst als „Mittlerin zwischen die Natur

und den Menschen" treten. Es ging ihm um die sorgfältige Beobachtung der Natur und die Darstellung von Naturstimmungen in seinen Bildern. Er ist einer der berühmtesten Maler der Romantik, einer europäischen Künstlerbewegung, die sich am Ende des 18. Jahrhunderts gegen die Klassik in der Literatur, Malerei und Musik wandte. Einige berühmte Vertreter dieser Bewegung in Deutschland sind die Brüder Grimm, Novalis, August Wilhelm Schlegel, Joseph v. Eichendorff in der Literatur, Franz Schubert und Robert Schumann in der Musik sowie Phillipp Otto Runge und Caspar David Friedrich in der Malerei. Caspar David Friedrich starb am 7. Mai 1840 in Dresden.

1.2 Was sieht man auf dem Bild? Schreiben Sie die Buchstaben zu den Wörtern.

1. ☐ das Schiff
2. ☐ der Zweig
3. ☐ die Frau
4. ☐ das Meer
5. ☐ der Busch
6. ☐ der Ast
7. ☐ der Mann
8. ☐ der Fels
9. ☐ der Stock
10. ☐ der Wipfel

1.3 Beschreiben Sie das Bild.

Im Vordergrund	liegt/liegen	spitze, weiße Felsen.
Im Hintergrund	sitzt/sitzen	Bäume.
In der Bildmitte	sieht man	Äste.
Am oberen/unteren Bildrand	ist/sind	das Meer.
Vorne/Hinten rechts/links	steht/stehen	Segelboote.
Darunter/Darüber/Daneben	…	kleine Büsche.
Auf der rechten Seite	…	
Auf dem Bild		

1.4 Eine Kunststudentin interpretiert das Bild.

Monika Kaiser ist Kunststudentin. Sie hat sich mit den Bildern von Caspar David Friedrich beschäftigt. Sie sagt, dass der Künstler das Bild kurz nach seiner Hochzeitsreise auf der Insel Rügen gemalt hat. Er war damals sehr verliebt. In dem Bild kann man vielleicht deshalb die Form eines Herzens erkennen.

1.5 Sehen Sie sich das Bild noch einmal genau an. Finden Sie das Herz? Können Sie beschreiben, wo es liegt?

1.6 Eine Bildinterpretation verstehen.

a) Diese Wörter sollten Sie kennen, bevor Sie die Bildinterpretation hören:

die Spitze – der Rahmen / die Rahmung / die Einrahmung – darstellen – vereinigen

b) Hören Sie nun die Bildinterpretation. Was wird zu folgenden Stichwörtern gesagt?

die Bäume – das Fenster – die Personen – das Herz

1.7 Ergänzen Sie nun bitte den Text.

Auf dem Bild sieht man zunächst den _____. Der stellt eine Wiese dar. Auf der

_____ und _____ Seite sieht man zwei _____, die sich mit ihren Ästen in

dem oberen Rand des Bildes _____. Durch diese _____ der beiden Bäume

und auch durch die beiden _____ links und rechts hat man den Eindruck, als wenn

man durch ein _____ auf das _____ schaut. Das Bild hat sozusagen eine Rahmung.

Im _____ sieht man außerdem auf der linken Seite eine Frau in einem

_____ Kleid, die die junge Frau Caspar David Friedrichs _____ soll.

Auf der _____ Seite sieht man einen Mann. Man nimmt an, dass sich Caspar

David Friedrich hier _____ dargestellt hat.

2 „Der Kreidefelsen auf Rügen" von 1837

2.1 Caspar David Friedrich hat das Bild „Kreidefelsen auf Rügen" zwanzig Jahre später noch einmal gemalt. Was fällt Ihnen auf?

– die Bäume
– die Personen
– das Herz
– die Wiese

Caspar David Friedrich, Kreidefelsen auf Rügen. Nach 1837. Bleistift, Pinsel/ Aquarellfarbe, 31,7 x 25,2 cm, Leipzig, Museum der bildenden Künste.

2.2 Hören Sie nun die Interpretation von Monika Kaiser und machen Sie Notizen.

2.3 Das Foto auf Seite 28 zeigt die Stelle, an der Caspar David Friedrich seine Bilder gemalt hat.
Wie unterscheidet sich es sich von den Gemälden? Warum ist das so?

2.4 Monika Kaiser erklärt, warum das Foto und die Bilder so verschieden sind.
Kreuzen Sie an, was Monika Kaiser sagt.

1. ☐ Damals konnte man noch keine Bilder malen, die wirklich realistisch waren.
2. ☐ Der Maler wollte durch das Bild seine Gefühle ausdrücken.
3. ☐ Die Romantiker wollten gar keine Landschaften malen.
4. ☐ Diese Art zu malen war sehr untypisch für die Romantik.
5. ☐ Für die Maler der Romantik war der Ausdruck der Gefühle wichtiger als die genaue Abbildung der Realität.

3 Die Insel Rügen

3.1 Lesen Sie die Informationen. Was verstehen Sie, wo haben Sie Probleme?

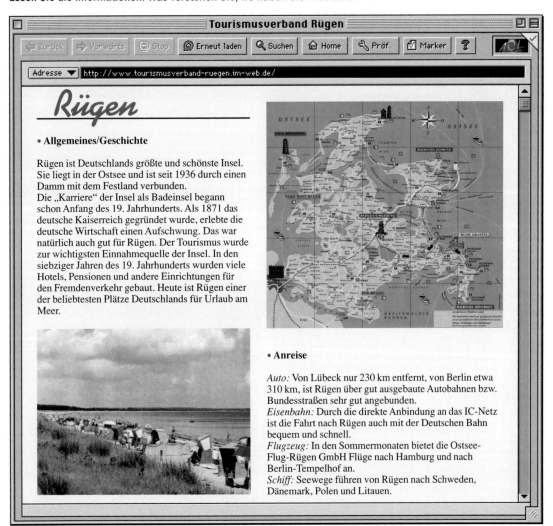

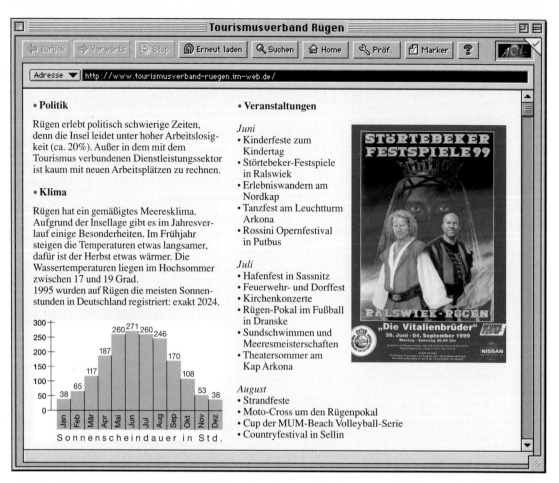

Adresse ▼ http://www.tourismusverband-ruegen.im-web.de/

• Politik

Rügen erlebt politisch schwierige Zeiten, denn die Insel leidet unter hoher Arbeitslosigkeit (ca. 20%). Außer in dem mit dem Tourismus verbundenen Dienstleistungssektor ist kaum mit neuen Arbeitsplätzen zu rechnen.

• Klima

Rügen hat ein gemäßigtes Meeresklima. Aufgrund der Insellage gibt es im Jahresverlauf einige Besonderheiten. Im Frühjahr steigen die Temperaturen etwas langsamer, dafür ist der Herbst etwas wärmer. Die Wassertemperaturen liegen im Hochsommer zwischen 17 und 19 Grad.
1995 wurden auf Rügen die meisten Sonnenstunden in Deutschland registriert: exakt 2024.

Sonnenscheindauer in Std.

• Veranstaltungen

Juni
- Kinderfeste zum Kindertag
- Störtebeker-Festspiele in Ralswiek
- Erlebniswandern am Nordkap
- Tanzfest am Leuchtturm Arkona
- Rossini Opernfestival in Putbus

Juli
- Hafenfest in Sassnitz
- Feuerwehr- und Dorffest
- Kirchenkonzerte
- Rügen-Pokal im Fußball in Dranske
- Sundschwimmen und Meeresmeisterschaften
- Theatersommer am Kap Arkona

August
- Strandfeste
- Moto-Cross um den Rügenpokal
- Cup der MUM-Beach Volleyball-Serie
- Countryfestival in Sellin

Tourismusverband Rügen

Adresse ▼ http://www.tourismusverband-ruegen.im-web.de/

▶ Die Strandhotels Arkona und Rugard (Binz/Rügen) bieten bis zum 6. Juni (Ostern ausgenommen) kombinierte Gesundheits- und Erlebnisaufenthalte zu günstigen Konditionen. Fünf Übernachtungen (inkl. Frühstück, 4 x Halbpension, ein Candlelight-Dinner, eine Flasche Sekt, Nutzung des Arkona-Wellness-Bereichs mit Schwimmbad und Sauna und viele andere Extras) kosten ab 499 Mark (Rugard) und ab 599 Mark (Arkona) p. Pers. im DZ.

▶ „Frühlingsgefühle auf der Insel Rügen" heißt das Angebot vom 20.3. bis 18.6. (ausgenommen Feiertage): Ein 2-Raum-Appartement (für 2 Pers.) kostet ab 80 DM, ein 3-Raum-Appartement (4 Pers.) ab 140 DM. Und – wer sieben Nächte bleibt, zahlt nur für sechs.

▶ 2 Ferienwohnungen (18/20 qm) im Erdgeschoss mit Terrasse, Gartenmöbeln, Dusche/WC, Küche bzw. Kochnische für 2 Personen. Beide Wohnungen verfügen über Telefon, TV-Gerät, Kaffeemaschine, Toaster und jeweils 1 Pkw-Stellplatz oder Garage. Verkehrsgünstige Lage für Ausflüge per Auto, Fahrrad oder Wanderungen.
Unsere Preise: Ferienwohnung (2 Personen): Nebensaison 60,– DM / Hauptsaison 80,– DM

Alle Informationen haben wir aus dem Internet: www.wild-east.de/meckpom/ruegen/

▶ ◀ **3.2** Notieren Sie je drei Informationen.

a) **Das ist wichtig für meine Urlaubsplanung.**

b) **Das finde ich interessant.**

Hören Sie doch mal!

Cassetten/CDs

Deutsche Sprecherinnen und Sprecher
geben die Inhalte des Lehrbuchs wieder.
Die Cassetten bzw. CDs enthalten neben
den Lehrbuchtexten auch viele kurzweilige
Hörverstehens- und Nachsprechübungen.
So kann man in Ruhe zu Hause noch
einmal hören, was im Unterricht gerade
behandelt wurde.

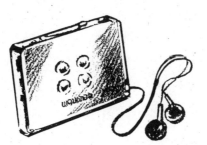

Weitere Angebote auf der Rückseite.

Bestellkarte

Hiermit bestelle ich zur Lieferung wie umseitig ausgewiesen (per Nachnahme oder Bankeinzugsverfahren). Preis zuzüglich Versandkosten.

Eurolingua Deutsch, Band 3:

☐ **Cassetten** (ca. 200 Min.)
Bestellnr. 210081 ◊ 39,80 DM

☐ **CDs** (ca. 200 Min.)
Bestellnr. 210111 ◊ 59,80 DM

☐ **Vokabelheft (einsprachig)**
136 Seiten, Bestellnr. 210057 9,90 DM

Zu Eurolingua Deutsch, Band 1–3:

☐ **Lernerhandbuch (auf Deutsch)**
Bestellnr. 210154 19,80 DM

☐ **Lernerhandbuch (auf Englisch)**
Bestellnr. 209997 24,90 DM

☐ **Lernerhandbuch (auf Polnisch)**
Bestellnr. 209946 24,90 DM

☐ **Lernerhandbuch (auf Türkisch)**
Bestellnr. 209954 24,90 DM

☐ **Lernerhandbuch (auf Spanisch)**
Bestellnr. 212777 24,90 DM

Gewünschtes bitte in dem entsprechenden Kästchen deutlich ankreuzen. Alle Titel können auch durch den Buchhandel zum Ladenpreis ohne Versandkosten bezogen werden.
Preisstand 1.1.2001. Änderungen vorbehalten. ◊ = Unverbindliche Preisempfehlung.

Wort für Wort …

kommen Sie voran, wenn Sie das chronologische *einsprachige Vokabelheft* benutzen. Es ist dreispaltig angelegt: links steht die deutsche Vokabel, in der Mitte kann man selbst das Wort in der eigenen Muttersprache eintragen. Und die rechte Spalte gibt das Wort noch einmal im Satzzusammenhang auf Deutsch wieder.

Das handliche Format erleichtert das Arbeiten: Sie können das Heft neben dem Kursbuch aufgeschlagen hinlegen oder damit auch bequem unterwegs lernen.

Wie lerne ich am besten?

Das *Lernerhandbuch* ist eine wichtige Ergänzung zu den Kursbüchern 1–3. Sie finden dort
■ viele Tipps zum effektiven Lernen;
■ eine systematische Grundgrammatik;
■ eine Liste der Redewendungen, die sich an den Vorgaben für das VHS/ICC-Zertifikat orientiert.
Das Lernerhandbuch gibt es auf Deutsch, Englisch, Polnisch, Spanisch, Türkisch.

Cornelsen online
Neben dem Gesamt-Katalog und der Möglichkeit direkt zu bestellen, finden Sie auch aktuelle Informationen.
Surfen Sie doch mal herein, wir haben rund um die Uhr geöffnet:
www.cornelsen.de

3.3 Sie wollen auf Rügen Urlaub machen. Überlegen Sie: Welche Situationen müssen Sie dabei sprachlich meistern?

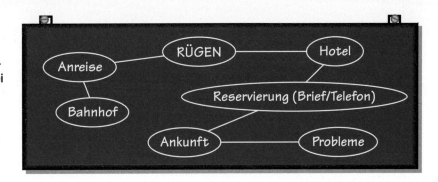

3.4 Verteilen Sie die wichtigsten Situationen im Kurs. Jede Gruppe sammelt Wörter und Redemittel für eine Situation.

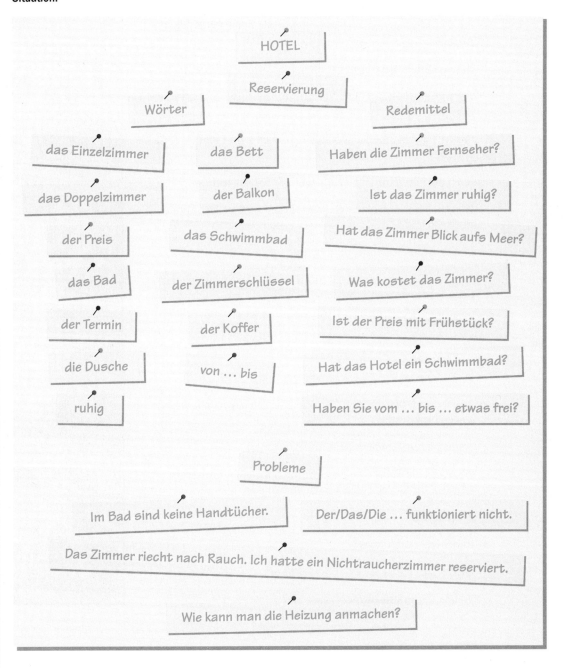

3.5 Hier finden Sie die Elemente zu sechs Dialogen in verschiedenen Situationen im Urlaub. Schreiben Sie je zwei der Dialoge.

– Der Zug fährt immer von Gleis 5, aber er ist schon weg. Die Abfahrtszeit war 10 Uhr 27.

– Direkt hier vor der Information fährt der Bus ab. Der bringt Sie hin und danach wieder zurück.

– Ein Bier, bitte.

– Ein Radeberger, bitte.

– Entschuldigen Sie, ich hatte ein Nichtraucherzimmer bestellt. In meinem Zimmer riecht es nach Rauch.

– Entschuldigung, von welchem Bahnsteig fährt der Zug nach Rügen?

– Es wird Ihnen bestimmt gefallen. Ich komme jedes Jahr.

– Für morgen leider nicht, aber für übermorgen habe ich noch Karten.

– Guten Tag, können Sie mir sagen, wie ich zum Hotel Arcona komme?

– Ich hätte gern einmal Heringsfilet mit Salzkartoffeln.

– Ich möchte morgen zu den Störtebeker-Festspielen. Gibt es noch Karten?

– Ist das Wetter nicht herrlich heute?

– Ja, gehen Sie hier die Straße hinunter. An der Strandpromenade gehen Sie rechts. Sie sehen das Hotel nach 200 Metern.

– Und wann fährt der nächste?

– Ja, gerne. Möchten Sie auch etwas trinken?

– Ja, wunderbar. Sind Sie schon länger hier?

– Ja, gut, dann übermorgen. Können Sie mir sagen, wie ich am besten hinkomme?

– Nein, ich bin gerade gestern angekommen.

– Oh, da ist ein Fehler passiert. Sie bekommen Nummer 36. Ich lasse Ihr Gepäck gleich nach 36 bringen.

– Zimmer 56.

– Radeberger oder Jever?

– Um 14 Uhr 27.

– Welche Zimmernummer haben Sie?

3.6 Spielen Sie die Dialoge vor.

3.7 Minidialoge – Schreiben Sie passende Äußerungen zu den folgenden Aussagen.

- Nein, wir haben nur noch ein Doppelzimmer mit Dusche.
- Heute fährt kein Schiff mehr nach Hiddensee. Erst morgen um 8 Uhr 30 wieder.
- Also, ein Wiener Schnitzel, einen Nizza-Salat, ein Radeberger und ein Mineralwasser.
- 120 DM pro Nacht mit Frühstück.
- Eine Post haben wir hier nicht mehr, aber Briefmarken bekommen Sie da drüben am Kiosk.
- Bis letzte Woche war es noch richtig warm hier.
- Warum fahren Sie nicht zum Sommerfest nach Binz? Das gefällt Ihnen bestimmt.

3.8 Wählen Sie nun eine oder zwei Situationen aus 3.3 aus und bereiten Sie eigene Dialoge dazu vor.

4 Eine Reise durch die deutschen Urlaubsregionen

4.1 Lesen Sie den ersten Abschnitt des Textes. Wo finden Sie solche Texte? Was ist hier ungewöhnlich?

DEUTSCHLAND

Von der Nordsee bis zu den Alpen

Deutschland – ein Urlaubsland, das zu entdecken sich lohnt, reich an Landschaften und Städten, Ferienorten und Naturschönheiten. Baden und Wassersport an Seen und Küsten, Radeln und Leuchtturm-Romantik in Meeresbrise, Faulenzen auf Almwiesen, Spazierengehen durch Täler und Mittelgebirge, Bergwandern unter Alpengipfeln – dem Urlaubsvergnügen sind keine Grenzen gesetzt.

4.2 Adjektive sind typisch für solche Texte. Im folgenden Text haben wir die meisten gelöscht. Lesen Sie zuerst den ganzen Text auf den Seiten 35 und 36.

Ein ⎡1⎤ Sommervergnügen

Deutschland – ein Urlaubsland, das zu entdecken sich lohnt, reich an ⎡2⎤ Landschaften und ⎡3⎤ Städten, ⎡4⎤ Ferienorten und ⎡5⎤ Naturschönheiten. Baden und Wassersport an ⎡6⎤ Seen und Küsten, Radeln und Leuchtturm-Romantik in ⎡7⎤ Meeresbrise, Faulenzen auf ⎡8⎤ Almwiesen, Spazierengehen durch ⎡9⎤ Täler und ⎡10⎤ Mittelgebirge, Bergwandern unter ⎡11⎤ Alpengipfeln – dem Urlaubsvergnügen sind keine Grenzen gesetzt.
Ganz gleich, wonach Ihnen der Sinn steht: Kunst, Kultur, Shopping, Unterhaltung, ⎡12⎤ Köstlichkeiten, Fitness und Sport nach Wunsch – oder von allem etwas – bei dieser Vielfalt fällt es Ihnen nicht schwer, das Richtige zu finden.

Adjektive ⎡1⎤–⎡12⎤   bewaldete, frischer, gepflegten, grünen, historischen, idyllischen, kulinarische, reines, sanfte, schönen, schroffen, sehenswerten

Die Standards der Gastronomie sind durchweg hoch, die Freizeitmöglichkeiten für Groß und Klein fast überall ausgezeichnet. Wählen Sie aus einem 13 Angebot. DERTOUR bietet Ihnen Ferienhotels in den 14 Ferienregionen Deutschlands. Zum Beispiel an der 15 Nord- und Ostsee mit ihrem 16 Seeklima; an der Mecklenburgischen Seenplatte, dem Land der tausend Seen und mit dem 17 Wasserwegenetz Deutschlands; in Brandenburg, wo Sie der Spreewald zum Verweilen einlädt; im 18 Harz mit seinen 19 Seen, 20 Dörfern und dem 3000 km 21 Wanderwegenetz; im 22 Sauerland, wo Tropfsteinhöhlen, Wildgehege, 23 Bergwerke, Stauseen und 24 Wälder zum Entspannen einladen.

Adjektive 13 – 24   alte, beliebten, gesunden, langen, längsten, schmucken, schönen, schönsten, umfassenden, waldreichen, weite, zahlreichen

Der Thüringer Wald und das Erzgebirge sind bekannt für den 25 „Rennsteig" und 26 Handwerkskunst. Im Schwarzwald erleben Sie 27 Schluchten, 28 Städtchen und 29 Wanderwege. Der Bodensee mit 30 Wassersportmöglichkeiten fehlt ebenso wenig im Programm wie das 31 Allgäu und Oberbayern. Nicht zu vergessen: der Bayerische Wald, das 32 zusammenhängende Waldgebiet Europas mit 33 Dörfern und etwa 60 Berggipfeln, die alle über 1000 m Höhe reichen.

(Text aus: DERTOUR Ferienhotels 1998, S. 21)

Adjektive 25 – 33   einzigartige, gemütlichen, größte, grüne, legendären, romantische, traditionelle, vielfältigen, wilde

▶ ◀ **4.3**   Wählen Sie einen Abschnitt aus und markieren Sie bis zu vier Wörter, deren Bedeutung sie nicht kennen. Fragen Sie im Kurs oder arbeiten Sie mit dem Wörterbuch.

▶ ◀ **4.4**   Ergänzen Sie nun in Ihrem Abschnitt die Adjektive, die Ihrer Meinung nach passen. Achten Sie aber darauf, dass auch die Adjektivendungen passen müssen.

Prüfungsvorbereitung: Hörverstehen (global und Detail)

5.1 Überlegen Sie gemeinsam: In welchen Situationen ist das Hörverstehen besonders wichtig?
Wann muss man alles verstehen, wann genügen einige wichtige Angaben?

Bahnhof, Gespräch in einer Bar, Radio …

5.2 Der Test in Ihrer Prüfung kann aus drei Teilen bestehen:

Teil 1 Globalverstehen: Sie sollen die „Kernaussage" eines gesprochenen Textes herausfinden. Sie hören fünf Texte und zu jedem Text gibt es eine Aussage. Sie sollen ankreuzen, ob diese Aussage richtig oder falsch ist.

Teil 2 Detailverstehen: Sie sollen die wichtigsten Aussagen eines Textes herausfinden. Sie hören ein Interview und sollen dann zehn Aussagen danach bewerten, ob sie inhaltlich dem Gehörten entsprechen.

Teil 3 Selektives Hören: Sie hören fünf verschiedene Durchsagen (z.B. Bahnhof, Wetterbericht, Kinoprogramm ...). Danach sollen Sie fünf verschiedene Aussagen mit richtig oder falsch bewerten.

Teil 3 üben wir in Einheit 4. Hier zunächst ein Modell für Teil 1 und 2.

Teil 1 Globalverstehen

Im Folgenden hören Sie fünf kurze Texte. Lesen Sie die fünf Aussagen und hören Sie dann die Texte.
Bewerten Sie danach die Aussagen mit richtig R oder falsch F.

R F
1. ☐ ☐ Peter Siegel hat sein Hobby zum Beruf gemacht.
2. ☐ ☐ Anja Pieper macht gern Badeferien, interessiert sich aber auch für Kultur.
3. ☐ ☐ Olav Hackl findet es gut, mit anderen Leuten zusammen in Urlaub zu fahren.
4. ☐ ☐ Wenke Wiggers geht nicht gerne in Urlaub. Sie bleibt lieber zu Hause.
5. ☐ ☐ Franz Mauser findet es schade, dass viele Deutsche Deutschland gar nicht kennen.

Teil 2 Detailverstehen

Sie hören nun ein Gespräch mit der Besitzerin eines Bioladens. Dazu sollen Sie zehn Aufgaben lösen. Sie hören das Gespräch zweimal. Beim ersten Hören oder danach markieren Sie bei jeder Aussage unten, ob sie richtig oder falsch ist. Ist sie richtig, markieren Sie R, ist sie falsch, markieren Sie F.

R F
1. ☐ ☐ Frau Henkel hat ein Lebensmittelgeschäft.
2. ☐ ☐ Das Geschäft verkauft Lebensmittel, die ohne Einsatz von Gift produziert werden.
3. ☐ ☐ Viele Menschen kaufen biologische Lebensmittel, weil das zur Zeit Mode ist.
4. ☐ ☐ Frau Henkel kauft möglichst viele Produkte in ihrer Region ein.
5. ☐ ☐ Die Preise in einem Bioladen sind oft höher als im Supermarkt.
6. ☐ ☐ Frau Henkel sagt, dass man schon gut verdienen muss, um hier einzukaufen.
7. ☐ ☐ Bioläden verkaufen keinen Alkohol.
8. ☐ ☐ Leute, die gesund essen, wollen trotzdem gut essen und trinken.
9. ☐ ☐ Die Supermärkte verkaufen heute auch schon Bio-Produkte.
10. ☐ ☐ Die Konkurrenz wird die kleinen Bioläden kaputt machen, sagt Frau Henkel.

5.3 Wie ist der Test gelaufen? Gab es Probleme? Diskutieren Sie: Wie können Sie das Hörverstehen im Unterricht und zu Hause besser trainieren?

EINHEIT 4: DER 9. NOVEMBER

.... etwas über die deutsche und österreichische Geschichte erfahren
.... historische Sachtexte lesen
.... über politische Veränderungen sprechen
.... Wortschatz erschließen; Wortschatz erklären
.... Nominalstil
.... Passiv (Wiederholung)
.... Prüfungsvorbereitung: Hörverstehen (selektiv)

1 Geschichte in Bildern

1.1 Sammeln Sie Stichwörter zu Daten der Geschichte, die Ihnen spontan einfallen.

1.2 Deutsche Geschichte von 1848 bis 2000 – Schauen Sie die Bilder an und lesen Sie die Texte. Zu welchen Texten passen die Bilder?

1 1848 In vielen deutschen Staaten gibt es Demonstrationen und Aufstände. In der Frankfurter Paulskirche diskutiert das erste deutsche Parlament über eine demokratische Verfassung. Aber die Revolution gelingt nicht.

2 1871 Nachdem Deutschland den Krieg gegen Frankreich gewonnen hat, wird im Spiegelsaal von Versailles das „Deutsche Reich", der erste moderne deutsche Nationalstaat, gegründet. Österreich gehört nicht zu diesem Staat.

3 1918 Deutschland verliert den 1. Weltkrieg. Am 9. November 1918 dankt der Kaiser ab. Der Sozialdemokrat Philipp Scheidemann ruft die erste deutsche Republik aus.

4 1923 Inflation in Deutschland. Es gibt viele Arbeitslose und viele Menschen verlieren ihre Existenz. Am 9. November scheitert ein Putschversuch Hitlers in München.

5 1929 Der Börsenkrach in New York stürzt auch Deutschland in die ökonomische Krise. Wieder werden Millionen arbeitslos. Das ist die Chance für die Nationalsozialisten um Adolf Hitler.

6 1933 Hitler wird am 30. Januar „Führer" und Reichskanzler. Am 27. Februar brennt der Reichstag. Die Nazis nehmen dieses Ereignis zum Vorwand, um ihre politischen Gegner zu verfolgen. Konzentrationslager (KZ) werden gebaut. Schon bald beginnt die Verfolgung

von Deutschen jüdischer Abstammung und unerwünschten Minderheiten (Sinti, Roma, Homosexuelle u.a.).

7 1938 Der erste Höhepunkt der Gewalt gegen die jüdische Bevölkerung war das Pogrom vom 9. November 1938.

8 1939 Mit dem Angriff auf Polen beginnt Deutschland den 2. Weltkrieg.

9 1945 Deutschland besiegt, befreit, zerstört, geteilt.

10 1949 Es gibt zwei deutsche Staaten, die Bundesrepublik Deutschland (BRD) und die Deutsche Demokratische Republik (DDR).

11 1961 Die DDR „sichert" ihre Grenze. Sie will verhindern, dass immer mehr Bürger der DDR in den Westen gehen. In Berlin wird eine Mauer gebaut, die die Stadt in zwei Teile teilt.

12 1989 Am 9. November öffnet die Regierung der DDR die Grenzen für Reisen in den Westen. Die Mauer ist offen.

13 1990 Am 3. Oktober schließen sich die beiden deutschen Staaten zu einem Staat zusammen. Berlin wird wieder offiziell Hauptstadt Deutschlands.

14 2000 Das deutsche Parlament tagt wieder im Reichstagsgebäude in Berlin.

▶ ◀ 1.3 Vokabeln zur deutschen Geschichte. Welchen Symbolen können Sie die Wörter zuordnen?

1. [b] Deutsches Reich
2. [ ] Kaiser
3. [ ] Drittes Reich
4. [ ] Inflation
5. [ ] Wirtschaftskrise
6. [ ] Industriestaat
7. [ ] Reichskanzler
8. [ ] Armee
9. [ ] Marine
10. [ ] Nationalsozialistische Partei Deutschlands (NSDAP, die Nazis)

► ◄ **1.4** Zu welchen Begriffen aus 1.3 fallen Ihnen noch andere Wörter ein?

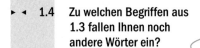

Reichskanzler   Minister
Bundeskanzler   Regierung

1.5 Wählen Sie drei Begriffe aus 1.3/1.4 aus und schreiben Sie je eine Aussage damit.

Korea hatte vor 40 Jahren fast keine Industrie. Heute ist es ein Industriestaat.
Was in Deutschland der Reichskanzler war, ist bei uns ...

► ◄ **1.6** Schreiben Sie Texte wie in 1.2 zu zwei wichtigen Daten der Geschichte Ihres Landes.

✳ **1.7** Gibt es Verbindungen zwischen der Geschichte Deutschlands und Ihres Landes?

Japan hat den Zweiten Weltkrieg verloren und Korea wurde 1945 unabhängig.

Korea ist heute noch geteilt in Nordkorea und Südkorea.

Aber dann wurde das Land geteilt.

2 Der 9. November 1918

🔑 **2.1** Der folgende Text gibt Ihnen eine Übersicht über die deutsche Geschichte von 1871 bis in die zwanziger Jahre. Lesen Sie den Text schnell. Welche Überschrift passt zu welchem Abschnitt?

☐ Das Ende einer Epoche
☐ Demokratie
☐ Die neue Großmacht

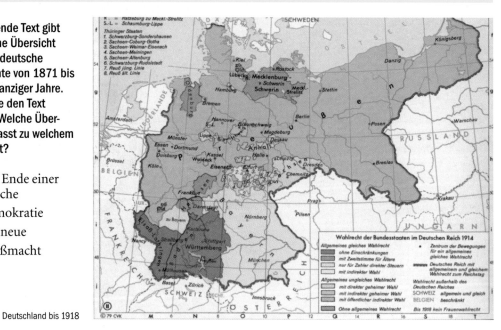

Deutschland bis 1918

Von 1871 zur Weimarer Republik

⏐1⏐ Durch den Zusammenschluss der deutschen Fürsten im deutsch-französischen Krieg 1871 entstand das deutsche Kaiserreich. Die Industrialisierung machte aus dem Agrarstaat Deutschland eine führende Industrienation mit einer starken Armee. Das Land wurde zur politischen und ökonomischen Großmacht. Aber Deutschland war – anders als Frankreich und Großbritannien – kein demokratischer Staat. Militär und Adel machten die Politik.

2 Vor allem die deutsche Politik führte im Sommer 1914 zu einer politischen Krise, die den 1. Weltkrieg auslöste. Im November 1918 mussten das Deutsche Reich und Österreich-Ungarn kapitulieren. Ungarn und andere Balkanstaaten wurden selbständig. Deutschland verlor Gebiete an Polen und Belgien und musste Elsass-Lothringen an Frankreich zurückgeben.
Am 9. November 1918 wurde der Rücktritt von Kaiser Wilhelm II. bekannt gegeben. Der Sozialdemokrat Philipp Scheidemann proklamierte die erste deutsche Republik.

3 Die Weimarer Republik war der erste demokratische Staat in Deutschland. Die Verfassung garantierte Meinungs- und Pressefreiheit. Frauen bekamen das Wahlrecht. Die neuen demokratischen Freiheiten führten zu einem großen kulturellen Aufschwung in Deutschland. Berlin wurde zu einer der wichtigsten Kulturmetropolen der Welt. Die neue Filmindustrie entwickelte sich schnell, Musik, Literatur und Malerei blühten.
Aber die Republik hatte viele Probleme. Millionen Menschen waren arbeitslos und lebten im Elend. Es gab schwere Konflikte.

Die zwanziger Jahre

Bertolt Brecht (Schriftsteller)

Arbeitslose demonstrieren

Marlene Dietrich in „Der blaue Engel"

2.2 Lesen Sie den Text nun genau und unterstreichen Sie die Informationen, die Sie für wichtig halten.

2.3 Was passt zusammen? Sehen Sie im Text nach und ordnen Sie zu.

Deutschland 1	a	hatte eine demokratische Verfassung.
Belgien und Polen 2	b	war vor 1871 noch ein Agrarstaat.
Frankreich und Großbritannien 3	c	wurde 1918 selbständig.
Österreich-Ungarn 4	d	bekamen 1918 Gebiete von Deutschland.
Ungarn 5	e	existierte nur bis 1918.
Die Weimarer Republik 6	f	waren demokratische Staaten.

2.4 Wörter erklären – Suchen Sie drei Wörter aus dem Text und schreiben Sie einfache Erklärungen dafür. Tragen Sie die Erklärungen vor. Die anderen müssen die Begriffe raten. Es gibt verschiedene Möglichkeiten:

Großmacht

– Die USA, Russland und China sind das.
– Ein Staat, der besonders viel Macht hat, besonders wichtig ist.
– Wenn viele andere Länder auf ein bestimmtes Land hören müssen, dann ist dieses Land so etwas.

3 Schrümpfeln Sie mal – unbekannten Wörtern auf der Spur

A 24
A 25
A 26

Lesetexte enthalten oft Wortschatz, den Sie noch nicht kennen. Wir zeigen Ihnen hier, wie Sie Wörter aus dem Kontext erschließen können.

3.1 Verstehen Sie z.B. diesen Satz?

Satz 1: Klaus <u>schrümpfelte</u>.

Das zweite Wort verstehen Sie nicht. Was könnte es sein? Kreuzen Sie an und begründen Sie Ihre Meinung.

Verb:
☐ 1. Person Plural
☐ 3. Person Singular
☐ Präsens
☐ Präteritum
☐ Futur

Nomen:
☐ Akkusativ
☐ Dativ
☐ Singular
☐ Plural

Adjektiv:
☐ Akkusativ
☐ Dativ
☐ Singular
☐ Plural
☐ Komparativ
☐ Superlativ

3.2 Noch ein unbekanntes Wort. Notieren Sie, was Sie über dieses Wort wissen und vermuten.

Satz 2: Klaus <u>schrümpfelte</u> <u>Krimpfbrois</u>.

3.3 Jetzt ist der Satz länger. Helfen Ihnen die neuen Wörter? Aus welchen Wortfeldern können **schrümpfelte** und Krimpfbrois **kommen?**

Satz 3: Klaus war sehr sportlich und <u>schrümpfelte</u> jeden Samstag zwei Stunden <u>Krimpfbrois</u>.

3.4 **Schreiben Sie den Satz dreimal auf und ersetzen Sie** schrümpfelte **und** Krimpfbrois **durch Ihnen bekannte Wörter.**

_____

_____

_____

3.5 Der Satz steht in einem Text. Können Sie erschließen, was **brois** heißt?

Klaus war sehr sportlich und <u>schrümpfelte</u> jeden Samstag zwei Stunden <u>Krimpfbrois</u>. Punkt zwei Uhr nahm er seine Sportschuhe und ging zum Sportplatz. Dort traf er seine Freunde. Er war mit sieben Toren der erfolgreichste Spieler der Victoria Neckarhausen in der letzten Saison.

Auch jetzt gibt es noch verschiedene Möglichkeiten, aber Sie wissen genug, um die Situation zu verstehen.

3.6 Ersetzen Sie nun die unverständlichen Wörter in folgenden Sätzen.

1. Ich <u>platschere</u> am liebsten Pizza und trinke gern Wein.
2. Ich habe mir ein neues <u>Krok</u> gekauft. Es fährt prima und hat 21 Gänge.
3. Die Lehrerin <u>knurzelte</u> den <u>Trump</u> an die <u>Schnurz</u>, aber man konnte ihn kaum lesen.
4. Ich <u>plottere</u> gern ins <u>Knurps</u> und <u>flabbere</u> mir die neusten <u>Blurps</u> an.

3.7 Schreiben Sie einen eigenen Schrümpfel-**Satz** oder kurzen -**Text**. Die anderen im Kurs müssen raten.

► ◄ **3.8** Versuchen Sie herauszufinden, welche Bedeutung die unterstrichenen Wörter haben. Können Sie sie in Ihre Muttersprache übersetzen?

1. Deutschland begann den Zweiten Weltkrieg mit dem <u>Überfall</u> auf Polen. Der Krieg endete 1945.
2. Deutschland wurde <u>besetzt</u> und in vier <u>Besatzungszonen</u> aufgeteilt.
3. 1961 baute die DDR die Mauer. Sie wurde zum Symbol des „<u>Kalten Kriegs</u>" zwischen der kommunistischen und der kapitalistischen Welt.

4 Der 9. November 1938

4.1 So sah Deutschland von 1919 bis 1937 aus. Vergleichen Sie mit den Karten auf Seite 40 und 47.

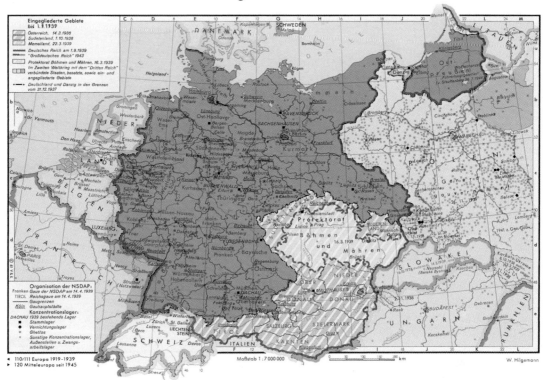

4.2 Lesen Sie den Text und unterstreichen Sie die wichtigen Informationen.

Das Ende der Weimarer Republik

Der Friedensvertrag von Versailles 1919 war hart für Deutschland. Das Reich verlor Gebiete an die Nachbarn im Osten und Westen und musste
5 die Kosten des Krieges bezahlen. 1923 gab es eine Inflation: Ein Brot kostete mehr als zwei Milliarden Mark. Antidemokratische und rechtsradikale Parteien bekamen viele Stimmen, weil sie gegen den Versailler Vertrag Propaganda
10 machten. 1929 kam die Weltwirtschaftskrise. In Deutschland gab es über fünf Millionen Arbeitslose. Die Nationalsozialisten wurden bald zur stärksten Partei.
Zuerst war die Nationalsozialistische Deutsche
15 Arbeiterpartei nur eine kleine, radikale Gruppe. Ihr „Führer" war Adolf Hitler. Für die Nationalsozialisten waren vor allem die Juden, aber auch die Demokraten und die Kommunisten schuld an allen Problemen.
20 1933 wurde Adolf Hitler Reichskanzler. Sofort begann die Verfolgung von politischen Gegnern und Minderheiten. Die Konzentrationslager (KZ) wurden gebaut. Neue Gesetze machten die Juden zu Bürgern ohne Rechte.
25 In der Pogromnacht vom 9. zum 10. November 1938 zündeten Nazis überall im Land Synagogen an. Jüdische Geschäfte wurden zerstört. Mit dem Kriegsbeginn 1939 begann die systematische Ermordung von Juden, Sinti, Roma,
30 Behinderten, Homosexuellen und politischen Gegnern in den Konzentrationslagern.

Informationen in einer Textgrafik ordnen – Lesen Sie den Text in 4.2 noch einmal und ergänzen Sie die Textgrafik.

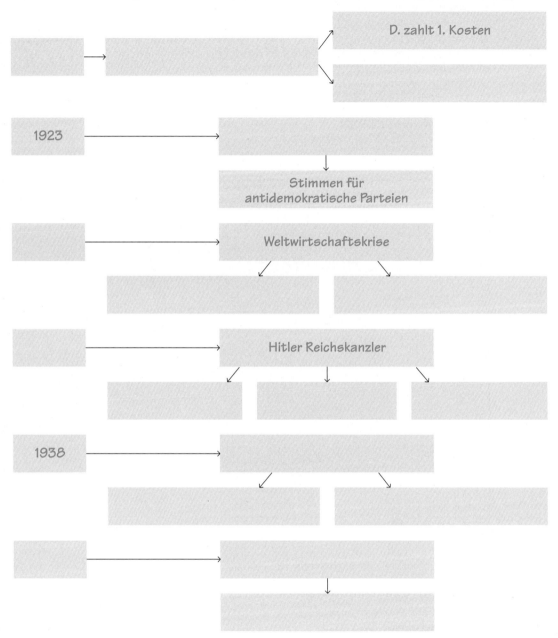

► ◄ **4.4** Die folgenden Sätze enthalten zusätzliche Informationen zum Text in 4.2. Zu welchen Zeilen passen sie?

1. Im Versailler Vertrag stand, dass Deutschland schuld am 1. Weltkrieg war.
2. Deutschland musste Elsass-Lothringen an Frankreich zurückgeben.
3. Die Krise der internationalen Wirtschaft begann in den USA.
4. Die Nazis profitierten von der Unzufriedenheit der Menschen.
5. Juden, Kommunisten, Sozialdemokraten und andere wurden eingesperrt und gequält.
6. Die Heirat zwischen Juden und anderen Deutschen wurde verboten.
7. Die Nationalsozialisten begannen den 2. Weltkrieg.

4.5 Versuchen Sie nun, den Text mit Hilfe der Textgrafik mündlich zusammenzufassen.

4.6 Österreich im 20. Jahrhundert – Ergänzen Sie den Text mit folgenden Wörtern.
Kontrollieren Sie mit der Tonaufnahme.

Soldaten   Partei   Monarchie   marschierte   Republik   Reich   Nationalsozialisten
Gewerkschaften   2. Weltkrieg   1. Weltkrieg   regierte   neutral   Siegermächte
Europäischen Union   Arbeiteraufstand

1. Kaiser Franz Josef I. von Österreich
2. November 1918: Die Republik wird ausgerufen.
3. Wiener Heldenplatz im März 1938
4. Unterzeichnung des Staatsvertrags 1955. Österreich wird unabhängig und neutral.

Bis zum Jahre 1918 war Österreich eine _____ . Kaiser Franz Josef

_____ von 1848 bis 1916. Nach dem _____ _____ verboten

die _____ Österreich, sich Deutschland anzuschließen. Der deutschsprachige

Teil Österreichs wurde eine selbständige _____ . Von 1933 an regierten in

Deutschland die _____ . Auch in Österreich gab es eine nationalsozialistische

_____ . 1934 gab es einen _____ gegen die rechtskonserva-

tive Regierung. Über 300 Menschen starben. Danach wurden die Sozialdemokratische Partei und

die _____ verboten. 1938 _____ Hitler mit seinen

_____ in Österreich ein. Bis 1945 gehörte Österreich dann zum Deutschen

_____ . Nach dem _____ _____ wurde Österreich wieder

selbständig. Wie die Schweiz ist Österreich _____ . Seit 1996 ist das Land

Mitglied der _____ _____ .

5 Unpersönlich – Nomen und Passiv in Sachtexten

5.1 In Sachtexten sagt man oft mit Nomen, was man in der Alltagssprache mit Verben sagt. Schauen Sie sich die Beispiele an.

Sachtext (mit Nomen)

Die Herstellung von Käse braucht Monate.
Die Arbeit mit Hörtexten ist wichtig.
1961: Bau der Mauer

Alltagssprache (mit Verben)

Man braucht Monate, um Käse herzustellen.
Es ist wichtig, mit Hörtexten zu arbeiten.
1961 wurde die Mauer gebaut.

Der Nominalstil ist unpersönlich und wird deshalb oft in Sachtexten oder stichwortartigen Zusammenfassungen verwendet.

5.2 Unten finden Sie eine stichwortartige Zusammenfassung des Textes auf Seite 47. Können Sie mit Hilfe der Stichwörter ganze Sätze formulieren?

Suchen Sie zuerst gemeinsam die Verben zu den fett gedruckten Nomen. Verwenden Sie das Präsens.

1939 beginnt der 2. Weltkrieg.

1939:	**Beginn** des 2. Weltkriegs, deutscher **Angriff** auf Polen
1945:	**Ende** des Krieges, **Besetzung** Deutschlands
1949:	**Entstehung** der beiden deutschen Staaten (BRD und DDR), **Teilung** Berlins
bis 1961:	**Flucht** vieler Menschen vom Osten in den Westen
1961:	**Schließung** der DDR-Grenzen, **Bau** der Mauer in Berlin
1989:	**Feier** des vierzigsten Geburtstags der DDR, **Demonstrationen** der DDR-Bürger gegen den Staat
9.11.89:	**Öffnung** der Mauer durch die DDR-Regierung
3.10.90:	**Wiedervereinigung** der beiden deutschen Staaten

Sie hatten vielleicht Probleme mit den Beispielen, in denen nicht gesagt wird, <u>wer</u> etwas getan hat. Im Nominalstil werden die handelnden Personen oft nicht genannt. Wie haben Sie dieses Problem gelöst?

Beispiel:

Haben Sie das Passiv gebraucht?	1961: Bau der Mauer
Oder haben Sie man verwendet?	1961 wird die Mauer gebaut.
Beides ist richtig.	1961 baut man die Mauer.

Das Passiv hat – wie man – einen unpersönlichen Charakter. Man muss nicht sagen, wer etwas tut. Deshalb kommt es in Sachtexten besonders häufig vor.

5.3 Wiederholung: Passiv – Können Sie die Sätze ergänzen und weitere Beispiele formulieren?

Aktiv	Die Arbeiter bauen das Haus.
Passiv Präsens	Das Haus wird _____ .
Passiv Perfekt	Das Haus ist _____ _____ .
Passiv Präteritum	Das Haus _____ _____ .
Passiv Präsens mit Modalverben	Das Haus muss _____ _____ .

6 Der 9. November 1989

6.1 Betrachten Sie die Abbildungen und sammeln Sie in der Klasse, was Sie über dieses Datum und seine Konsequenzen wissen.

Ich erinnere mich, dass …
Ich erinnere mich an …
1989 wurde die Mauer …
Gorbatschow …
Ich kenne mich da nicht aus.

Eine Million DDRler demonstrierte für Demokratie

Bei der Leipziger Demonstration verloren die Bürger ihre Angst vor dem Staat

Die DDR macht auf

DDR wohin?

Jetzt gibt's kein Halten mehr: Krenz macht alle Grenzen auf
Bonn: Auch die Mauer muß weg – Selbst SED-Politiker stellen „Schutzwall" in Frage

Berlin – das fröhlichste Chaos der Welt

6.2 Viele Deutsche wissen genau, was sie gerade gemacht haben, als sie am 9. November von der Öffnung der Mauer hörten. Hören Sie die Tonaufnahme.

6.3 Gibt es historische Ereignisse, bei denen Sie sich genau erinnern können, was Sie zu dem Zeitpunkt gerade gemacht haben?

Katastrophe von Tschernobyl, Challenger-Unglück …

6.4 BRD und DDR – Ein Blick zurück

Lesen Sie den Text und vergleichen Sie ihn mit der Karte. Zeichnen Sie eine Textgrafik dazu und fassen Sie den Text mit Hilfe der Grafik zusammen.

1939 begann Deutschland den 2. Weltkrieg mit dem Angriff auf Polen. Der Krieg endete am 8. Mai 1945. Deutschland wurde besetzt und in vier Besatzungszonen aufgeteilt. 1949 wurden die zwei Staaten Bundesrepublik Deutschland (BRD) und Deutsche Demokratische Republik (DDR) gegründet. Berlin wurde geteilt. Ostberlin wurde die Hauptstadt der DDR. Alle ehemals deutschen Gebiete östlich der Flüsse Oder und Neiße gehören seitdem zu Polen bzw. zur GUS. Bis Anfang der sechziger Jahre flüchteten viele Menschen in den Westen. Dann schloss die DDR 1961 die Grenzen. In Berlin wurde eine Mauer gebaut. Sie wurde zum Symbol des „Kalten Krieges" zwischen dem kommunistischen Osten und der westlichen kapitalistischen Welt. Seit Mitte der achtziger Jahre versuchte Gorbatschow die Sowjetunion und den Ostblock zu reformieren. Aber die Regierenden in der DDR wollten keine Reformen. Im Oktober 1989 feierte die DDR ihren 40. Geburtstag. Doch die Menschen akzeptierten den DDR-Staat nicht mehr. Immer mehr Bürger flüchteten über Ungarn in den Westen. Andere demonstrierten gegen die Politik der Sozialistischen Einheitspartei (SED). Besonders viele Menschen gingen in Leipzig auf die Straße und riefen: „Wir sind das Volk!" und „Wir sind ein Volk!". Am 9. November 1989 öffnete die DDR-Regierung die Mauer für Reisen in den Westen. Weniger als ein Jahr danach, am 3. Oktober 1990, schlossen sich die beiden deutschen Staaten zusammen.

6.5 Sie können die Sätze 1–7 selbst zu Ende schreiben oder a–g zuordnen.

1. ☐ Weil Deutschland den Krieg verlor, …
2. ☐ Nachdem Deutschland von den Siegern geteilt worden war, …
3. ☐ Weil in den 50er Jahren viele DDR-Bürger in den Westen gingen, …
4. ☐ Obwohl die DDR 40 Jahre lang existierte, …
5. ☐ Weil sie nicht mehr in der DDR leben wollten, …
6. ☐ Die Flüchtlinge und die Demonstrationen waren ein Problem für die Regierung der DDR, …
7. ☐ Die meisten DDR-Bürger wollten eine schnelle Wiedervereinigung, …

g ☐ wurde sie von den meisten Bürgern nicht akzeptiert.
f ☐ entstanden zwei Staaten in Deutschland, die DDR und die BRD.
e ☐ wurde das Land besetzt und geteilt.
d ☐ denn der Westen war für sie attraktiver als die DDR.
c ☐ flüchteten viele Menschen über Ungarn in den Westen.
b ☐ deshalb öffnete sie die Grenzen.
a ☐ schloss die DDR-Regierung die Grenzen und baute eine Mauer in Berlin.

6.6 Willy Brandt in Berlin – Hören Sie einen Teil seiner Rede und ergänzen Sie die fehlenden Wörter.

Willy Brandt (*1913 in Lübeck, †1992 in Bonn) war ursprünglich Journalist. 1933 emigrierte er nach Norwegen und kehrte 1947 nach Deutschland zurück. Von 1957 bis 1966 war er regierender Bürgermeister von Westberlin. 1964 wurde er Vorsitzender der SPD. Von 1969 bis 1974 war er Bundeskanzler. 1971 erhielt er den Friedensnobelpreis.

Am 9. November 1989 sprach Willy Brandt in Berlin vor tausenden von Menschen.

„Dies ist ein _____ Tag nach einem langen Weg. Aber wir finden uns

_____ an einer Zwischenstation. Wir sind noch nicht am _____ des

Weges angelangt. Es liegt noch 'ne _____ Menge vor uns. Die Zusammengehörigkeit

der _____ und der _____ überhaupt manifestiert _____

auf eine bewegende, auf eine _____ aufwühlende Weise. Und sie _____

es am bewegendsten dort, wo getrennte _____ endlich wieder, ganz unverhofft

und tränenvoll, _____ .“

6.7 Hören Sie die Reportage weiter. Nach Willy Brandt spricht Walter Momper, der damalige Bürgermeister von Westberlin. Wer sagt was? Ordnen Sie die Buchstaben zu: B = Brandt, M = Momper, R = Reporter.

1. ☐ Viele DDR-Bürger warten vor den Banken, um ihr Begrüßungsgeld abzuholen.
2. ☐ Ein BRD-Polizist ist rübergegangen und hat seinem DDR-Kollegen die Hand gegeben.
3. ☐ Im europäischen Haus wird das Berliner Zimmer Türen nach allen Seiten haben.
4. ☐ An der Mauer gibt es spontane Aktionen von Künstlern und Musikern.
5. ☐ Auch stillgelegte U-Bahn-Stationen werden wieder geöffnet.
6. ☐ Die Regierung der DDR hat mitgeteilt, dass weitere Übergänge geöffnet werden.

7 Prüfungsvorbereitung: Hörverstehen (selektives Hören)

In Einheit 3 haben Sie Teil 1 und Teil 2 der Prüfung geübt. Im dritten Teil geht es um das selektive Hören. Dabei sollen Sie in verschiedenen Situationen die für Sie wichtige Information heraushören.

7.1 Welche Informationen und Wörter erwarten Sie in folgenden Situationen? Machen Sie Listen. Jede Gruppe bearbeitet zwei Situationen.

1. Ansagen im Zug
2. Kinoansage am Telefon
3. Ansagen im Supermarkt
4. Ansagen im Kaufhaus
5. Ansagen im Bahnhof
6. Programmhinweise im Radio
7. Wetterbericht im Radio
8. Verkehrsnachrichten im Auto
9. Wegbeschreibung auf dem Anrufbeantworter

> Ansagen im Zug:
> Ankunft
> Abfahrt
> kommt an
> hat 20 Minuten Verspätung
> IC / ICE
> auf Bahnsteig 3
> abfahren / fährt ab
> um 13 Uhr 23

7.2 Lesen Sie nun die Aufgabe genau durch. Klären Sie, ob Sie verstanden haben, was Sie tun sollen.

Hörverstehen, Teil 3:

Sie hören fünf kurze Texte. Sie hören jeden Text zweimal. Beim ersten Hören oder danach markieren Sie bei jeder Aussage, ob Sie richtig R oder falsch F ist.

R   F

1. Kann Herr Martin mit dem Auto zur Konferenz fahren?
Herr Martin soll mit der Straßenbahn fahren. ☐ ☐

2. Sie wollen nach Rügen fahren. Wie wird das Wetter dort?
Am Samstag scheint noch die Sonne. Am Sonntag regnet es. ☐ ☐

3. Sie sind auf dem Bahnhof in Heidelberg und wollen nach Obersdorf. Wann fährt Ihr Zug?
Ihr Zug fährt um 14 Uhr 16. ☐ ☐

4. Wo läuft der Film „Titanic"?
Der Film „Titanic" läuft im Cineplex Planken. ☐ ☐

5. Sie sind im Supermarkt. Was kosten die Bananen heute?
Ein Kilo Bananen kostet heute EUR 1,79. ☐ ☐

EINHEIT 5: KÜSSCHEN, KÜSSCHEN

.... *über die Bedeutung des Küssens sprechen*
.... *deutsche Schlager zum Thema „Liebe"*
.... *einen (Liebes-)Brief schreiben*
.... *trennbare und untrennbare Verben (Wiederholung)*
.... *Wörter, die Sätze zu einem Text verknüpfen*
.... *Kosenamen und Diminutive*
.... *Prüfungsvorbereitung: mündlicher Ausdruck*

1 Küsse

1.1 Wählen Sie das Foto aus, das Ihnen am besten gefällt. Begründen Sie Ihre Auswahl.

1.2 Warum küssen die Menschen auf den Fotos? Was drücken sie damit jeweils aus?

Freundschaft, Leidenschaft, Zuneigung, Freude, Respekt, Dankbarkeit, Zärtlichkeit …

1.3 Schreiben Sie zu zwei von den Fotos Texte in Gedankenblasen.

Wer zu spät kommt, den bestraft das Leben!

1.4 Besprechen Sie folgende Fragen in Gruppen und danach im Kurs.

1. Bei welchen Gelegenheiten küsst man sich bei Ihnen?
2. Wer küsst sich?
3. Darf man sich in der Öffentlichkeit küssen?

2 Kussgeschichten

2.1 Der erste Kuss.
Hören Sie die Interviews und machen Sie Notizen.

Alter | Ort | Tageszeit | Partner/in …

2.2 Möchten Sie dazu auch etwas erzählen?

2.3 Küsse vor Gericht – Zwei Anekdoten aus der Zeitung. Etwas stimmt mit den Texten nicht. Bringen Sie sie wieder in Ordnung.

Was kostet ein Kuss?

Gefährlicher Zahnarztbesuch

☐ Außerdem fehlt ihm die Lust am Küssen.

☐ Der Rechtsanwalt des Mannes sagte, sein Klient solle die Küsse alle mündlich zurückzahlen.

☐ Dieser hatte ihn vor drei Jahren behandelt.

☐ Ein 51-jähriger Franzose klagte vor Gericht gegen einen Zahnarzt.

☐ Er forderte Schmerzensgeld, da ihn seine Freundin deswegen verlassen hatte.

☐ Mit diesem Vorschlag war die Frau aber nicht einverstanden.

☐ Nach einer längeren Verlobungszeit wurde eine Frau von ihrem Verlobten verlassen.

☐ Seitdem hat der Franzose kein Gefühl mehr im Mund.

☐ Sie ging vor Gericht und verlangte 50 000 Dollar für die 1250 Küsse, die er von ihr bekommen hatte.

☐ Sie hatte genau Buch darüber geführt.

2.4 Wie sind Sie vorgegangen? Welche Wörter haben Ihnen beim Ordnen der Geschichten geholfen? Markieren Sie sie.

C 43
C 53

Nach einer längeren Verlobungszeit wurde <u>eine Frau</u> von ihrem Verlobten verlassen. <u>Sie</u> …

2.5 Konjunktionen und Adverbien zur Textverknüpfung – Sehen Sie sich die Bilder an und äußern Sie Vermutungen zum Inhalt der Geschichte.

Ein Student aus dem Iran hat eine Geschichte über die Entstehung des Kusses geschrieben. Darin kommen die folgenden Personen und Gegenstände vor:

ein Schuhmacher in der Werkstatt   ein Faden im Schnurrbart   eine Frau hat die Hände voll

2.6 Hören Sie die Geschichte und machen Sie Notizen. Erzählen Sie sich dann gegenseitig die Geschichte.

Schuhmacher   arm   viel Arbeit   keine Zeit

2.7 Tragen Sie die folgenden Konjunktionen und Adverbien in die Lücken ein.

weil   da   denn   deshalb   deswegen   damit   um … zu   wenn … dann

Es war einmal ein Schuhmacher, der sehr arm war. ___Deshalb___ musste er von morgens bis abends

arbeiten. _____ er keine Zeit hatte, am Mittag nach Hause zu gehen, kam seine Frau

jeden Tag in die Werkstatt, _____ ihm das Essen _____ bringen. Als sie

wieder einmal das Essen brachte, reparierte er gerade einen Schuh. An seinem Schnurrbart hing

noch ein Faden. _____ seine Hände sehr schmutzig waren, bat er seine Frau, den

Faden wegzunehmen. Aber auch sie hatte die Hände nicht frei, _____ sie trug den

großen, schweren Korb mit dem Essen darin. Da kam sie auf die Idee, den Faden mit ihren Lippen

von dem Schnurrbart ihres Mannes zu entfernen. Dabei berührte ihr Mund einen Augenblick lang

die Lippen ihres Mannes. Dem Mann und der Frau gefiel das sehr gut. _____ hängte

er nun jeden Tag einen Faden an seinen Schnurrbart, _____ die Frau ihn mit ihren

Lippen wegnehmen konnte. Und _____ sie nicht gestorben sind, _____

küssen sie sich noch heute.

3 Verlieben, verlieren ...

3.1 Das sind die häufigsten Wörter in deutschen Schlagern. Schreiben Sie Texte oder Verse, in denen Sie die Wörter verwenden.

kommen   nicht   du   niemals

Nacht   Herz   wollen   gehen   Tag   heute   schön   ich

Du kannst mein Herz befragen.
Es wird nur „Ich liebe dich!" sagen.

Durch dich wird die Nacht zum Tag.
Weil ich dich so furchtbar mag.

Du bist mein Glück.
Bitte komm zu mir zurück.

3.2 Die Liebe ist das wichtigste Schlagerthema. Sammeln Sie Schlager zum Thema Liebe, die Sie kennen. Können Sie etwas über den Inhalt auf Deutsch erzählen?

Marmor, Stein und Eisen bricht,
aber unsere Liebe nicht.
Alles, alles geht vorbei,
doch wir sind uns treu.

3.3 Sehen Sie sich die Zeichnungen an. Was wird hier dargestellt? Erzählen Sie.

verlieben

verlassen

bereuen/verzeihen

3.4 Schließen Sie das Buch und hören Sie das Lied.

3.5 Lesen Sie den Text, klären Sie gemeinsam unbekannte Wörter und ordnen Sie die fehlenden Wörter zu.

- ☐ Augen
- ☐ Buch
- ☐ Gedanken
- ☐ Hilfe
- ☐ Minute
- ☐ Nacht
- ☐ sagen
- ☐ Gedanken
- ☐ Teil
- ☐ Worte
- ☐ Sekunde
- ☐ Sekunde

Münchner Freiheit: Verlieben, verlieren ...

Du weißt immer, dass ich bei dir bin,
ganz egal, wohin ich auch geh.
Du kennst jeden ⬚1⬚ von mir.
Ich weiß immer, was du ⬚2⬚ willst,
ohne deine ⬚3⬚ zu hören.
Deine ⬚4⬚ verraten es mir.
Du kannst in mir lesen wie in einem ⬚5⬚
und weißt immer, wann ich ⬚6⬚ such,
würdest alles für mich tun.

Verlieben, verlieren, vergessen, verzeihen,
gehören, zerstören
und doch keine ⬚7⬚ allein,
keine ⬚8⬚ bereuen.

Verlieben, verlieren, vergessen, verzeihen,
sich hassen, verlassen
und doch unzertrennlich sein.
Nicht eine ⬚9⬚ allein,
keine ⬚10⬚ bereuen.

Du kennst jeden ⬚11⬚ von mir.
Ich könnte nicht leben, wenn ich dich verlier.
Du warst immer schon ein ⬚12⬚ von mir.
Ich würd alles für dich tun ...

3.6 Wie finden Sie das Lied? Schön, kitschig, traurig, optimistisch ...? Gefällt es Ihnen? Warum (nicht)?

3.7 Schlagerbaukasten. Schauen Sie sich die Sätze an und fügen Sie weitere Sätze hinzu.

Über Liebe sprechen

Ich hab dich lieb.
Ich bin in dich verliebt.
Ich hab mein Herz an dich verloren.
Ich würde alles für dich tun.
...

Komplimente machen / Vergleiche anstellen

Du gefällst mir sehr.
Du hast wunderschöne Augen.
Deine Augen sind wie zwei Sterne.
Ich liebe dein Lachen.
...

3.8 Wie kann man in Ihrer Muttersprache jemandem sagen, dass man ihn liebt?

Bei uns in Frankreich werden Verliebte oft mit Tauben verglichen.

Bei uns in Korea sagt man „Tangsinul sarang hae yo!"

3.9 Hier können Sie einen Schlagertext selbst reimen.

Nacht
passieren
ist
gebracht
verlieren
sehen
küsst
gehen

Was auch immer mag _____ ,

ich will dich niemals mehr _____ .

Am hellen Tag, in dunkler _____ ,

du hast mir das Glück _____ .

Es gibt nichts, was schöner _____ ,

als das Gefühl, wenn du mich _____ .

Ich will dich immer glücklich _____

und deshalb niemals von dir _____ .

4 Trennbare und untrennbare Verben (Wiederholung)

4.1 Im Lied finden Sie viele Verben mit Verbzusatz. Hören Sie sie noch einmal und markieren Sie den Wortakzent.

verlieben   verlieren   vergessen   verzeihen   gehören   zerstören   bereuen   verlassen

4.2 Ergänzen Sie die Regel.

C 25

Die Vorsilben ver-_____ und _____ sind immer unbetont. Man trennt sie nie ab.

4.3 Es gibt vier weitere Verbzusätze, die nie abtrennbar sind. Unterstreichen Sie die richtigen.

C 25.2

erklären   **auf**hören   **ent**fallen   **wider**sprechen   **weg**fahren   **miss**verstehen   **an**sprechen

4.4 Trennbar oder untrennbar? Schreiben Sie den Text ab und setzen Sie die passenden Verbformen ein. Den Schluss sollten Sie selbst ergänzen.

Am letzten Mittwoch war Toms Auto kaputt. Also ging er zu Fuß zur Arbeit. Am Abend (beschließen) er, mit dem Bus nach Hause (zurückfahren), weil er sehr müde war. Im Bus (hinsetzen) er sich und las die Zeitung. Leider (einschlafen) er dabei und (verpassen) seine Haltestelle. Als er (aufwachen), war es draußen schon dunkel und er saß immer noch im Bus. Neben ihm stand eine Frau und sagte: „(Entschuldigen) Sie, dass ich Sie geweckt habe. Sie sind (einschlafen). Sicher haben Sie (vergessen) (aussteigen)." Tom (bedanken) sich bei ihr. Er (einladen) sie zum Abendessen …

4.5 Möchten Sie noch mehr üben? Dann schreiben Sie den Text neu, so als ob Ihnen das passiert wäre.

Am letzten Mittwoch war mein Auto kaputt.
Also bin ich zu Fuß zur Arbeit ge…

5 Der Brief

5.1 Hier sehen Sie den Anfang einer Geschichte. Beschreiben Sie die Szene (Personen, Ort, Handlung, Zeit).

5.2 Sammeln Sie Vermutungen: Was diktiert der Mann dem Schreiber?

Ich meine, er wird …
Er fragt sicher, ob …
Vermutlich schreibt er, dass …

5.3 Hier ist der Rest der Geschichte. Schauen Sie sich die Bilder genau an und überlegen Sie, was in den Sprechblasen stehen könnte. Füllen Sie sie aus.

5.4 Schreiben Sie den Brief.

5.5 Vergleichen Sie die Briefe im Kurs. Ihr/e Kursleiter/in zeigt Ihnen dann die Bildgeschichte mit dem Text.

6 Kosenamen und Diminutive

6.1 Schauen Sie sich die Zeitungsanzeigen an. Was wird darin gesagt?

Lieber Bernd!
Alles Liebe zum 2. Hochzeitstag!
Dein Dickerchen

Mein Mausi!

Hallo, Michamaus!
Zum 18. Geburtstag
alles Gute!
Dein Spatzi

Mein Bärchen
Mein liebes Bärchen
Mein Leben mit dir ist schön
wie am ersten Tag!
Bleib wie du bist
Dein Häslein

6.2 Markieren Sie die Kosenamen in den Anzeigen. Gibt es Kosenamen, die nur für Männer / nur für Frauen verwendet werden?

6.3 Was für Kosenamen gibt es in Ihrer Sprache? Erklären Sie sie.

In Frankreich sagen die Männer oft „ma biche" zu ihrer Frau. „Biche" ist ein zartes Tier, das im Wald lebt: eine Hirschkuh.

In den USA hört man oft „honey". Das heißt „Honig" und man will damit sagen, dass man jemanden nett findet.

6.4 Was ist typisch für deutsche Kosenamen? Wenn Sie Lust haben, können Sie selbst ein paar Kosenamen erfinden.

Schatzilein, kann ich mal dein Buch haben?

Aber sicher, mein Herzchen! Nichts lieber als das.

Menschen, die sich gut kennen, sprechen sich manchmal mit einem Kosenamen an, z. B., wenn sie etwas erreichen wollen. Kennen Sie das? Erfinden Sie Szenen wie im Beispiel. Versuchen Sie dabei, besonders „lieb" zu sprechen.

6.5 Kosenamen sind oft Diminutive von Nomen, denen man -chen oder -lein anhängt. Schreiben Sie die Diminutive zu folgenden Nomen.

kleine Wolke   kleiner Hase   kleine Blume   kleiner Bär

Wölkchen   _____   _____   _____

6.6 Im Märchen „Schneewittchen" gibt es besonders viele Diminutive. Kennen Sie das Märchen? Können Sie kurz erzählen, worum es geht?

6.7 Hier ist ein kurzer Ausschnitt aus dem Märchen. Markieren Sie die Diminutive.

Schneewittchen flieht vor seiner Stiefmutter, einer bösen Königin. Es kommt in einen Wald und findet dort ein kleines Haus. Das Haus gehört den sieben Zwergen, die noch nicht zu Hause sind.

… Da sah es ein kleines Häuschen und ging hinein, um sich auszuruhen. In dem Häuschen war alles klein, aber so zierlich und reinlich, dass es kaum zu beschreiben ist. Da stand ein weiß gedecktes Tischlein mit sieben kleinen Tellern, jedes Tellerlein mit einem Löffelein, ferner sieben Messerlein und Gäbelein und sieben Becherlein. An der Wand waren sieben Bettlein nebeneinander aufgestellt und mit schneeweißen Laken bedeckt. Schneewittchen, weil es hungrig und durstig war, aß von jedem Teller- lein ein wenig Gemüse und Brot und trank aus jedem Becherlein einen Tropfen Wein. Denn es wollte nicht einem allein alles wegnehmen. Danach, weil es so müde war, wollte es sich in ein Bettchen legen, aber keins passte. Das eine war zu lang, das andere zu kurz, bis endlich das siebte recht war: Und darin blieb es liegen, befahl sich Gott und schlief ein.

Die sieben Zwerge kommen nach Hause und bemerken, dass jemand im Haus war.

Der erste sprach: „Wer hat auf meinem Stühlchen gesessen?" Der zweite: „Wer hat von meinem Tellerchen gegessen?" Der dritte: „Wer hat von meinem Brötchen genommen?" Der vierte: „Wer hat von meinem Gemüse gegessen?" Der fünfte: „Wer hat mit meinem Gäbelchen gestochen?" Der sechste: „Wer hat mit meinem Messerchen geschnitten?" Und der siebte: „Wer hat aus meinem Becherlein getrunken?"

Dann sah sich der erste um und sah, dass auf seinem Bett eine kleine Delle war. Da sprach er: „Wer hat in meinem Bettchen gelegen?" Die andern kamen gelaufen und riefen: „In meinem hat auch jemand gelegen!" Der siebte aber, als er in sein Bettchen sah, erblickte Schneewittchen: Es lag darin und schlief. Nun rief er die andern, die kamen herbeigelaufen und schrien vor Verwunderung, holten ihre sieben Lichtlein und beleuchteten Schneewittchen. „Ei, ei", riefen sie, „wie ist das Kind schön!"

6.8 Notieren Sie die Nomen, von denen die Verkleinerungsformen abgeleitet sind. Was ändert sich?

die Gabel
das Gäbelein

das Haus
das Häuschen

der Teller
das Tellerlein

6.9 Es gibt Diminutive, die im Deutschen nicht mehr als Verkleinerungsformen wahrgenommen werden.

das Fräulein	für unverheiratete Frau (wird nur noch selten gebraucht)
das Mädchen	für weibliches Kind
das Herrchen	ein männlicher Hundebesitzer
das Frauchen	eine weibliche Hundebesitzerin
das Würstchen	eine bestimmte Art von Wurst: Wiener/Frankfurter Würstchen
das Brötchen	ein kleines, rundes oder längliches Gebäck („kleines Brot")

6.10 Das Würmchen auf dem Türmchen.
Hören Sie das Lied.

6.11 Diminutive sind nach Sprachregionen verschieden. Hier einige Beispiele. Im Lied werden zwei Regionen erwähnt. Welche?

Schwaben	Würmle
Bayern	Würmerl/Wirmerl
Hessen	Wärmsche
Schweiz	Würmli
Österreich	Würmerl

7.1 Dieser Prüfungsteil dauert 15 Minuten und besteht aus drei Teilen. Wir üben in dieser Einheit nur den ersten und zweiten Teil. Den dritten Teil üben wir in Einheit 8.

Die mündliche Prüfung besteht aus drei Teilen:

1. Kontaktaufnahme
2. Gespräch zu einem Thema
3. Gemeinsam eine Aufgabe lösen

Sie haben 15 Minuten Zeit, um sich auf die Prüfung vorzubereiten.

▶ ◀ 7.2 Teil 1: Kontaktaufnahme

In der richtigen Prüfung bekommen Sie die Gesprächsthemen vorgelegt. Hier sollen Sie selbständig sechs Fragen notieren, mit denen Sie Ihre Partnerin / Ihren Partner etwas kennen lernen können. Die Prüferin / Der Prüfer wird noch eine zusätzliche Frage stellen.

> Name   Wie heißen Sie?

▶ ◀ 7.3 Spielen Sie nun das Gespräch. Die anderen machen jeweils Notizen, was sie gut finden und was man besser machen kann.

▶ ◀ 7.4 Teil 2: Gespräch über ein Thema

Ihre Kursleiterin / Ihr Kursleiter gibt Ihnen nun je eine Kopie mit Informationen zu einem Thema. Die Informationen auf den beiden Blättern sind unterschiedlich.

Sehen Sie sich die Statistik an und lesen Sie den Text dazu.

Aufgaben:

- Berichten Sie Ihrer Partnerin / Ihrem Partner kurz, welche Informationen Ihnen die Statistik gibt. Danach berichtet Ihre Partnerin / Ihr Partner.
- Sagen Sie, was Sie in Ihrer Freizeit am liebsten machen und was Sie nicht gern machen.
- Erzählen Sie, wie Sie am liebsten Ihre Ferien verbringen. Geben Sie Gründe an. Ihre Partnerin / Ihr Partner wird von sich berichten. Reagieren Sie darauf.

✿ 7.5 Sprechen Sie im Kurs über Ihre Erfahrungen bei diesem Prüfungsteil.

- War das Thema einfach/schwierig?
- Hatten Sie Probleme, sich auszudrücken?
- Falls ja, woran lag es: Wortschatz, Grammatik, Nervosität …?

Option 1 : SPIELEN, SPRECHEN, WIEDERHOLEN

.... *Spiele, einen Brief schreiben, Gedichte, Übungen selbst machen*

1 Wiederholungsspiel: DU oder ICH

Spielregeln

Sie sehen auf Seite 61 ein Spielfeld mit drei verschiedenen Symbolen. Unten finden Sie 50 Aufgaben.

👆 bedeutet, dass Sie selbst die Aufgabe lösen müssen.

👈 bedeutet, dass die Person links von Ihnen die Aufgabe lösen muss.

👉 bedeutet, dass die Person rechts von Ihnen die Aufgabe lösen muss.

1. Sie spielen zu viert. Wer die höchste Würfelzahl hat, fängt an.
2. Sie würfeln z.B. eine 🎲 . Sie kommen auf das Symbol 👈. Sie suchen eine Aufgabe aus der Liste, die die Person links von Ihnen lösen muss.
3. Löst 👈 die Aufgabe richtig, bekommt sie/er einen Punkt. Löst sie/er die Aufgabe nicht richtig, bekommen Sie einen Punkt. Wenn Sie im zweiten Fall selbst die Aufgabe lösen möchten, können Sie einen Zusatzpunkt bekommen.
4. Die gelöste Aufgabe wird gestrichen.
5. Das Spiel endet, wenn alle das Ziel oder das letzte Aufgabenfeld erreicht haben.
6. Wer am Ende die meisten Punkte hat, gewinnt.

Wir haben 50 Aufgaben vorgegeben. Sie können das Spiel immer wieder spielen und gemeinsam Aufgaben dafür sammeln.

Aufgaben

1. Thema „Schule": Nennen Sie neun Wörter (drei Nomen, drei Verben, drei Adjektive).
2. Mit sechs Jahren kommen die Kinder in Deutschland in die ...schule.
3. Nennen Sie das Gegenteil:
   spannend – ... / intelligent – ... / nie – ...
4. Auf welche Schule geht man am längsten: Realschule, Hauptschule, Gymnasium?
5. Schule früher – heute. Nennen Sie drei Vergleiche. Früher waren die Schüler ..., aber heute ...
6. Was hat Frau Fischer beim Bewerbungsgespräch falsch gemacht? Nennen Sie drei Fehler.
7. Erklären Sie das Wort „Abschlussprüfung".

8. Was ist eine „Lehre"?
9. Thema „Bewerbung": Nennen Sie sechs Wörter.
10. Thema „Büro": Nennen Sie drei Gegenstände.
11. Welche Länder verbinden viele Leute mit diesen Begriffen: Lederhose, Spaghetti, Holzschuhe, Schirm und Hut (Melone)?
12. Ergänzen Sie die Verben: Als ich sage, dass ich Schweizer ..., sagt er, er ... eine Schwester in Stockholm.
13. Konjunktiv I: In welchen Textsorten kommt diese Verbform häufiger vor?
14. Was wissen Sie über Grönland? Zwei Informationen.
15. Ergänzen Sie: Kenia liegt in ... / Ungarn ist ... / Mexiko hat ...
16. Ergänzen Sie den Satz: Ich weiß nicht, ob ...
17. Ergänzen Sie den Satz: Ich habe mich schon oft gefragt, ob ...
18. Ergänzen Sie den Satz: ..., dass es in Deutschland so lange kalt ist.
19. Ergänzen Sie den Satz: ..., obwohl er wusste, dass er Kartoffelsalat nicht essen darf.
20. Ergänzen Sie den Satz: ..., trotzdem ...
21. Ergänzen Sie den Satz: Sie ist nach Peru gezogen, weil ...
22. Nennen Sie zwei deutsche Maler/innen.
23. Wo liegt Rügen und wie kommt man da hin?
24. Was ist das größte Problem auf Rügen?
25. Nennen Sie drei weitere Verkehrsmittel: Fahrrad – ... – ... – ...
26. Sie sind im Hotel und die Dusche funktioniert nicht. Was tun und was sagen Sie?
27. Sie haben zwei Konzertkarten, aber Sie haben keine Zeit, ins Konzert zu gehen. Was tun Sie?
28. Sie möchten auf Rügen ein Hotelzimmer buchen. Nennen Sie drei Dinge, die für Sie wichtig sind.
29. In Ihrem Hotelzimmer ist es kalt. Was tun Sie?
30. Sie kommen zum Bahnhof, aber Ihr Zug ist schon weg. Was tun Sie?
31. Reagieren Sie: Können Sie mir bitte sagen, wo die Post ist?
32. Formulieren Sie sechs Fragen mit verschiedenen W-Fragewörtern: Wie ...
33. Warum sind diese Jahreszahlen wichtig: 1914, 1918?
34. Warum sind diese Jahreszahlen wichtig: 1939, 1945?
35. Was ist in diesen Jahren passiert: 1961, 1989?
36. Was ist an diesem Tag geschehen: 3.10.1990?

37. Formulieren Sie um, verwenden Sie das Passiv: Nach dem Krieg – Teilung Deutschlands.
38. Ergänzen Sie die Sätze: Ich erinnere mich, … / Ich erinnere mich an …
39. Ergänzen Sie den Satz: Gorbatschow …
40. Ergänzen Sie den Satz: Nachdem Deutschland den Krieg verloren hatte, …
41. Ergänzen Sie den Satz: Obwohl es die DDR 40 Jahre lang gab, …
42. Was haben diese Herren gemeinsam: Willy Brandt, Helmut Kohl, Gerhard Schröder?
43. Nennen Sie drei deutsche Kosenamen.
44. Ergänzen Sie die Textzeile: Verlieben, verlieren, …, …

45. Machen Sie ein Kompliment.
46. Welche Verben sind trennbar: erklären, wegfahren, verkaufen, anrufen, gefallen, ausmachen, bereuen?
47. Ergänzen Sie das Reimwort: Ich kann dich niemals mehr vergessen. / Nicht beim Trinken, nicht beim …
48. Ergänzen Sie das Reimwort: Ich gab ihm nur einen Kuss. / Da sagte er schon: Jetzt ist …
49. Wie nennt man einen Hundebesitzer und wie eine Hundebesitzerin?
50. Diminutive: eine kleine Wolke, ein kleines Haus, eine kleine Blume

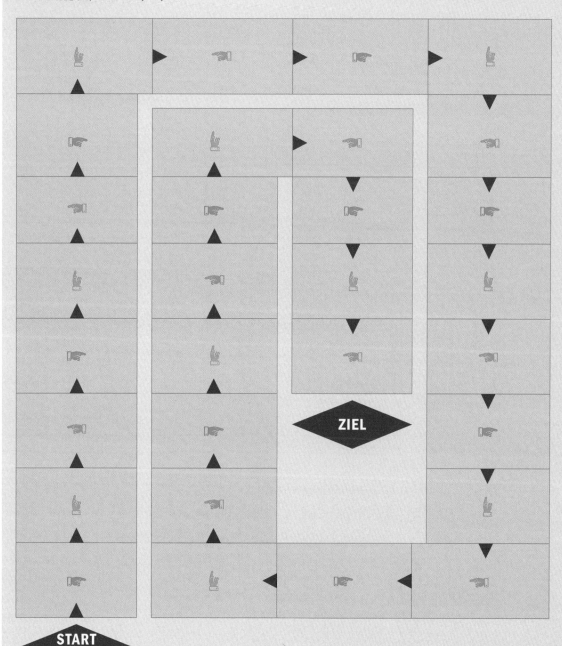

Die (Liebes-)Briefmaschine

Wählen Sie Elemente zu 1–8 aus und schreiben Sie Ihren ganz persönlichen „Liebesbrief".

! Zu Risiken und Nebenwirkungen fragen Sie bitte Ihre Lehrerin oder Ihren Lehrer.

.... , den ....

Mein/meine 1

Ich bin 2 . Ich denke jedes Mal an dich, wenn 3 .

Am liebsten würde ich 4 . 5 sagt/sagen mir, 6 ,

und 5 erinnert/erinnern mich daran, 6 .

Du bist 7 . Mit dir ist mein Leben 8 . Wenn du 9 , dann 10 .

Hoffentlich 11 .

12

Dein/Deine 1

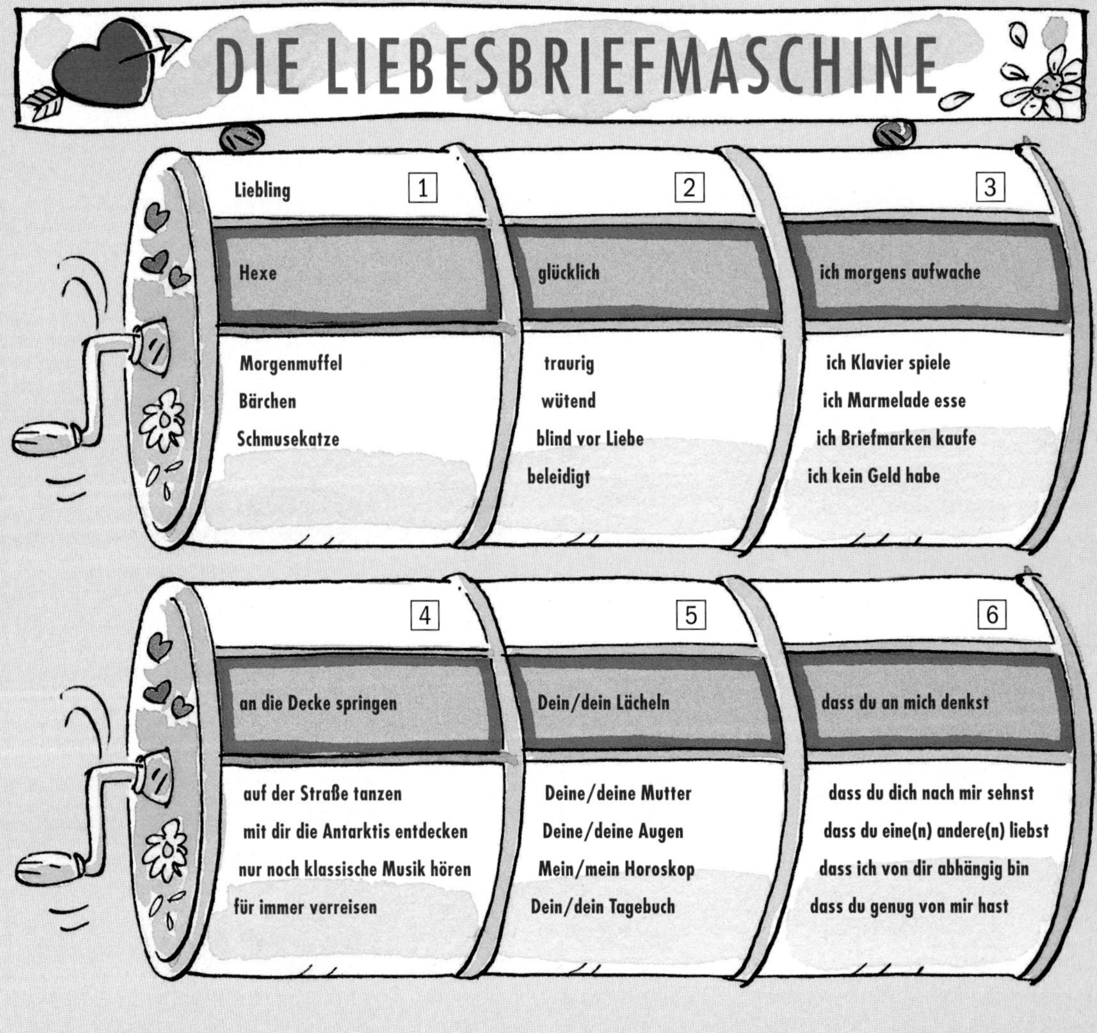

DIE LIEBESBRIEFMASCHINE

Liebling 1	2	3
Hexe	glücklich	ich morgens aufwache
Morgenmuffel	traurig	ich Klavier spiele
Bärchen	wütend	ich Marmelade esse
Schmusekatze	blind vor Liebe	ich Briefmarken kaufe
	beleidigt	ich kein Geld habe

4	5	6
an die Decke springen	Dein/dein Lächeln	dass du an mich denkst
auf der Straße tanzen	Deine/deine Mutter	dass du dich nach mir sehnst
mit dir die Antarktis entdecken	Deine/deine Augen	dass du eine(n) andere(n) liebst
nur noch klassische Musik hören	Mein/mein Horoskop	dass ich von dir abhängig bin
für immer verreisen	Dein/dein Tagebuch	dass du genug von mir hast

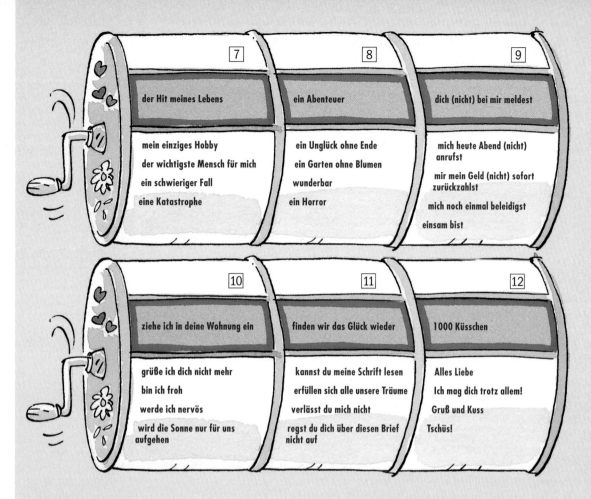

7	8	9
der Hit meines Lebens	ein Abenteuer	dich (nicht) bei mir meldest
mein einziges Hobby	ein Unglück ohne Ende	mich heute Abend (nicht) anrufst
der wichtigste Mensch für mich	ein Garten ohne Blumen	mir mein Geld (nicht) sofort zurückzahlst
ein schwieriger Fall	wunderbar	mich noch einmal beleidigst
eine Katastrophe	ein Horror	einsam bist

10	11	12
ziehe ich in deine Wohnung ein	finden wir das Glück wieder	1000 Küsschen
grüße ich dich nicht mehr	kannst du meine Schrift lesen	Alles Liebe
bin ich froh	erfüllen sich alle unsere Träume	Ich mag dich trotz allem!
werde ich nervös	verlässt du mich nicht	Gruß und Kuss
wird die Sonne nur für uns aufgehen	regst du dich über diesen Brief nicht auf	Tschüs!

3 Liebesgedichte

3.1 Hören Sie das folgende Gedicht und lesen Sie mit. Können Sie es in modernes Deutsch übersetzen?

Dû bist mîn, ich bin dîn

Dû bist mîn, ich bin dîn:
des solt dû gewis sîn.
dû bist beslozzen
in mînem herzen:
verlorn ist daz slüzzelîn:
dû muost immer drinne sîn.

(Mittelhochdeutsch)

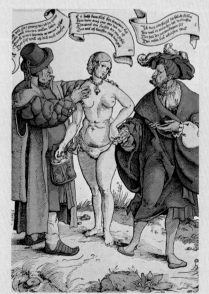

Lesen Sie die Anregungen für die Arbeit mit den Gedichten und entscheiden Sie, mit welchen Gedichten Sie sich beschäftigen wollen.

Was kann man mit den Gedichten machen?

1. still lesen
2. laut lesen
3. im Kurs gemeinsam lesen und variieren
4. Fragen stellen
5. darüber sprechen
6. eigene Gedichte schreiben
7. Bilder dazu malen
8. nichts, wenn Sie diese Gedichte nicht mögen

Anregungen für das Gespräch

1. Welches Wort finden Sie am wichtigsten in Erich Frieds Gedicht?
2. Wie wird die Liebe in Elkes Gedicht dargestellt?
3. In Brechts Gedicht wird behauptet, dass Liebe eine Schwäche ist. Was meinen Sie dazu?
4. Bedeutet das Gedicht von Markus, dass man nur einmal richtig lieben kann?
5. Warum verwendet Jürgen Henningsen den Konjunktiv in seinem Gedicht? Können Sie sich Situationen im Alltag vorstellen, die zu dem Gedicht passen?
6. Welchen Ratschlag enthält Brechts Gedicht „Morgens und abends zu lesen"?

Morgens und abends zu lesen

Der, den ich liebe
Hat mir gesagt
Daß er mich braucht.

Darum gebe ich auf mich acht
Sehe auf meinen Weg und
Fürchte von jedem Regentropfen
Daß er mich erschlagen könnte.

Bertolt Brecht

Wer sein Herz verschenkt,
sollte wissen, dass er eigentlich
nur eins hat!

Markus, 19, Kfz-Mechaniker

Dich

Dich nicht näher denken
und dich nicht weiter denken
dich denken wo du bist
weil du dort wirklich bist

Dich nicht älter denken
und dich nicht jünger denken
nicht größer und nicht kleiner
nicht hitziger und nicht kälter

Dich denken und mich nach dir sehnen
dich sehen wollen
und dich liebhaben
so wie du wirklich bist

Erich Fried

Bedingungsformen

Ich sage
Ich würde sagen
Ich hätte gesagt
Aber man hat Frau und Kinder

Jürgen Henningsen

Schwächen

Du hattest keine
Ich hatte eine:
Ich liebte.

Bertolt Brecht

Hilfe!
Ich ersticke in der klebrigen Liebe
meiner Eltern.
Sie tun alles für mich,
beschenken mich,
bestimmen für mich,
begleiten mich – immer!
Ich ersticke daran.
Sie verstehen es nicht,
machen weiter.
Bin ich undankbar?
Soll ich's ertragen,
muss ich?
Hilfe!
Ich ersticke …
ganz langsam.
Und sie verstehen
es nicht.

Elke, 17

4 Übungen selbst machen

In diesem Abschnitt stellen wir Ihnen einige Übungen vor, die Sie leicht selbst machen können.

4.1 Schauen Sie sich die folgenden Sätze an. Worum geht es hier? Ordnen Sie die grammatischen Begriffe a–j zu.

Ich habe keine Lust, diese Grammatikübungen **zu machen.** ☐1☐

Die Radfahrerin **ist** bei dem Unfall **verletzt worden.** ☐2☐

Rotkäppchen **half** der Großmutter beim Backen. ☐3☐

Wenn die Menschen vernünftiger **wären, würden** sie weniger Energie verbrauchen. ☐4☐

Das ist der Mann, **mit dem meine Schwester getanzt hat.** ☐5☐

Abends **wird** der Computer **ausgeschaltet.** ☐6☐

In der Stadt ist das Fahrrad **schneller als** das Auto. ☐7☐

Unsere Lehrerin trägt heute einen blau**en** Hut mit einer rot**en** Schleife. ☐8☐

Nachdem er das Geschirr **gespült hatte**, trocknete er es ab. ☐9☐

Im Jahr 2010 **wird** fast jeder Deutsche einen Internetanschluss **haben.** ☐10☐

a	*Adjektivdeklination*
b	*Konjunktiv II*
c	*Passiv Präsens*
d	*Präteritum*
e	*Komparativ*
f	*Plusquamperfekt*
g	*Passiv Perfekt*
h	*Infinitiv mit zu*
i	*Relativsätze*
j	*Futur*

4.2 Schreiben Sie zu jedem Satz in 4.1 noch zwei weitere Beispiele zum gleichen grammatischen Thema. Nehmen Sie (wenn nötig) das Lernerhandbuch zu Hilfe.

A 17

4.3 Bei welchen Grammatikthemen haben Sie noch Probleme? Was fällt Ihnen leicht? Sprechen Sie im Kurs darüber.

4.4 Üben mit Symbolen – Schauen Sie sich die folgenden Symbole an. Was könnten sie bedeuten? Machen Sie Vorschläge.

4.5 Und was heißt das? Formulieren Sie einen Satz.

 → Wenn das Wetter schön ist, …

Und das?

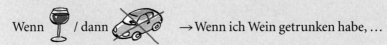 → Wenn ich Wein getrunken habe, …

Auf diese Weise können Sie selbst Übungen zu Wenn-dann-Sätzen machen. Zeichnen Sie drei weitere Beispiele und geben Sie sie Ihrem Partner / Ihrer Partnerin. Er/sie soll einen passenden Satz dazu schreiben.

4.6 Auch andere Konjunktionen lassen sich gut mit Hilfe der Symbole üben. Schreiben Sie Sätze zu den folgenden Beispielen. Zeichnen Sie dann selbst weitere „Symbolreihen". Tauschen Sie sie aus und formulieren Sie passende Sätze.

5 Wortschatzspiele

5.1 Buchstabensalat

a) Jemand denkt sich ein Wort aus und diktiert die Buchstaben in der falschen Reihenfolge.
Die anderen notieren die Buchstaben und versuchen, das Wort zu finden.
Einigen Sie sich auf ein Wortfeld (Umwelt, Haushalt, Werkzeuge ...).
Auf diese Weise können Sie gezielt Wortschatz wiederholen.

b) Welche Wörter sind z.B. hier versteckt? Sie sind alle aus Band 3, Einheit 1 bis 5.
Die Sätze rechts helfen Ihnen.

1. RIÄNVUSETTI   _____   Hier kann man studieren.

2. EENBUGBWR   _____   Das muss man schreiben, wenn man Arbeit sucht.

3. HLSEEICK   _____   Über Fremde werden überall viele verbreitet (Singular).

4. VEEGUERRINSR   _____   Man braucht sie meistens für das Theater oder das Flugzeug.

5. OEHLT   _____   Auch dafür braucht man oft Nummer 4.

6. CTLNEHSDAUD   _____   Land zwischen Alpen und Nordsee bzw. Ostsee.

7. EECIHHTGCS   _____   Jedes Land hat eine, manchmal kürzer, manchmal länger.

8. EIRBSEBFILE   _____   Viel Gefühl auf Papier.

9. ITEOPMMLNK   _____   Auch das findet man in 8. Es gibt es aber auch mündlich.

5.2   **Das Wortquadrat. Schreiben Sie ein Wort von oben nach unten an die Tafel und daneben das gleiche Wort von unten nach oben.**

Suchen Sie Wörter, mit denen Sie die Lücken ausfüllen können. Der erste und letzte Buchstabe müssen passen. Es spielt keine Rolle, wie viele Buchstaben die Wörter haben. Wer findet zuerst für jede Lücke ein passendes Wort?

5.3   **Sag mein Wort**

1. Nehmen Sie drei Kärtchen und schreiben Sie auf jedes ein Nomen. Achten Sie darauf, dass niemand sieht, was Sie notiert haben.
2. Spielen Sie zu zweit. Stellen Sie sich gegenseitig Fragen. Das Ziel ist, dass Sie Ihren Partner / Ihre Partnerin dazu bringen, beim Antworten die Wörter zu verwenden, die Sie notiert haben. Sobald Sie eines dieser Wörter hören, zeigen Sie ihm/ihr das entsprechende Kärtchen. Wer zuerst alle seine Wörter gehört hat, hat gewonnen.

5.4   **Eigenschaften**

1. Sie bekommen zehn leere Kärtchen. Notieren Sie auf jedes einen Satz, der eine Eigenschaft beschreibt.

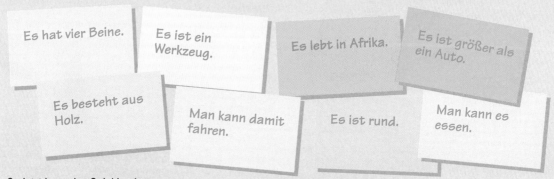

2. Jetzt kann das Spiel beginnen.
   Ziehen Sie drei Kärtchen, lesen Sie die Beschreibungen vor und nennen Sie ein Ding oder ein Lebewesen, das mindestens zwei von den drei Eigenschaften hat. Wenn Ihnen nichts einfällt, können die anderen helfen.

EINHEIT **6**: ERFINDUNGEN UND FORTSCHRITT

.... *über Erfindungen und Erfinder/innen sprechen*
.... *Vermutungen äußern*
.... *Informationen aus einem Text ordnen*
.... *einen Hörtext auswerten*
.... *Argumente für und gegen ein technisches Projekt finden*
.... *Sätze mit* damit *und* um ... zu *(Wiederholung)*
.... *Konjunktiv II (Wiederholung)*
.... *Wörter, die Sätze zu einem Text verknüpfen*
.... *Prüfungsvorbereitung: Sprachbausteine*

1   Erfindungen aus Deutschland, Österreich und der Schweiz

1.1   Wetten, dass ... alle in Ihrem Kurs mindestens eine Erfindung zu Hause haben, die aus einem der drei Länder kommt?

1.2   Im folgenden Text werden einige Erfindungen vorgestellt. Ordnen Sie die Textabschnitte 1–8 den Bildern zu.

Haben Sie schon einmal etwas von Katharina Kuhs gehört, von Carl von Linde oder von Georges de Mestral? Sagen Ihnen die Namen Peter Mitterhofer oder Karl Freiherr Drais von Sauerbronn etwas? Nein? Dann kennen Sie sicher auch Alfred Neweczrzal und Uhhg Grrmp nicht. Sie alle haben Dinge erfunden, die unser tägliches Leben veränderten. Diese Erfindungen und auch andere Entwicklungen waren praktisch, nützlich und an der Verbesserung des Alltags orientiert.

1 Katharina Kuhs zum Beispiel entwarf 1911 den Reißverschluss. Mit dessen Serienproduktion wurde allerdings erst 25 Jahre später begonnen.

2 Lebensmittel länger haltbar machen: An diesem Problem arbeiten Menschen, seit es Menschen gibt. Carl Linde löste das Problem 1874 mit der Erfindung der ersten Kältemaschine. 1879 gründete er die „Gesellschaft für Lindes Eismaschinen", die als Linde AG noch heute existiert.

3 Die Streichholzschachtel mit seitlich angebrachten Reibeflächen wurde in Österreich erfunden und zwar von A. M. Pollack von Rudin (1817–84).

4 Die Idee für eine andere Erfindung stammt aus der Natur. Georges de Mestral hatte sich immer wieder darüber geärgert, dass er nach der Jagd Kletten von seiner Kleidung entfernen musste. Aber die Sache hatte auch ihre guten Seiten: So kam er 1948 auf den Gedanken, nach diesem Prinzip den Klettverschluss zu entwickeln. Den finden wir heute besonders oft bei moderner Sportbekleidung.

5 Seit 1945 ist auch das Schälen von Gurken oder Kartoffeln kein Problem mehr. In diesem Jahr brachte Alfred Neweczrzal aus Davos in der Schweiz nämlich den „Rex-Sparschäler" auf den Markt. Heute gibt es wohl kaum einen Haushalt ohne ein solches Gerät.

6 Im Jahre 1864 baute der Österreicher Peter Mitterhofer die erste, aus Holz gefertigte, Schreibmaschine. Wie viele andere Erfindungen auch, ist aber die Schreibmaschine das Produkt vieler Erfinder. Mitterhofer hatte mit seiner Erfindung keinen ökonomischen Erfolg.

7 Ähnlich war es mit dem Freiherrn von Drais zu Sauerbronn, der als einer der Erfinder des Fahrrads gilt. Seine „Draisine" war eine Zeit lang sehr beliebt bei jungen adligen Herren in Paris. Aber der wirkliche ökonomische Erfolg kam nicht. Bis zum modernen Fahrrad dauerte es noch fast hundert Jahre. Der Franzose Michaux baute 1864 Pedale ans Fahrrad. Ein Engländer namens Lawson erfand die Fahrradkette, der Ire Dunlop den luftgefüllten Reifen und der Deutsche Ernst Sachs die Rücktrittbremse. Gegen Ende des 19. Jh. hatte das Fahrrad schließlich die Form gefunden, die wir heute kennen.

8 Erfindungen haben immer auch soziale Folgen und nicht alle sind positiv. Folgender Bericht fand sich im Internet: Bevor im Jahr 13978 v. Chr. Uhhg Grrmp das Beil erfand, und so die gesamte Holzfällerei modernisierte, nahmen die Urmenschen für die Tätigkeit des Baumfällens den Dienst einiger käuflicher Biber in Anspruch … Durch die Erfindung des Beils wurden viele Biber arbeitslos und konnten ihre Familien nicht mehr ernähren … (Nach: http://www.alfeld.de/scene/sa/beil.htm)

1.3 **Informationen ordnen – Stellen Sie die Informationen aus dem Text systematisch zusammen.**

Was?	Wann?	Wer?
Reißverschluss	1911	K. Kuhs

1.4 **Kennen Sie noch andere Erfinder? Was haben sie erfunden?**

2 Mit eurolingua das Erfinden trainieren

▶ ◀ 2.1 Schauen Sie sich die Illustrationen an. Welche Erfindungen sind aus diesen Situationen entstanden?

▶ ◀ 2.2 Schlagen Sie zu folgenden Situationen eine passende Erfindung vor.

Immer dieser Ärger mit dem Feuer!

Au, jetzt habe ich mich geschnitten!

Meine Haare sind noch ganz nass. Ich komme später!

Die Sonne ist viel zu hell für meine Augen!

Dumm, dass man hier nichts sieht!

Mist, der Kaffee ist schon wieder kalt!

2.3 Schauen Sie sich diese Erfindung an. Was meinen Sie: Wozu kann man sie brauchen?

Wir geben Ihnen einen Tipp: Zwei von den Gegenständen rechts gehören zu der Erfindung.

2.4 Wir haben zwei Leute gefragt: Wozu kann man das brauchen? Hören Sie zu.

2.5 Wozu braucht man das? Formulieren Sie Sätze mit damit **und** um ... zu.

Die Sonnenbrille wurde erfunden, um die Augen vor der Sonne zu schützen.
... damit man die Augen vor der Sonne schützen kann.

2.6 Spiel – Bilden Sie zwei Gruppen. Jede Gruppe schreibt zehn Geräte und Produkte auf. Dann fragen Sie sich gegenseitig. Für jede gute Antwort gibt es einen Punkt.

Warum wurde das Auto erfunden?

Damit man nicht mehr laufen muss.

2.7 Was müsste man noch erfinden? Präsentieren Sie Ihre Ideen im Kurs. Vielleicht finden andere eine Lösung für das Problem?

Man müsste einen Apparat haben, der Gedanken lesen kann.

Es wäre gut, wenn man eine Maschine hätte, die ...

2.8 Was wäre, wenn ...? Überlegen Sie, was sich verändern würde, wenn es bestimmte Gegenstände nicht gäbe. Wählen Sie ein Thema aus und schreiben Sie einen kurzen Text dazu.

Wenn es keine Brillen gäbe, dann hätte ich große Probleme. Ich könnte schlecht sehen und deshalb meinen Beruf nicht mehr machen. Ich müsste einen anderen Beruf lernen. Wahrscheinlich wäre ich sogar arbeitslos, weil man bei fast allen Berufen gut sehen muss. Auch im Alltag wäre alles sehr kompliziert. Ich dürfte z.B. nicht Auto fahren und das Fahrradfahren wäre sehr gefährlich. Aber vielleicht wäre ja dann auch die Welt ganz anders organisiert, weil viele andere Menschen ja auch schlecht sehen würden.

3 Wörter, die Sätze zu einem Text verknüpfen

3.1 Die folgenden Sätze kann man nur im Kontext verstehen. Erinnern Sie sich? Worauf beziehen sich die fett gedruckten Wörter?

C 38
C 39

1. **Sie** ist eine Erfindung des Österreichers A.M. Pollack von Rudin.
2. **Den** finden wir heute besonders oft bei moderner Sportbekleidung.
3. ... **die** 1874 von Linde erfunden wurde.
4. Heute gibt es wohl kaum einen Haushalt ohne ein **solches** Gerät.
5. Mit **dessen** Serienproduktion wurde allerdings erst 25 Jahre später begonnen.
6. In **diesem** Jahr brachte A. Neweczrzal den „Rex-Sparschäler" auf den Markt.
7. ... **den** der Ire Dunlop erfunden hat, machte das Fahrradfahren komfortabler.
8. Durch **seine** Erfindung wurden viele Biber arbeitslos.

3.2 Personalpronomen und Demonstrativa – Welche Sätze gehören zusammen?

C 43
C 53

Mein Mann hat im Laden ein neues ☐1 Computerspiel gesehen.

a☐ Er kennt sie seit einer Woche.

Kein Wunder, dass Stefan seinen Taschen- ☐2 rechner nicht findet.

b☐ Das will sie jetzt verkaufen.

Mein Sohn hat eine neue Freundin. ☐3

c☐ Den will sie morgen anziehen.

Die Tochter von Frau Bergner hat sich ☐4 nicht einmal bedankt.

d☐ Den hat er vor zwei Tagen im Restaurant vergessen.

Brigitte hat bei einem Wettbewerb ein ☐5 Auto gewonnen.

e☐ Der wird sie nie wieder etwas schenken.

Bettina hat sich einen Pullover gekauft. ☐6

f☐ Das will er unbedingt kaufen.

3.3 Markieren Sie in den Sätzen ☐a bis ☐f in 3.2 die Personalpronomen und Demonstrativa. Erklären Sie, worauf sie sich beziehen.

☐1 ☐f *das Computerspiel*

3.4 Relativpronomen – Ergänzen Sie die folgenden Sätze mit passenden Relativpronomen.

C 58
C 59

1. Man müsste Hausschuhe erfinden, mit

   _____*denen*_____ man putzen kann.

2. Falls Sie auch zu den Menschen gehören,

   _____ 1000-teilige Puzzles

   Mühe machen, dann empfehlen wir Ihnen

   dieses Exemplar, mit _____

   Sie bestimmt Erfolg haben werden.

3. Haben Sie sich auch schon immer einen Hammer gewünscht, mit

_____ man auch im Dunkeln den Nagel auf

den Kopf trifft? Hier ist er!

4. Wie finden Sie diese Zahnbürste, mit

_____ man die Zähne

gleichzeitig oben und unten

putzen kann?

5. Das ideale Geschenk für

Eltern, _____

Kinder etwas Sinnvolles

spielen sollen.

6. Es sollte einen Apparat geben,

_____ Gedanken lesen kann.

7. Das ist ein Schachspiel, _____ für Menschen erfunden

worden ist, _____ auch im Schwimmbad

nicht auf ihr Lieblingsspiel verzichten möchten.

8. Dieser praktische Haarkranz, _____

Sie ohne Probleme anziehen können, ist ideal für alle,

_____ lange Haare haben und gerne

Suppe essen.

3.5 Possessiva – Vermeiden Sie die Wortwiederholungen in den folgenden Sätzen, indem Sie Possessiva verwenden.

1. Frau Müller kommt zu spät zur Arbeit. Der Chef von Frau Müller ist wütend.

> 1. Frau Müller kommt zu spät zur Arbeit. Ihr Chef ist wütend.

2. Herr Hug hat eine hohe Arztrechnung bekommen. Die Krankenkasse von Herrn Hug muss sie bezahlen.
3. Fritz hatte bei dem Unfall großes Glück: Das Auto von Fritz ist zwar total kaputt, aber er selbst blieb unverletzt.
4. Die „Rolling Stones" sind immer noch weltberühmt. Die CDs der „Stones" werden millionenfach verkauft.
5. Herr Koller hatte großen Erfolg. Der Vortrag von Herrn Koller war sehr interessant.
6. Thomas Edison ist der berühmteste Erfinder unseres Jahrhunderts. Die Erfindungen von Thomas Edison kennt jedes Kind.
7. Leonardo da Vinci hat viele Erfindungen auf dem Papier entwickelt, aber Leonardo da Vinci konnte viele seiner Erfindungen zu der Zeit von Leonardo da Vinci noch nicht bauen.

▶ ◀ 3.6 Adverbien – Die Aussagen 1 bis 8 kann man ohne Zusammenhang nicht verstehen. Wie könnte der Satz davor heißen?

1. Dort baute er das erste Auto.
2. Damals gab es keine Autos.
3. Hier kann man schönen Schmuck kaufen.
4. Vorher möchte ich noch einen Kaffee trinken.
5. Seitdem ist sie seine Freundin.
6. Danach konnte er nicht einschlafen.
7. Später gingen sie noch in die Disko.
8. Dabei sang er ein Lied.

1. Carl Benz lebte in Ladenburg bei Mannheim.
Dort baute er das erste Auto.

Berta Benz fährt das erste Auto.

▶ ◀ 3.7 Schreiben Sie Sätze wie in 3.6. Schreiben Sie für sich beide Sätze auf. Geben Sie aber nur den zweiten Satz weiter. Die anderen ergänzen dann den ersten Satz. Vergleichen Sie die Ergebnisse.

4 Der Turmbau zu Babel oder: Die Grenzen des Fortschritts

❖ 4.1 Eine Geschichte aus der Bibel. Betrachten Sie das Bild und sprechen Sie darüber. Kennen Sie das Motiv?

Pieter Bruegel d.Ä., Turmbau von Babel, 1563

Lesen und hören Sie nun den Text und machen Sie Notizen.

1. Mose, 11:

Der Turmbau zu Babel

Es hatte aber alle Welt einerlei Zunge und Sprache. Als sie nun nach Osten zogen, fanden sie eine
Ebene im Lande Schinar und wohnten daselbst. Und sie sprachen untereinander: … Wohlauf, lasst
uns eine Stadt und einen Turm bauen, dessen Spitze bis an den Himmel reiche, damit wir uns einen
Namen machen; denn wir werden sonst zerstreut in alle Länder. Da fuhr der HERR hernieder, dass
5 er sähe die Stadt und den Turm, den die Menschenkinder bauten. Und der HERR sprach: Siehe, es
ist einerlei Volk und einerlei Sprache unter ihnen allen und dies ist der Anfang ihres Tuns; nun wird
ihnen nichts mehr verwehrt werden können von allem, was sie sich noch vorgenommen haben zu
tun. Wohlauf, lasst uns herniederfahren und dort ihre Sprache verwirren, dass keiner des anderen
Sprache verstehe! So zerstreute sie der HERR von dort in alle Länder, dass sie aufhören mussten, die
10 Stadt zu bauen. Daher heißt die Stadt Babel, weil der HERR daselbst verwirrt hat aller Länder
Sprache und sie von dort zerstreut hat in alle Länder.

Text nach der Übersetzung Martin Luthers, revidierte Fassung der Evangelischen Kirche in Deutschland von 1984

4.3 **Die folgenden Angaben helfen, den Text zu verstehen. Zu welchen Zeilen passen sie?**

1. damit sie sich nicht mehr verstehen können
2. die Menschen
3. kam … auf die Erde
4. sie sagten zueinander
5. sie sind ein Volk und sprechen eine Sprache
6. sie wohnten dort
7. um sich … anzusehen
8. wird man sie nicht mehr daran hindern können, alles zu tun …

4.4 **Erzählen oder schreiben Sie nun die Geschichte in Ihren Worten.**

Die Menschen wollten eine Stadt bauen und einen Turm, der …

4.5 **Wie kann man den Text heute interpretieren? Entspricht eine der folgenden Thesen Ihrer Meinung?**
Haben Sie eine Alternative?

– Gott hat die Menschen mit der Mehrsprachigkeit bestraft.
– Auf großen Baustellen werden oft viele Sprachen gesprochen.
– Damals hatte man noch nicht die technischen Mittel, um hohe Gebäude zu bauen.
– Die Menschen dürfen nicht glauben, dass sie alles erreichen können, wenn sie es nur wollen.
– Wenn die Menschen die Sprache von anderen verstehen, können sie viel erreichen.
– Wenn die Menschen glauben, dass sie wie Gott werden können, dann werden sie bestraft.
– Wenn die Menschen nicht in Harmonie mit ihrer Umwelt leben,
  dann gibt es auch keine Harmonie unter den Menschen.
– Der technische Fortschritt zerstört die Harmonie der Natur.

Nicht alles, was technisch
machbar ist, ist auch richtig.

Ich glaube, dass der Text sagen will, dass …

Die Menschen dürfen nicht …

Ich denke, dass der Text die
Menschen warnen soll. Sie sollen …

Chancen und Probleme des Fortschritts – Wählen Sie eines der folgenden Bilder aus und sprechen Sie darüber.
Machen Sie Notizen in Stichwörtern und tragen Sie Ihr Gesprächsergebnis im Kurs vor.

1. Die Concorde ist das erste Überschallverkehrsflugzeug (seit 1976). Sie ist laut und teuer, aber sehr schnell. Das Flugzeug wird nicht mehr gebaut. Es gibt zur Zeit kein neues Projekt dieser Art.

2. Ein großes Atomreaktorunglück passiert, statistisch betrachtet, höchstens alle 10 000 Jahre. Der Atomreaktor von Tschernobyl explodierte 1986.

3. Ein Tunnel unter dem Kanal verbindet seit 1994 den europäischen Kontinent und Großbritannien. Die Fahrzeit von Paris nach London beträgt seitdem nur noch vier Stunden. 1996 gab es den ersten Unfall, bei dem die Passagiere aber unverletzt blieben.

4. Das Itaipu Wasserkraftwerk an der Grenze von Brasilien und Paraguay produziert Strom für Millionen Menschen. Eine wunderschöne Landschaft mit einem berühmten Wasserfall ist im Stausee verschwunden.

5. Schnelle Verkehrswege machen die Menschen mobiler.

6. Die Titanic: Man glaubte, dass dieses Schiff nicht untergehen könne.

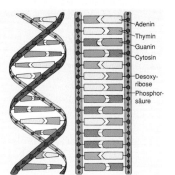

Überschallflugzeuge sind laut und sie sind teuer. Sie zerstören die Ozonschicht noch schneller als andere Flugzeuge. „Normale" Flugzeuge sind schnell genug. Man sollte sowieso weniger fliegen und mehr mit der Eisenbahn fahren. Es ist gut, dass man jetzt keine Überschallflugzeuge mehr baut.

7. Seit 1953 wissen wir, wie die Vererbung funktioniert. Ein großes Projekt soll in wenigen Jahren die Funktion aller menschlichen Gene herausfinden. Seit den achtziger Jahren kann man die Erbstruktur künstlich verändern. Es gibt schon viele Pflanzen (z.B. Tomaten, Soja), deren Gene verändert wurden.

Die Concorde ist ein altes Flugzeug. Man könnte heute vielleicht bessere bauen. Viele Menschen müssen immer schneller von einem Ort zum anderen. Man kann den Fortschritt nicht aufhalten.

4.7 Rollenspiel: Der neue Großflughafen

B 6
B 7

a) Sammeln Sie Redemittel, die Sie für eine Diskussion brauchen. Arbeiten Sie mit dem Lernerhandbuch.

b) Bilden Sie drei Gruppen.

Sie wohnen in Mosköln, einer Industriestadt mit etwa 500 000 Einwohnern. Die Stadt hat nur einen kleinen Flughafen. Die Eisenbahn- und Straßenverbindungen sind gut. Jetzt soll ein internationaler Großflughafen gebaut werden.

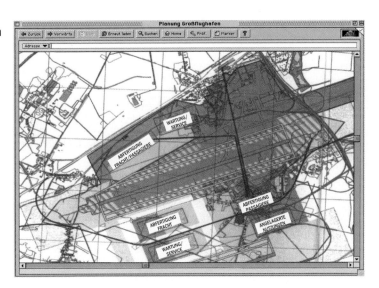

Gruppe 1:
Sie möchten den Großflughafen bauen. Sammeln Sie Argumente dafür. (Was können Sie tun, um die Stimmung in der Bevölkerung positiv zu beeinflussen?)

Gruppe 2:
Sie möchten keinen Großflughafen in Ihrer Stadt haben. Sammeln Sie Argumente gegen ein solches Projekt. (Was können Sie tun, um den Protest der Bevölkerung zu fördern?)

Gruppe 3:
Sie sind Journalisten. Sammeln Sie kritische Fragen an die Befürworter und an die Gegner des Großflughafens.

c) Schreiben Sie drei Ihrer Argumente groß auf Zettel und hängen Sie die Zettel im Klassenraum aus. Die Journalisten schreiben drei Fragen auf einen Zettel. Alle lesen die Argumente und Fragen.

d) Arbeiten Sie dann noch einmal zehn Minuten in Ihrer Gruppe. Suchen Sie Gegenargumente zu denen der anderen Gruppe und Antworten auf die Fragen.

e) Nun beginnt die Diskussion.

4.8 Sprechen Sie zum Abschluss über das Rollenspiel. Was war gut? Was war schwierig? Woran müssen Sie noch arbeiten: Intonation, Wortschatz ... ?

5 Prüfungsvorbereitung: Sprachbausteine

Bei diesem Prüfungsteil sollen Sie zeigen, ob Sie wichtige Strukturen des Deutschen beherrschen.
Der Test besteht aus zwei Teilen. In jedem Teil sollen Sie Wörter finden, die im Text fehlen.
In Einheit 6 können Sie sich auf Teil 1 des Tests vorbereiten. Teil 2 folgt in Einheit 7.
In Teil 1 wählen Sie aus 16 Möglichkeiten die 10 passenden für einen Lückentext aus.

5.1 Lesen Sie die Aufgabe und diskutieren Sie im Kurs: Wie organisieren Sie Ihre Arbeit bei diesem Test?
Halten Sie die Arbeitsschritte an der Tafel fest.

Aufgabe: Lesen Sie die Anzeige und den Brief.
Schreiben Sie die richtigen Ziffern zu den Buchstaben.

Grenzenloser Urlaub im Bayrischen Wald

Hoch am Dieberg liegt unser Bauernhof, am Waldrand, mit freier Sicht zu den bayrisch-böhmischen Bergen. Zwei gemütliche Ferienwohnungen mit vier und sechs Betten laden Sie ein. Ausgangspunkt für schöne Wanderungen und Tagesausflüge. Hallenbad 300 m, Tischtennis, Tennis, Freizeitangebote für Kinder.
Wochenpauschale: EUR 350/450 inkl. Frühstück
Anfragen an: Familie Freipichler, Im Bächl 3, 94437 Fürth im Wald, Telefon/Fax: 09973/28656

Sehr geehrte Familie Freipichler,

im „Mannheimer Morgen" vom 10. Mai habe ich Ihre Anzeige gelesen.
Ich interessiere mich für die Wohnung ⑴ sechs Betten für die Zeit vom
1. bis zum 14. September. Ist die Wohnung in diesem Zeitraum noch ⑵?
Ich habe noch ein paar Fragen. Aus der Anzeige geht nicht hervor, wie
⑶ Räume die Wohnung hat. Meine Mutter ⑷ mit uns reisen. Sie ist
behindert und ⑸ keine Treppen mehr steigen. Daher müsste zumindest
eines der Schlafzimmer im Erdgeschoss ⑹.
Wir haben zwei Kinder (7 und 11 Jahre). Deshalb würde mich interes-
sieren, wie das Freizeitangebot aussieht. Gibt es auch Tennis- oder
Schwimmkurse für Kinder?
Wir fahren ⑺ Fahrrad. Kann man Fahrräder ausleihen? ⑻ ja, was
kosten Sie pro Tag?
Bitte antworten Sie so bald ⑼ möglich, ⑽ wir mit unserer Urlaubsplanung schon etwas spät dran sind. Können Sie uns auch bitte weiteres
Informationsmaterial über die Region und eventuell auch einen
Prospekt über die Ferienwohnung zuschicken?

Mit freundlichen Grüßen

Harald Beissling

a	besetzt
b	da
c	darum
d	frei
e	gerne
f	ist
g	kann
h	lieber
i	liegen
j	mit
k	viele
l	wann
m	wenn
n	wie
o	wird
p	zahlreich

5.2 Tauschen Sie Ihre Ergebnisse im Kurs aus und kontrollieren Sie sich gegenseitig.

5.3 Machen Sie eine Kursstatistik: Was haben fast alle richtig gemacht? Wo gab es Probleme?

EINHEIT 7 : WIENER IMPRESSIONEN

.... Sehenswürdigkeiten und kulturelle Institutionen kennen lernen
.... über Kaffee sprechen
.... einen Weg beschreiben (Wiederholung)
.... eine Postkarte schreiben
.... einen Vortrag vorbereiten
.... Präpositionen und Kasus (Dativ und Genitiv)
.... Adjektivdeklination (Wiederholung)
.... einen Text systematisch korrigieren
.... Prüfungsvorbereitung: Sprachbausteine

1 Grüße aus Wien

1.1 Was wissen Sie bereits über Wien? Sammeln Sie im Kurs. Die Namen und Begriffe und die Tonaufnahme helfen Ihnen vielleicht.

Der dritte Mann – Dialekt – Donau – Habsburger Monarchie – Hauptstadt – Hitler – Hofreitschule – Hundertwasser – Johann Strauss – Kaffeehaus – Kaiser – Lieder – Mozart – Musik – OPEC – Oper – Opernball – Prater – Sachertorte – Schnitzel – Sigmund Freud – Sissi – Theater – UNO – Walzer – Würstchen …

1.2 Wir haben einige Leute gefragt: Was fällt Ihnen zum Stichwort Wien ein? Hören Sie zu und machen Sie Notizen.

1.3 Schauen Sie sich die Postkarte an und lesen Sie die Texte. Welche Beschreibung passt zu welcher Sehenswürdigkeit? Welche Wörter haben Ihnen geholfen?

Souvenir de Vienne   Greetings from Vienna

Grüße aus Wien

Cordiali Saluti da Vienna
Üdvözlet Becsböl

a ☐ Das bekannteste Gebäude Wiens ist sicher der Stephansdom aus dem 13. Jahrhundert. Sein Turm ist mit 136,7 Metern der dritthöchste Kirchturm der Welt.

b 6 In der Staatsoper, 1861 bis 1869 an der Ringstraße gebaut, spielen die Wiener Philharmoniker. Sie sind eines der besten Orchester der Welt.

c ☐ Fast ebenso bekannt ist das Burgtheater, das wenig später gebaut wurde und eines der bedeutendsten deutschsprachigen Theater ist.

d ☐ Das Barockschloss Belvedere wurde im Auftrag Prinz Eugens zu Beginn des 18. Jahrhunderts südlich der Stadt gebaut. Es ist bekannt für seinen herrlichen Garten.

e ☐ Etwa aus der gleichen Zeit stammt die barocke Karlskirche, deren Kuppel schon von weitem gut sichtbar ist.

f 8 Das Schloss Schönbrunn liegt im Westen der Stadt in einer Parkanlage, die viermal so groß wie der Vatikanstaat ist.

g ☐ Das neugotische Rathaus mit seinem 98 Meter hohen Turm in der Mitte entstand im 19. Jahrhundert.

h ☐ Die Straßen der Innenstadt, besonders die Kärntner Straße und der Graben, laden zum Spazierengehen und Einkaufen ein.

i ☐ Das Riesenrad im Prater ist ein beliebtes Ausflugsziel für Jung und Alt. Von oben hat man eine herrliche Aussicht über die Stadt.

▸ ◂ **1.4** **Informationen über Gebäude geben – Ergänzen Sie die Texte 1–4, möglichst ohne in 1.3 nachzusehen.**

1. Das _____ w_____ Ende des 19. _____

   g_____ . Es ist eines der _____ deutschsprachigen Theater.

2. Das _____ Gebäude Wiens ist der _____ aus dem

   13. _____ . Sein _____ ist 136, 7 Meter

   _____ . Er ist der dritt_____ Kirchturm der _____ .

3. Die _____ w_____ 1861 bis 1869 _____ .

   Hier spielen die Wiener Philharmoniker. Eines der _____ Orchester der

   _____ .

4. Das neugotische _____ mit seinem 98 _____

   _____ Turm in der Mitte wurde im 19. _____

   _____ .

▸ ◂ **1.5** **Können Sie ein Gebäude aus Ihrer Stadt / Ihrem Land beschreiben, wie in den Beispielen in 1.3 und 1.4 vorgegeben?**

Das wichtigste Gebäude bei uns in … ist der/das/die …

Es wurde …

Heute ist es ein/eine …

1.6 Postkarte aus Wien –
Lesen Sie die Karte.

Was erfahren Sie
– über Wien,
– über die Reise von
  Myun Suk-Choi,
– über anderes?

Wien, 7.7.99

Lieber Tom,

jetzt ist der halbe Urlaub schon vorbei. Es geht mir gut.
Heute sind wir in Wien. Gestern waren wir in Salzburg. Die
Busfahrt war anstrengend. Ich hab nicht gewusst, dass es so
weit ist von Salzburg nach Wien. Heute Morgen bin ich in
der Stadt spazieren gegangen. Toll! Ich sitze jetzt im
Kaffeehaus. Vor mir steht eine Sachertorte mit
„Schlagobers", so heißt hier die Sahne. (Wenn ich nach
Hause komme, muss ich eine Diät machen.) Heute Nach-
mittag will ich in den Prater gehen. Für heute Abend habe
ich Karten für das Burgtheater.
Tschüs und bis bald

Myun

1.7 Schreiben Sie Postkarten? Wem schreiben
Sie? Was ist wichtig, was
nicht?

1.8 Stellen Sie sich vor, Sie
besuchen als Tourist/in
Ihre Heimat.
Schreiben Sie nun eine Postkarte in „Ihrem Stil" an Bekannte in Deutschland.

1.9 Sie haben einen Tag Zeit,
um eine fremde Stadt
kennen zu lernen. Was
tun Sie?

Ich plane meine Reisen immer
ganz genau, deshalb …

Zuerst würde ich …

Für mich ist am wichtigsten …

Ich gehe am liebsten …

Mich interessiert immer, wie …

Wenn ich in eine
fremde Stadt komme, dann …

1.10 Das Städtequiz – Wie
heißen diese Städte?

1.11 Sie hören zehn
Aussagen. Welche
Aussage gehört zu
welcher Stadt in 1.10?

▸◂ **2.1** Welche der Sehenswürdigkeiten, die auf der Postkarte auf Seite 79 abgebildet sind, finden Sie auf dem Stadtplan? Markieren Sie sie.

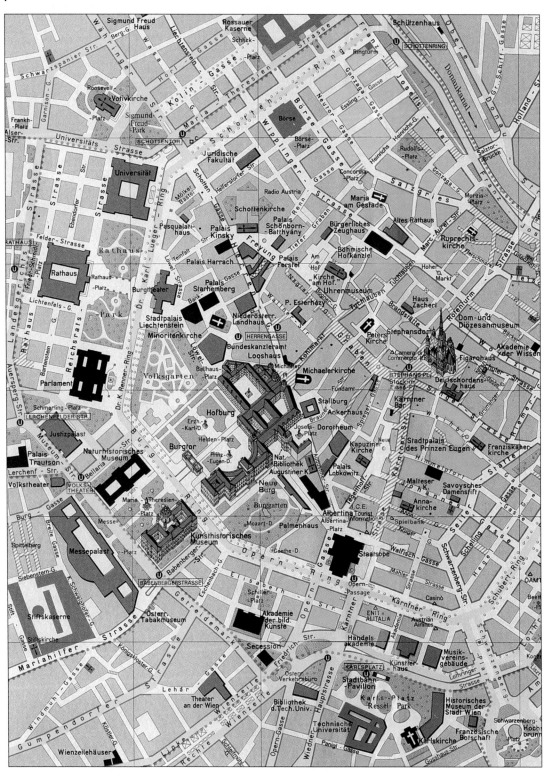

2.2 Haben Sie alle Sehenswürdigkeiten gefunden? Beschreiben Sie ihre Lage. Verwenden Sie Präpositionen wie in den Beispielen rechts.

hinter dem	Stephansdom *(D)*
vor der	Sezession *(D)*
neben dem	Volkstheater *(D)*
gegenüber dem	Kunsthistorischen Museum *(D)*
am	Donaukanal *(D)*
in der	Kärntner Straße *(D)*
zwischen dem	Dom und der Uni *(D)*
links von der	Hofburg *(D)*
rechts von der	Universität *(D)*
innerhalb der	Ringstraße *(G)*
außerhalb der	Ringstraße *(G)*

Das liegt ...
Das befindet sich ...

2.3 Spiel: Einen Weg beschreiben
Wählen Sie einen Ausgangspunkt (z.B. den Stephansdom) und ein Ziel (z.B. die Sezession). Nennen Sie das Ziel nicht, sondern beschreiben Sie, wie man dahin kommt. Die anderen sollen den Weg auf dem Stadtplan verfolgen und Ihnen das Ziel nennen. Hören Sie zuerst das Beispiel. Wohin geht die Person?

2.4 Sie können das Spiel auch für Ihre eigene Stadt spielen.

2.5 Eine Stadtrundfahrt – Hören Sie zu und ergänzen Sie den Text. Verfolgen Sie jetzt den Weg auf dem Stadtplan. Nennen Sie die Straßen, durch die der Bus fährt.

Meine Damen und Herren, _____ sehen Sie den Rathauspark.

Hinter d_____ Park liegt das _____haus mit sein_____

groß_____ Turm in d_____ Mitte. Wenn Sie aus d_____

link_____ Fenster schauen, haben Sie das Burg_____ vor

sich. Wir fahren jetzt weiter zu_____ Parlament, das direkt neben

d_____ Rathauspark liegt.

Der Brunnen vor d_____ Parlamentsgebäude ist der „Athene-

Brunnen". Der Bus fährt jetzt d_____ Burgring entlang und

a_____ Naturhistorischen Museum vorbei, das Sie auf d_____

recht_____ Seite sehen. Gegenüber dies_____ Museum, auf der

anderen Seite des Maria-Theresien-Platzes, liegt

das Kunsthistorische _____. Nun kommen

wir zu_____ Hofburg, in d_____ die österrei-

chischen Kaiser residierten. In dies_____

Gebäude können Sie die prunkvollsten Räume

aus verschieden_____ Epochen besichtigen.

3 Drei Blicke auf Wien und Österreich

3.1 Ein Schweizer spricht über Österreich und Wien. Markieren Sie die Aussagen, die so ähnlich im Text vorkommen.

☐ Es gibt viele Klischees über Österreich.

☐ Auch die Österreicher selbst glauben zum Teil daran.

☐ Österreich ist für viele Leute: Spanische Hofreitschule, das Neujahrskonzert, der Jodler usw.

☐ Österreich ist kein modernes Land und das macht es so sympathisch.

☐ Österreich ist moderner, als viele (auch viele Österreicher) denken.

☐ Die Österreicher finden, dass die Klischees über ihr Land alle nicht stimmen.

3.2 Ein Amerikaner und eine Schwedin sprechen über „Sprach- und Verhaltensregeln" und „Äußerlichkeiten".
Welches Bild passt zu welcher Aussage? Warum?

3.3 Was kommt in den Hörtexten in 3.2 vor? Kreuzen Sie an. Korrigieren Sie danach die falschen Aussagen.

☐ Die äußeren Formen (Höflichkeit) sind sehr wichtig.

☐ Die Höflichkeitsformeln sind kompliziert.

☐ In Wien kann man auch mal Schwäche zeigen.

☐ Kleider sind nicht so wichtig.

☐ Man redet gern über persönliche Probleme.

☐ Man schüttelt sich sehr oft die Hand.

☐ Österreicher sind im Allgemeinen viel lockerer als Amerikaner.

☐ Schönheit, Besitz und Karriere – darauf kommt es an.

☐ Verabschiedung und Begrüßung sind wichtig.

☐ Wenn man in Österreich gut zurechtkommen will, muss man bestimmte Verhaltensregeln
kennen.

3.4 Wir wollten es noch etwas genauer wissen und haben zwei Österreicher, die nicht in Wien leben, gefragt, was sie zu den Aussagen oben meinen. Hören Sie zu und machen Sie Notizen.

3.5 Sehen Sie sich die Aussagen in 3.3 noch einmal an. Sprechen Sie über die Interviews: Was ist bei Ihnen anders oder ähnlich?

4.1   Schauen Sie sich die Bilder an und lesen Sie die Zitate.

„Ein Literat ist ein Mensch, der Zeit hat, im Kaffeehaus darüber nachzudenken, was die anderen draußen nicht erleben."
Anton Kuh

„Was muss man im Café? – Nur sein."
Hans Weigel

„Im Kaffeehaus kann man allein sein, ohne sich allein zu fühlen."
Otto Friedländer

„Das Kaffeehaus ist ein Ort für Leute, die allein sein wollen, aber dazu Gesellschaft brauchen."
Alfred Polgar

„Im Kaffeehaus sitzen die Talente so dicht gedrängt, dass sie sich gegenseitig an der Entfaltung hindern."
Karl Kraus

4.2 Kaffeehäuser früher und heute – Lesen Sie den Text und ergänzen Sie die Satzanfänge unten.

Seit dem 18. Jahrhundert ist das Kaffeehaus eine Institution, die untrennbar mit Wien verbunden ist. Hier verbringen manche Wiener viele Stunden, denn sie können hier alles tun, was sie zu Hause oder im Büro nicht tun wollen oder nicht tun können: in Ruhe Zeitungen und Zeitschriften lesen (die in jedem Kaffeehaus in großer, auch internationaler Auswahl zur Verfügung stehen), Briefe schreiben, Freunde treffen und diskutieren, Schach oder Karten spielen.
Die Wiener Kaffeehäuser waren immer auch ein beliebter Treffpunkt von Künstlern, Politikern und Journalisten. Viele von ihnen verbrachten hier oft den ganzen Tag. Die Besucherlisten von manchen Cafés lesen sich wie ein „Who's who".

Natürlich ist die Zeit auch an den Kaffeehäusern nicht spurlos vorbeigegangen. Manche sind durch Espressostuben ersetzt worden, in denen der Kaffee in modernen Maschinen gemacht wird. Aber dennoch findet man auch heute noch viele der guten alten Kaffeehäuser in den alten Bezirken Wiens. Dort wird zu jedem Kaffee ein Glas frisches Wasser serviert. Die Wiener behaupten nämlich, vom Kaffeetrinken bekomme man Durst. Und man kann nicht nur einen guten Kaffee trinken, sondern dazu auch die weltbekannten Wiener Mehlspeisen und Konditoreispezialitäten essen. Berühmte Kaffeehäuser sind z.B. das Café Central in der Herrengasse 14 oder das Café Landtmann in der Nähe des Burgtheaters.

Kaffeehäuser gibt es in Wien _____

Ins Kaffeehaus geht man, um _____

_____

Viele Künstler und Politiker _____

Heute sind manche _____

Im Kaffehaus kann man nicht nur Kaffee trinken _____

_____

4.3 Suchen Sie sich eine der Personen aus den Bildern auf Seite 85 aus und erfinden Sie ihre Biografie. Stellen Sie die Person vor.

Alter, Schulbildung, Famile, Beruf, politische Einstellung, Hobbys, Essgewohnheiten, Kleidergeschmack …

> Joseph Mitternegger
> 34 Jahre
> verheiratet, 2 Kinder
> Lehrer
> konservativ

4.4 Ins Gespräch kommen – Je zwei der Personen, die Sie ausgewählt haben, kommen im Kaffeehaus ins Gespräch miteinander, weil sie eine der folgenden Überschriften in der Zeitung gelesen haben. Entwickeln und spielen Sie einen kurzen Dialog.

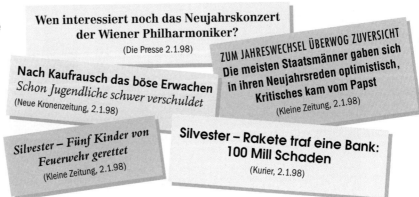

Wen interessiert noch das Neujahrskonzert der Wiener Philharmoniker?
(Die Presse 2.1.98)

ZUM JAHRESWECHSEL ÜBERWOG ZUVERSICHT
Die meisten Staatsmänner gaben sich in ihren Neujahrsreden optimistisch, Kritisches kam vom Papst
(Kleine Zeitung, 2.1.98)

Nach Kaufrausch das böse Erwachen
Schon Jugendliche schwer verschuldet
(Neue Kronenzeitung, 2.1.98)

Silvester – Fünf Kinder von Feuerwehr gerettet
(Kleine Zeitung, 2.1.98)

Silvester – Rakete traf eine Bank: 100 Mill Schaden
(Kurier, 2.1.98)

So könnte der Dialog anfangen:

- − Gestatten Sie, ist hier noch frei?
- + Aber bitte schön, setzen Sie sich nur.
- − Herr Ober, eine Melange bitte.
- ○ Kommt sofort, mein Herr / meine Dame.
- + Haben Sie das schon gelesen? „Schon Jugend-
  liche schwer verschuldet". Das ist ja unglaub-
  lich.
- − Ja, kein Wunder. Ich sag Ihnen, das sind die
  Eltern und die Banken! …

4.5 Gibt es in Ihrem Land eine vergleichbare Institution
wie das Kaffeehaus? Was ist ähnlich, was ist anders?

4.6 Wenn man in Wien einfach „Einen Kaffee bitte"
sagt, zeigt man damit,
dass man Ausländer/in
ist. Schauen Sie sich die
Kaffeekarte an.

*ATS = Österreichische Schilling.
1 ATS ≈ 0,14 DM (0,07 Eur)

Kaffeespezialitäten im „Café Einstein" in Wien

Kleiner Brauner *(kleine Tasse schwarzer Kaffee)*	ATS* 18,–
Kleiner Mocca *(sehr starker Kaffee aus Moccabohnen)*	ATS 18,–
Großer Brauner	ATS 36,–
Großer Mocca	ATS 36,–
Melange *(Milchkaffee)*	ATS 29,–
Verlängerter *(etwas mehr Wasser als beim Braunen)*	ATS 29,–
Einspänner *(kleiner Mocca mit Schlagobers)*	ATS 26,–
Cappuccino *(Verlängerter mit Schlagobers)*	ATS 37,–
Portion Schlagobers zum Kaffee	ATS 8,–

4.7 Mögen Sie Kaffee?
Was ist für Sie „guter Kaffee" (mit/ohne Milch/Zucker,
stark/schwach, mit Sahne ...)?
Wann trinken Sie ihn am liebsten?
Welche Rolle spielt dieses Getränk in Ihrem Land?

Ich finde, dass es den besten Kaffee in
Brasilien gibt. Ein „Cafezinho" mit viel
Zucker, nach dem Essen oder zwischendurch.
Es gibt nichts Schöneres.

Kaffee kann ich nur zu Hause trinken.
Deutschen Kaffee vertrage ich nicht.

Den besten Kaffee gibt es in Italien. Wo
bekommt man sonst einen wirklich guten
Cappuccino oder Espresso?

5 Einen Vortrag planen: Wiener Komponisten

5.1 Möchten Sie mehr über diese Musiker wissen?
Bilden Sie Gruppen und wählen Sie einen Komponisten aus. Ihr/e Kursleiter/in gibt Ihnen Material dazu.
Bereiten Sie in Ihrer Gruppe einen kurzen Vortrag vor. Verwenden Sie auch die Tonaufnahmen.

Wolfgang Amadeus Mozart (1756–1791)

Ludwig van Beethoven (1770–1827)

Johann Strauss (1825–1899)

5.2 Einen Text planen – Ergänzen Sie zuerst den Lerntipp
und sprechen Sie dann gemeinsam darüber, wie Sie
Ihren Vortrag planen können.

schreiben   ordnen
sammeln   Wörternetz

> **LERNTIPP** Erst _____ , dann _____ , dann _____ .
>
> Das _____ hilft Ihnen, Ihre Ideen zu ordnen.

5.3 Einen Text korrigieren – Lesen Sie Ihren Text durch, verbessern Sie den Stil und korrigieren Sie die Fehler.

> **LERNTIPP** Den Text mehrmals lesen. Bei jedem Durchgang auf ein Problem besonders achten.

1. Sind die Sätze logisch miteinander verbunden? (Haben Sie die richtigen Konjunktionen verwendet?)
2. Gibt es Wortwiederholungen, die man vermeiden könnte?
3. Ist die Wortstellung in den Sätzen richtig?
4. Stimmen die Verbendungen, die Artikel, die Adjektivendungen, die Pluralformen usw.?
5. Sind die Wörter richtig geschrieben?

Nehmen Sie das Wörterbuch oder das Lernerhandbuch zu Hilfe, wenn Sie unsicher sind.

1. Achten Sie hier auf Punkt 1 aus der Liste.	Weil ich sehr gern tanze, würde ich nie auf den Wiener Opernball gehen. Obwohl eine Eintrittskarte 160 Euro oder mehr kostet. Das ist mir zu teuer.
2. Achten Sie hier auf Punkt 2 aus der Liste.	Der Kaffee in Wien ist deshalb so gut, weil das Wasser eine sehr gute Qualität hat. Das Wasser kommt in den meisten Bezirken aus den steirischen Alpen und ist ganz frisch. Die Wiener sind sehr stolz auf das gute Wasser.

3. Achten Sie hier auf Punkt 3 aus der Liste.

In einem richtigen Wiener Kaffeehaus man bekommt immer ein Glas frisches Wasser, denn behaupten die Wiener, dass man bekommt vom Kaffeetrinken Durst. Wenn das Glas ist leer, bringt der Ober ein neues.

4. Achten Sie hier auf Punkt 4 aus der Liste.

Das beliebtesten Getränk in Wien ist eigentlich der Wein, der in die Weinberge rund um die Stadt wachsen. Aber seit dem 18. Jahrhundert trinken man auch gern Kaffee.

5. Achten Sie hier auf Punkt 5 aus der Liste.

Heute gibt es in Win neben den gemütlichen Kaffeeheusern imer mehr moderne Espressostuben. Aber dennoch ist es einfach, eines der guhten alten Kaffeeheuser zu finten.

5.4 Im folgenden Text sind 15 Fehler. Korrigieren Sie sie. Vergleichen Sie die Ergebnisse im Kurs.

Großer Türkenkrieg 1683–99:
Schlacht am Kahlberg
12. September 1683,
Farbdruck nach Aquarell,
dat. 1959

Wie der Kaffee nach Wien kam

Es war im Jahre 1683. Die türkisch Truppen standen vor Wien weil die einzige Möglichkeit zur Rettung für die Wiener war, den polnischen König Johann Sobiesky um Hilfe zu biten. Sie mussten also einen Kurier durch die feindlichen Linien schicken, natürlich einen, der perfekt Türkisch sprechte.
Ein solch Mann sein der Kaufmann Georg Franz Kolschitzky, obwohl er gearbeitet hatte bei der orientalischen Kompanie und die Sprache und die Sitten der Türken sehr gut kannte. Er kam, ohne entdeckt zu werden, durch das türkische Lager und brachte dem polnisch König die Bitte seiner Regierung.
König Johann Sobiesky schickte sein Truppen nach Wien. Die Türken die Belagerung der Stadt beenden mussten und flohen Hals über Kopf. Sie hinterließen kostbar Zelte, Waffen, Schmuck, Stoffe – und zwischen diesen Schätzen einig Säcke mit grünlichen Bohnen.
Die Wiener dachten, aber die seltsamen Früchte Futter für Kamele wären. Nur einer wusste es besser: Kolschitzky. Nachdem er die Regierung um die Säcke mit dem rätselhaften Inhalt gebeten hatte, er eröffnete kurz darauf das erste Kafehaus in Wien.

Wortschatz wiederholen: Orte und Landschaften

Im folgenden Suchrätsel können Sie über 25 Wörter aus den Wortfeldern „Orte" und „Landschaften" finden. Die Wörter sind waagrecht, senkrecht und diagonal versteckt.

```
N A T Ü R L I C H E G U N S S G K M
T Z S E H E N S W Ü R D I G K E I T
X A E M K L P F M Q K U Y E T K G B
S R X N A O C O L E K C E B H Ü R E
R H B Q T N N Z L E S N I E S O R
I E E X J R H T S I E R S R A T S G
Z E R Q P S U S I Z S T G T E S Z
S I Ü G Q O O M W N Ü E S E E W S K
A N H E X L S I E L E C I E R A T N
L W M S H E N T F E R N T D N L A F
M O T C G E G E N D D N T Y O D D J
U H S H I N S E L V E H A F E N T S
B N L L F U S S G Ä N G E R Z O N E
R E I O N R T G L A N D K A R T E B
K R E S A O F F E N O B A H N H O F
J K G S T B M K P K H P Z E D O R F
S E E E U Y O Y S T A D T P L A N Q
O H N N R E E U N I J T V O J I F V
```

Prüfungsvorbereitung: Sprachbausteine

In Einheit 6 haben Sie den ersten Teil dieses Prüfungsabschnitts geübt. Im zweiten Teil bekommen Sie einen Text. In diesem Text sollen Sie insgesamt 10 Wörter ergänzen. Für jedes Wort bekommen Sie drei Vorschläge (a–c) zur Auswahl.

Lesen Sie den folgenden Text und kreuzen Sie unten für jede Lücke das richtige Wort (a, b oder c) an.

Nach Kaufrausch das böse Erwachen:

Schon Jugendliche schwer verschuldet!

Ludwigshafen. – 1 wahren Kaufrausch bei Jugendlichen 2 Wirtschaftsexperten 3 vergangenen Dezember. Jetzt kommt das böse Erwachen: „Schon jeder zehnte deutsche Jugendliche im Alter von 15 bis 17 Jahren 4 bei 5 Bank schwer verschuldet", so der Konsumforscher Gerhard Raab. Der Professor an der Hochschule für Wirtschaft in Ludwigshafen zitiert Schuldenberater, 6 höchst alarmiert sind: „Der schnelle und teure Konsum auf Pump ist in Mode 7 , sparen ist out." Grundsätzlich sieht Gerhard Raab, 8 die Einstellung zur Verschuldung sich in den vergangenen Jahren völlig geändert hat. Früher 9 vor jeder größeren Investition gespart, heute wird sofort mit Krediten finanziert. „Ich konsumiere, also bin ich", scheint das Lebensgefühl eines Teils 10 Jugend zu sein. Raab: „Wir müssen wieder das Sparen erlernen."

(Aus: Neue Kronenzeitung, 2.1.1998)

1. a Ein	b Einen	c Einem
2. a registrierte	b registrierten	c registrieren
3. a am	b um	c im
4. a sein	b sind	c ist
5. a seiner	b meiner	c seinem
6. a der	b die	c das
7. a kommt	b verkommen	c gekommen
8. a dass	b weil	c um
9. a wurde	b werden	c wird
10. a des	b deren	c der

EINHEIT 8: MOBILITÄT

.... *über die Bedeutung verschiedener Verkehrsmittel sprechen*
.... *Argumente formulieren / jemandem widersprechen*
.... *einen Unfallhergang beschreiben*
.... *Ausdrücke zur Beschreibung von Zunahme/Abnahme*
.... *Vorwürfe machen und darauf reagieren*
.... *Partizip I*
.... *Konjunktiv II Perfekt*
.... *Bedingungssätze im Konjunktiv II und im Indikativ (Wiederholung)*
.... *Prüfungsvorbereitung: mündlicher Ausdruck*

1 Autos und Emotionen

1.1 Woran denken Sie bei diesem Bild? Notieren Sie Stichwörter.

1.2 Mit dem Bild wird für ein Auto geworben. Wer wird hier angesprochen? Charakterisieren Sie die Person.

Alter, Geschlecht, Familie, Beruf, Hobbys ...

1.3 Hören Sie die Tonaufnahme. Was passiert? Beschreiben Sie die Szene in Ihren Worten.

Personen, Orte, Handlung ...

1.4 Lesen Sie nun den Text. Wer ist die Person? Stimmen Ihre Vermutungen aus 1.2?

Ausbruch aus dem Alltag geplant?
Hier ist: Ihr Fluchtauto.

Die Sache steht. Punkt 18 Uhr schnell die Reisetasche schnappen. Dann möglichst ungesehen das Gebäude verlassen. Draußen steht er schon bereit: der SLK. Aber machen Sie sich gleich auf eine Verfolgungsjagd gefasst. Dem täglichen Trott werden Sie vielleicht entfliehen können, den neugierigen Blicken aber entkommen Sie nicht so schnell. Die heften sich ans Heck, sobald Sie den Fluchtweg eingeschlagen haben. An der Ampel wird man Ihnen ins sportliche Cockpit schauen und auf die elfenbeinfarbenen Zifferblätter schielen. Nur gut, dass Sie ein Kraftpaket unter der Haube haben, mit dem Sie sich bei Grün schnell aus dem Staub machen können.

Endlich liegt die Stadt hinter Ihnen und der frische Wind weht Ihnen um die Nase. Nichts kann Ihren Fluchtplan jetzt durchkreuzen. Sogar der Wetterbericht hat Sonnenschein fürs Wochenende vorausgesagt. Sollten doch noch ein paar graue Wolken aufziehen, können Sie sich auf Ihr Fluchtauto verlassen. Wenn die ersten Tropfen fallen, haben Sie auf Knopfdruck ein festes Dach über dem Kopf. Und den SLK ganz für sich allein.

1.5 Metaphern in der Werbung. Welche Wörter rechts passen zu den Metaphern links?

die Blicke heften sich ans Heck	1	a fliehen
das Kraftpaket unter der Haube	2	b Freiheit/Veränderung
der tägliche Trott	3	c Alltag
aus dem Staub machen	4	d Schnelligkeit/Stärke
ein festes Dach über dem Kopf	5	e Sicherheit/Geborgenheit
der frische Wind weht Ihnen um die Nase	6	f Bewunderung/Neid

1.6 Diskutieren Sie: Welche Funktion hat das Auto im Werbetext? Welche Funktion hat das Auto für Sie?

1.7 Lesen Sie den folgenden Text. Können Sie aus Text 1.4 ein „Gedicht" nach diesem Modell machen?

> Machen
> Hinter Ihnen der Alltag.
> Vor Ihnen das Abenteuer.
> Und unter dem rechten Fuß
> ein letztes Stück Freiheit.
> Werbetext für Fiat Tempra

Fliehen

1.8 Aktionskette: Alltag
Beschreiben Sie den Tag der Person aus 1.4 vom Morgen bis zum Abend. Schreiben Sie in der Ich-Form oder Er-Form. Lesen Sie sich Ihre Aktionsketten gegenseitig vor.

> Der Wecker klingelt.
> Es ist Freitag, 7 Uhr.
> Ich stehe auf.
> Ich gehe ins Bad.
> Ich packe meine Tasche ...

2 Verkehr

2.1 Hörcollage – Notieren Sie jeweils kurz, was Ihnen zu den Geräuschen einfällt. Welche positiven und negativen Gefühle verbinden Sie mit den Geräuschen? Sprechen Sie darüber im Kurs.

2.2 Eine Straße, zwei Fotos – Schauen Sie sich die Fotos an und sprechen Sie darüber.

Platz – Geld – Sicherheit – Stress – Schnelligkeit – Unabhängigkeit – Umwelt – Komfort

2.3 Lesen Sie die Aussagen und tragen Sie die Wörter aus 2.2 in die Lücken ein.

1. Ein Bus braucht sehr viel weniger Parkfläche als Autos. Heute, wo der _____ in den Städten knapp wird, ist das sehr wichtig.

2. Jedes Jahr sterben tausende von Menschen bei Autounfällen auf der Straße. In einem Bus ist die _____ viel größer.

3. Busse sind mir zu langsam. Ich habe viele Termine und wenig Zeit. Daher ist für mich _____ besonders wichtig.

4. Bei den hohen Benzinpreisen ist das Autofahren nicht mehr zu bezahlen. Eine Busfahrt kostet weniger _____.

5. Ich entscheide, wann ich losfahre und wann ich zurückkomme. Fahrpläne interessieren mich nicht. Für mich ist _____ sehr wichtig.

6. Im Bus kann ich die Zeitung lesen und mich ausruhen. Autofahren dagegen ist _____.

7. Ganz klar! Wenn ich Bus fahre, dann ist das besser für die _____. Das ist für mich das wichtigste Argument.

8. Ich habe einfach keine Lust, bei Regen auf den Bus zu warten. Das ist mir zu blöd. Das Auto bietet mehr _____.

2.4 Mit welchen Aussagen können Sie sich identifizieren?

3 Eine Werbekampagne für Busse und Bahnen

3.1 Was steht in Text 1 und was in Text 2? Was ist falsch? Lesen Sie die Anzeigen auf Seite 95 und notieren Sie.

1. [1] In manchen Städten gibt es heute zehnmal mehr Verkehr als vor 30 Jahren.

2. [2] Die öffentlichen Verkehrsmittel werden in Deutschland täglich von insgesamt 18 Millionen Menschen benutzt.

3. [ ] 1989 hat sich die Zahl der Unfälle auf den deutschen Straßen erhöht.

4. [ ] Wir müssen die Konsequenzen aus den Verkehrsproblemen ziehen und umdenken.

5. [ ] Die Zahl der Verletzten auf Deutschlands Straßen hat in den letzten 30 Jahren abgenommen.

6. [ ] Busse und Bahnen behindern den Autoverkehr.

7. [ ] Die vielen Staus beweisen, dass unsere Straßen überlastet sind.

8. [ ] Weil sich die Zahl der Fahrzeuge vergrößert hat, haben auch die Unfälle zugenommen.

9. [ ] Wenn mehr Menschen die öffentlichen Verkehrsmittel benutzen würden, wäre das besser für uns alle.

10. [ ] Die Zahl der Fahrgäste in Bussen und Bahnen ist in den letzten Jahren gesunken.

11. [ ] Die Umweltprobleme wachsen, wenn keine Straßen mehr gebaut werden.

12. [ ] Die städtische Lebensqualität hat sich in den letzten Jahren verbessert.

13. [ ] Je mehr Menschen auf Busse und Bahnen umsteigen, desto weniger Fahrzeuge gibt es auf unseren Straßen.

14. [ ] Man müsste die Zahl der Parkplätze reduzieren.

1

Den Stau bei der Fahrt in die Stadt halten die meisten für ganz normal.

Wir alle wissen: Das Verkehrsaufkommen hat drastisch zugenommen. In manchen Städten hat es sich in den letzten 30 Jahren sogar verzehnfacht. Kein Wunder, daß wir deshalb morgens und abends immer wieder das gleiche Bild vor Augen haben: Überlastete Straßen, endlose Staus und gestreßte Autofahrer. Ein Problem, das sich mit noch mehr Straßen nicht lösen läßt. Wir alle müssen umdenken und lernen, unsere Verkehrsmittel sinnvoller und überlegter zu gebrauchen, und wesentlich häufiger Busse und Bahnen zu nutzen. So wie es täglich 18 Millionen Fahrgäste tun und dadurch schon heute unsere Straßen entlasten. Je mehr Menschen umdenken, desto besser für uns alle. Denn die Lebensqualität in unseren Städten soll auch in Zukunft Zukunft haben.

ZEIT ZUM UMDENKEN
BUSSE & BAHNEN

Eine Initiative des Verbandes deutscher Verkehrsunternehmen und der Deutschen Bundesbahn.

2

Mit der wachsenden Motorisierung ist die Zahl der Unfälle im Straßenverkehr immer weiter gestiegen. Obwohl im Jahre 1989 die Unfallzahlen leicht rückläufig waren, sind es immer noch fast 2,0 Mio. polizeilich erfaßte Unfälle mit 8.000 Toten und 450.000 Verletzten. Können wir bei diesen Zahlen

Mit fast 2 Millionen Verkehrsunfällen im Jahr haben viele gelernt zu leben.

einfach zur Tagesordnung übergehen? Sicherheitstechnische Maßnahmen allein reichen offenbar nicht aus.

Wir alle müssen umdenken und lernen, unsere Verkehrsmittel sinnvoller und überlegter zu gebrauchen. Und wesentlich häufiger Busse und Bahnen zu nutzen. Denn sie sind 40mal sicherer als jedes andere Verkehrsmittel. Täglich 18 Millionen Fahrgäste verlassen sich schon heute darauf.

Je mehr Menschen umdenken, desto besser für uns alle. Denn die Sicherheit der Menschen im Verkehr soll auch in Zukunft eine Zukunft haben.

Wir nicht.

ZEIT ZUM UMDENKEN
BUSSE & BAHNEN

Eine Initiative des Verbandes Deutscher Verkehrsunternehmen und der Deutschen Bundesbahn.

► ◄ **3.2** Immer mehr – immer weniger

In den Anzeigen in 3.1 finden Sie viele Ausdrücke zur Beschreibung von Zunahme, Abnahme und Veränderung.

a) Suchen Sie sie heraus und ordnen Sie sie.

Zunahme	Abnahme
zehnmal mehr Verkehr als vor 30 Jahren	Die Zahl der Verletzten ... hat abgenommen

b) Formulieren Sie zu einigen der Ausdrücke ein Beispiel aus einem anderen Kontext.

Im letzten Jahr habe ich erst zugenommen und dann wieder abgenommen.

4   Verkehrsunfälle

4.1   Sehen Sie sich die Zeichnungen an. Beschreiben Sie, was passiert ist.

4.2   Drei Personen haben einen Unfall beobachtet. Vergleichen Sie die Schilderungen mit den Bildern. Wer hat Recht? Begründen Sie Ihre Meinung.

4.3   Einen Unfall beschreiben

Lesen Sie die Unfallmeldungen aus der Zeitung. Notieren Sie die beteiligten Personen und Fahrzeuge, den Ort und die Zeit.

1

Zwei Fußgänger verletzt

Am Freitagmorgen ereignete sich in Seckenheim ein Verkehrsunfall, bei dem zwei Fußgänger verletzt wurden. Ein in Richtung Heidelberg fahrender Lastwagen wollte beim Rathaus nach rechts in die Badenerstraße einbiegen. Dabei schnitt er einem rechts neben ihm fahrenden Radfahrer den Weg ab. Um einen Zusammenstoß zu vermeiden, fuhr der Radfahrer nach rechts auf den Gehweg. Hier verletzte er mit seinem Rad zwei an einer Ampel wartende Fußgänger. Der Lastwagenfahrer fuhr weiter, ohne sich um die am Boden liegenden Fußgänger zu kümmern. Zeugen werden gebeten, sich bei der Polizei zu melden.

Kind auf Fahrrad angefahren

Ein achtjähriges Mädchen ist am Donnerstagnachmittag bei einem Verkehrsunfall in Edingen verletzt worden. Laut Auskunft der Polizei war eine Fahrerin um 14 Uhr 50 auf der Goethestraße unterwegs. Plötzlich fuhr das Mädchen mit seinem Fahrrad zwischen zwei parkenden Fahrzeugen hervor auf die Straße. Obwohl die Autofahrerin bremste, wurde das Kind vom Auto erfasst und stürzte. Es musste mit leichten Kopfverletzungen in die Klinik nach Heidelberg gebracht werden.

Beim Abbiegen übersehen

Beim Zusammenstoß zwischen einem Auto und einem Lieferwagen haben am Samstagmorgen beide Fahrer leichte Verletzungen erlitten. Laut Auskunft der Polizei war der Autofahrer um 11 Uhr 10 mit hoher Geschwindigkeit durch die Hauptstraße in Wieblingen gefahren. Bei der Kreuzung mit der Blumenstraße wollte er nach links abbiegen. Dabei beachtete er den entgegenkommenden Lieferwagen nicht und die Fahrzeuge stießen frontal zusammen. Beide Fahrzeuge wurden stark beschädigt.

4.4 Welche Unfallskizze gehört zu welchem Zeitungsbericht? Eine Skizze fehlt. Versuchen Sie, sie zu zeichnen. Vergleichen Sie die Ergebnisse im Kurs.

 Fahrrad

 Auto

 Fußgänger

4.5 Sammeln Sie in 4.3 typische Wörter für Unfallbeschreibungen.

Nomen	Verben	Adjektive
Verkehrsunfall	beschädigen	frontal
Geschwindigkeit	abbiegen	

4.6 Wichtige Wörter im Straßenverkehr – Ergänzen Sie die Sätze.

die Panne   die Kreuzung   das Verkehrszeichen   ~~die Autobahn~~
die Geschwindigkeitsbeschränkung   die Ampel   die Einbahnstraße
die Tankstelle   die Geschwindigkeit   die Vorfahrt   der Führerschein

1. Auf einer _____Autobahn_____ darf man schneller fahren als auf einer Landstraße.

2. Wenn man kein Benzin mehr hat, fährt man zu einer _____ .

3. Von rechts kommende Autos haben normalerweise _____ .

4. Wenn man eine _____ hat, sollte man sein Auto von

der Straße schieben.

5. An einer _____ treffen mehrere Straßen zusammen.

6. Ohne _____ darf man nicht Auto fahren.

7. In vielen Stadtteilen gibt es eine _____ auf 30 km/h.

8. An einer _____ muss man warten, bis sie grün wird.

9. Alle Verkehrsteilnehmer/innen sollten die _____ beachten.

10. In einer _____ darf man nur in einer Richtung fahren.

11. Mit einem Radargerät kann man die _____

der vorbeifahrenden Autos messen.

4.7 Was ist das?
Erklären Sie eines der
Wörter aus 4.6. Die
anderen müssen raten.

> Diese Schilder regeln den Verkehr.

5 Das Partizip I

5.1 In den drei Bildlegenden
finden Sie das Partizip I.
Sammeln Sie die Partizi-
pien in 4.3, 4.6 und 5.1
und notieren Sie die Infi-
nitive dazu.

Dürer: Die betenden Hände

Picasso: Die Liebenden

Lalo: Schlafende Hunde

betend _____   _beten_ _____   _____   _____

liebend _____   _____   _____   _____

_____   _____   _____   _____

_____   _____   _____   _____

_____   _____   _____   _____

So wird das Partizip I gebildet: Infinitiv + d (sprechend, schreibend, lesend, hörend)

Das Partizip I steht meistens direkt vor dem Nomen und wird wie ein Adjektiv dekliniert.

C 23

der Lastwagen	Ein in Richtung Heidelberg fahrender *(N)* Lastwagen wollte nach rechts einbiegen.
das Fahrrad	Er beachtete das entgegenkommende *(A)* Fahrrad nicht.
die Frau	Der Fahrer verletzte die an der Ampel wartende *(A)* Frau. Das Fahrrad stieß mit der wartenden *(D)* Frau zusammen.

5.2 Erfinden Sie Titel für folgende „Kunstwerke".   warten, träumen, schwimmen, fliegen …

5.3 Ergänzen Sie die Sätze mit den Verben im Partizip I.

stinken   fahren   rennen   fluchen   parken

In Autobahnstaus sieht man oft _____ Autofahrer.

Es gibt zu wenig Platz für Radfahrer und Fußgänger. Alles ist voll mit _____ Autos.

Die _____ Abgase der Autos verschmutzen die Luft.

Unvorsichtig _____ Radfahrer werden oft Opfer von Unfällen.

An Ampeln sieht man oft bei Rot über die Straße _____ Fußgänger.

6   *Wenn du langsamer gefahren wärst … – Konjunktiv II Perfekt*

6.1 Schauen Sie sich das
Bild an und hören Sie zu.
So hat alles begonnen.

6.2 Was ist passiert? Hören
Sie die folgende Szene.

6.3 Ein kluger Mensch hat einmal gesagt: Sätze mit hätte
und wäre sind unnötig, weil man sowieso nichts mehr
ändern kann. Alles ist schon vorbei.

_____ .

Er hat _____

Schreiben Sie auf, was wirklich geschehen ist.

_____ .

Sie ist zu schnell gefahren _____ .

Er war _____

Er hat dauernd _____

_____ .

_____ .

Sie hat _____

Sie hat sich nicht _____

_____ .

6.4 Welche Satzteile gehören zusammen?

Wenn ich eine Telefonzelle finde,	1		a	erreichst du den Zug noch.
Wenn wir einen Ball hätten,	2		b	bleiben wir zu Hause.
Wenn es morgen regnet,	3		c	hätte das Auto ihn überfahren.
Wenn sie mehr gelernt hätte,	4		d	wäre der Unfall nicht passiert.
Wenn du dich beeilst,	5		e	hätte sie die Prüfung bestanden.
Wenn sie mich mehr geküsst hätte,	6		f	könnten wir Fußball spielen.
Wenn er nicht aufgepasst hätte,	7		g	rufe ich dich an.
Wenn es nicht so kalt wäre,	8		h	wäre ich bei ihr geblieben.
Wenn er rechtzeitig gebremst hätte,	9		i	würde ich nicht frieren.
Wenn der Ober uns freundlicher bedient hätte,	10		j	hätten wir ihm Trinkgeld gegeben.

6.5 Eine Regel selbst erarbeiten –
Welche Sätze in 6.4 haben die gleichen grammatischen Merkmale?

Typ 1   Typ 2   Typ 3
1g   2f

6.6 Schreiben Sie einen Satz von jedem Typ an die Tafel. Markieren Sie in den Sätzen an der Tafel die Verben und wischen Sie alles andere aus.

Wenn ich eine Telefonzelle (finde,) (rufe) ich dich an.

6.7 Bilden Sie zu jedem Beispielsatz die beiden anderen Typen und erklären Sie, wo der Unterschied in der Bedeutung liegt.

1. Wenn ich eine Telefonzelle finde, rufe ich ihn an.
2. Wenn ich eine Telefonzelle finden würde, würde …
3. Wenn ich …

6.8 Konjunktiv II Perfekt (Formen) – Machen Sie eine Tabelle im Heft.

haben (Konjunktiv II) + Partizip II	sein (Konjunktiv II) + Partizip II
Ich hätte nichts getan …	Ich wäre dort geblieben.
Du hättest nichts …	Du … dort …
Er/Sie …	Er/Sie … dort …

6.9 Alltagssituationen – Was könnte der Partner / die Partnerin jeweils antworten?
Schreiben Sie Minidialoge und lesen Sie sie vor.
Achten Sie auf die Intonation.

Ja, wenn du …

1. Wir kommen zu spät ins Kino!
2. Verdammt, meine Hose ist schon wieder nicht gebügelt!
3. Wieso hast du mir nicht gesagt, dass deine Mutter kommt?
4. Mist! Jetzt haben wir den Zug verpasst!
5. Wir haben schon wieder kein Geld!

C 20.4

6.10 Konjunktiv II Perfekt mit Modalverben

a) Sehen Sie sich die Minidialoge an und markieren Sie jeweils im zweiten Satz die Verben.

– Die Suppe ist kalt.
+ Du hättest halt früher nach Hause kommen müssen.

– So ein Mist! Kein Tisch mehr frei. Was machen wir jetzt?
+ Du hättest doch einen Tisch reservieren können!

b) Wählen Sie die passenden Begriffe aus und ergänzen Sie die Regel.

Anfang   Infinitiv   Partizip I   Ende

Das Modalverb steht am _____ des Satzes. Vor dem Modalverb steht das Verb im

_____ . Auch das Modalverb steht im _____ .

6.11 Aussagen und Reaktionen. Erfinden Sie die fehlenden Teile der Minidialoge.

– Der Tank ist leer!
+ Du hättest …

– Er ist schon wieder zu spät gekommen.
+ Er hätte …

– Jetzt stehen wir hier im Stau und kommen nicht weiter.
+ Wir hätten …

– Hallo, Mama, wir haben den Zug verpasst. Wir kommen dann erst morgen zu dir.
+ Ihr hättet …

– Mist, das Flugzeug ist weg, was soll ich jetzt machen?
+ Du hättest …

– …
+ Du hättest ja einkaufen gehen können.

– …
+ Ihr hättet eben mehr lernen müssen.

– …
+ Er hätte doch seinen Chef fragen können.

7 Pro und Contra: Fahrrad oder Auto?

7.1 Welche Bedeutung hat das Fahrrad für Sie?
Wählen Sie einen der beiden Satzanfänge aus und schreiben Sie fünf Aussagen auf.

1. Ich fahre selten/nie Rad, weil …
2. Ich fahre oft Rad, weil …

7.2 Pro und contra Fahrrad – Lesen Sie Ihre Sätze vor. Notieren Sie Stichwörter an der Tafel.

7.3 Wir haben auch einige Meinungen gesammelt. Welche Pro- und Contra-Argumente gehören zusammen?

<table>
<tr><td align="center">Pro</td><td align="center">Contra</td></tr>
</table>

Pro

Radfahren lohnt sich, auch für den ☐1 Geldbeutel. Es ist günstig und preiswert.

Mit dem Rad kommt man sicher ☐2 ans Ziel.

In der Stadt sind Fahrräder schneller ☐3 als Autos.

Für die Radfahrer/innen gibt es auch ☐4 während der Stoßzeiten keinen Stau.

Radfahren ist vernünftig. Man ☐5 verbraucht kein Benzin und man verschmutzt die Umwelt nicht.

Radfahrer sind friedliche Verkehrs- ☐6 teilnehmer.

Radfahren ist gesund für Herz und ☐7 Kreislauf, man bleibt fit dabei.

Contra

☐a Einverstanden! Aber nur auf kurzen Strecken in der Innenstadt.

☐b Vielleicht ist es gut für den Kreislauf. Aber die Lunge leidet unter den Autoabgasen!

☐c Das ist nicht wahr. Heute kostet ein gutes Rad über 1000 Mark.

☐d Meinetwegen, aber es ist jedenfalls nicht einfach, an den Autos vorbeizufahren.

☐e Ach was! Pro Jahr gibt es ca. 30 000 Unfälle mit dem Fahrrad und über 500 Tote!

☐f Und was ist mit den Leuten, die ihr Fahrrad am Wochenende ins Auto laden, damit sie in der Natur Rad fahren können?

☐g Das glaube ich nicht. Jeden Tag sehe ich Fahrradfahrer, die Fußgänger in den Fußgängerzonen gefährden!

7.4 Diskutieren und argumentieren

1. Notieren Sie die Formulierungen aus 7.3, die Sie brauchen können, wenn Sie sagen wollen, dass Sie mit etwas nicht einverstanden sind.
2. Bilden Sie zwei Gruppen (pro und contra Rad fahren). Ein/e Teilnehmer/in beginnt mit einem Pro-Argument. Jemand aus der Contra-Gruppe gibt eine passende Antwort. Benutzen Sie die Stichwörter an der Tafel und die Strukturen, die Sie gesammelt haben.

8 Fahrradgeschichten

8.1 Die Prinzen: Mein Fahrrad

Hören Sie das Lied. Gefällt es Ihnen?

„Die Prinzen" sind eine Musikgruppe aus Leipzig. Sie haben Musik studiert und waren Mitglieder des weltberühmten „Thomanerchors", der vor allem die Musik von Johann Sebastian Bach aufführt. Nach 1990 waren sie eine der wenigen Bands aus der ehemaligen DDR, die große Erfolge hatte. Auch das Fahrradlied war in dieser Zeit ein Hit.

Musik: S. Krumbiegel, Text: S. Krumbiegel / T. Künzel

Neulich bin ich mit 120
auf meinem Fahrrad rumgefahrn
und wie immer konnt ich nur hoffen,
die Polizei hält mich nicht an.
Denn dann müsst ich Strafe zahlen
und man führt mich zum Verhör
und mein armes kleines Fahrrad ständ
alleine vor der Tür.

Oh, wie liebe ich mein Fahrrad,
warum, das weiß ich nicht genau,
meinem Fahrrad werd ich treu sein,
im Gegensatz zu meiner Frau.
Niemals werd ich es verlassen,
niemals werd ich von ihm gehn,
denn wir fliegen wie auf Wolken,
weil wir uns so gut verstehn.

Jeder Popel fährt 'nen Opel,
jeder Affe fährt 'nen Ford,
jeder Blödmann fährt 'nen Porsche,
jeder Arsch 'nen Audi-Sport.
Jeder Spinner fährt mit 'nem Manta,
jeder Dödel Jaguar,
nur Genießer fahren Fahrrad
und sind immer schneller da.

8.2 Am Anfang war das Rad
Die fünf Bilder erzählen eine
Geschichte. Bringen Sie sie
in die richtige Reihenfolge.

8.3 Was ist die Aussage der Geschichte? Schreiben Sie einen kurzen Text.

9 Prüfungsvorbereitung: mündlicher Ausdruck

In Einheit 5 haben Sie den ersten und zweiten Teil dieser Prüfung geübt. Im dritten Teil sollen Sie nun zusammen eine Aufgabe lösen.

9.1 Das Thema heißt: Geburtstagsparty – Machen Sie gemeinsam ein Wörternetz zu diesem Thema an der Tafel.

9.2 Bearbeiten Sie nun die Aufgabe.

Sie haben am gleichen Tag Geburtstag wie Ihre deutsche Bekannte. Sie wollen mit ihr zusammen eine große Geburtstagsfeier machen. Sprechen Sie darüber, was alles zu tun ist.

Geburtstagsparty
Wann?
Wo?
Essen und Trinken?
Wie viele Gäste?
Wer bezahlt wofür?
Einladungskarten?
…?

9.3 Selbsteinschätzung – Kreuzen Sie an und ergänzen Sie. Sprechen Sie danach im Kurs über Ihre Erfahrungen.

☐ Die Aufgabe war einfach für mich. Ich habe sie ohne große Probleme gelöst.

☐ Ich hatte Probleme mit dem Thema, weil …

☐ Das Thema war kein Problem, aber …

☐ Ich möchte diesen Teil der Prüfung häufiger üben.

☐ Diesen Teil der Prüfung brauche ich nicht mehr üben, da übe ich lieber …

EINHEIT 9: ZWISCHEN DEN KULTUREN

.... über das Leben als Ausländer/in sprechen
.... über persönliche, wirtschaftliche und kulturelle Aspekte der Migration diskutieren
.... einen längeren Lesetext verstehen
.... über Rassismus diskutieren
.... darüber sprechen, was man gegen die Fremdenfeindlichkeit tun kann
.... Prüfungsvorbereitung: Leseverstehen (Detail)

1 „Ausländer/in" – Was heißt das?

1.1 Diskutieren Sie in kleinen Gruppen über folgende Aussage:

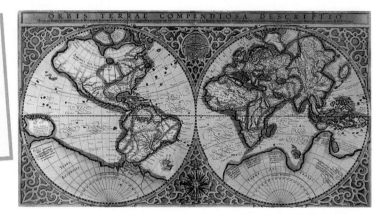

ALLE
MENSCHEN
SIND
AUSLÄNDER
FAST ÜBERALL

1.2 Hier finden Sie Bezeichnungen für Menschen, die aus einem anderen Land / einer anderen Region kommen. Was bedeuten sie?

Tourist   Fremder
Einwanderer   Gastarbeiter
Asylbewerber   Flüchtling
Immigrant   Gast

> Ein Tourist ist jemand, der in den Ferien ist.

> Er hat viel Zeit.

> Er bleibt nur ein paar Tage.

> Ein Tourist ist ein Mensch, der …

1.3 Warum leben Menschen in einem anderen Land? Notieren Sie mindestens fünf Gründe. Verwenden Sie Ihre Diskussionsergebnisse aus 1.2.

das Klima
die Menschen

> Manche Menschen leben in einem anderen Land, weil …

> Viele Menschen müssen ihre Heimat verlassen, weil …

> Wenn jemand seine Heimat verlässt, dann …

2 Was heißt hier deutsch?

2.1 Schauen Sie sich das Plakat an. Es zeigt, wo man in den deutschsprachigen Ländern überall Ideen, Produkten, Personen aus anderen Ländern begegnet. Können Sie die Liste erweitern?

Dein Auto **EIN JAPANER**	Deine Demokratie **GRIECHISCH**
Deine Pizza **ITALIENISCH**	Deine Schrift **LATEINISCH**
Dein Kaffee **BRASILIANISCH**	Deine Zahlen **ARABISCH**
Dein Shampoo **ENGLISCH**	Und dein Nachbar **NUR EIN "AUSLÄNDER"**
Dein Urlaub **TÜRKISCH**	

2.2 Wie könnte ein solches Plakat in Ihrem Land aussehen?

2.3 Lesen Sie den Text und sammeln Sie die Informationen in einer Tabelle.

Völker	Sprache	Essen/Trinken	anderes
Germanen	Latein		
Balten	Griechisch		

Was heißt hier deutsch?

Die Deutschen stammen von mindestens fünf sehr unterschiedlichen germanischen Stämmen ab – Franken, Sachsen, Alemannen, Lothringer und Bayern. Die Preußen, Inbegriff deutscher Zucht und Ordnung, sind keine Germanen, sondern ein baltisches Volk, also eigentlich Ausländer. Wer Deutscher ist, lässt sich also nicht so genau sagen.

Ein Viertel aller „deutschen" Wörter kommt aus anderen Sprachen. Das Auto ist zwar eine deutsche Erfindung, das Wort „Automobil" ist aber halb Latein, halb Griechisch. Und der Name des weltweit berühmtesten deutschen Autos „Mercedes" kommt aus dem Spanischen. Auch der „Keller", die „Küche" und das „Fenster" kommen aus dem Lateinischen.

Mit dem Essen und Trinken hätten es die Deutschen sehr schwer, wenn es nur „deutsche" Gerichte sein sollten: Das Bier haben die Sumerer erfunden, den Wein brachten die Römer, die Kartoffel, wichtiger Bestandteil der deutschen Speisekarte, bauten als erste die Indianer Südamerikas an. Die Maultasche, urschwäbische Spezialität, brachte vielleicht schon Marco Polo aus China mit oder sie stammt von russischen Piroggen bzw. der italienischen Ravioli ab. Eine deutsche Erfindung ist sie nicht.

Die Kehrwoche, das Symbol schwäbischen Ordnungssinns, wurde unter Napoleon eingeführt, als die württembergische Verwaltung nach französischem Vorbild umorganisiert wurde.

Den Fußball haben auch die Franzosen erfunden und zwar im 12. Jahrhundert. Erst 700 Jahre später kam er auf dem Umweg über England nach Deutschland.

2.4 Sammeln Sie Informationen und formulieren Sie Aussagen wie im Text auf Seite 105 über Ihr Heimatland.

> Bei uns gibt es mehr italienische Restaurants als …

> Im Fernsehen …

> Im Supermarkt …

> Unsere Sprache ist halb „Französisch" und halb „Deutsch".

3   Leben in zwei Welten

Im Folgenden werden Sie einen Text der Chinesin Nai-Li Ma lesen. Sie wurde 1945 in der Volksrepublik China geboren und kam 1979 in die Bundesrepublik Deutschland. Sie berichtet über ihre Kindheit und Jugend in China als Tochter eines chinesischen Vaters und einer deutschen Mutter. Danach erzählt sie, wie sie im Alter von 34 Jahren die Sprache ihrer Mutter plötzlich als „lebendige" Sprache kennen lernte.
Wir zitieren einige Ausschnitte aus dem Text.

3.1 Betrachten Sie die Abbildung und lesen Sie den Textabschnitt. Sprechen Sie über den „Halbdrachen".

Geschichte eines Halbdrachen

von Nai-Li

Ich las einmal die Geschichte eines Halbdrachens: Mutter Nilpferd, Vater Drache. Er hatte einen Nilpferdkopf, einen Krokodilschwanz. Da er kein richtiger Drache war, verweigerten ihm die reinrassigen Drachen den Eintritt in die Drachenstadt. Nun lebte er einsam in seinem Vulkan, außerhalb der Stadt …
5 Wer weiß, wie das ist, ein Halbdrache zu sein?
Meine Augen waren zu hell, meine Nase zu hoch. Man sah es mir an. Die Blicke sagten mir: Ni shi waiguo ren (Du bist Ausländer). […]

3.2 Nai-Li spricht über ihre frühe Kindheit. Ordnen Sie die Überschriften den Abschnitten zu.

1. ☐ Wie die anderen sein
2. ☐ Deutsche Literatur
3. ☐ Der Reichtum von zwei Kulturen
4. ☐ Briefe: Träume von einer anderen Welt

Ich bin arm und reich zugleich. Ich bin weder noch, ich bin beides.
China ist das Land meines Vaters.
Deutsch ist die Sprache meiner Mutter.
5 Ich wuchs in meinem Vaterland auf. Aber das Land, in dem man meine Muttersprache spricht, hatte ich nie gesehen.
In der Kindheit war Mutter die einzige Person, die Deutsch sprach. Abends las sie Märchen vor.
10 „Grimms Märchen" und „Biene Maja" und „Struwwelpeter" und „Max und Moritz". [...]
Mutter versuchte, als ich im Schulalter war, mir das Lesen und Schreiben in Deutsch beizubringen. Doch ... ich lernte es nicht. [...]

b

15 Jahre später kam das Lesen und Schreiben automatisch. Damals korrespondierte ich mit Kindern aus der DDR. Sie schrieben einfach nach China und wollten mit chinesischen Kindern Briefe austauschen. Ich hatte meine
20 Brieffreunde nie gesehen. Doch es wurden wunderbare Freundschaften. Jeder Brief war ein Anlass zum Feiern. Und der Postbote wurde der willkommenste Mann bei mir. Mit den Briefen kamen auch Postkarten, Fotos, Briefmarken,
25 gepresste Blumen. Alles bewahrte ich behutsam in einer großen Pappschachtel auf. [...]
Ich träumte davon, meine Freunde aus der Ferne kennen zu lernen. Ich träumte tatsächlich von ihnen. Doch wusste ich, dass das nur ein Traum
30 bleiben würde. Und das blieb es auch.

c

Das erste „richtige" Stück Literatur, das ich auf Deutsch las, war ein Gedicht von Goethe:
„Dämmrung senkte sich von oben, schon ist alle Nähe fern ...". Ich las es mir abends unter dem
35 Mondschein selbst vor und war versunken und glaubte, ich sei glücklich.

Dämmrung senkte sich von oben,
Schon ist alle Nähe fern;
Doch zuerst emporgehoben
Holden Lichts der Abendstern!
Alles schwankt ins Ungewisse,
Nebel schleichen in die Höh;
Schwarzvertiefte Finsternisse
Widerspiegelnd ruht der See.
[...]
Johann Wolfgang von Goethe

Ich lief und suchte nach neuen Büchern. Es gab keine, außer russischen Schulbüchern für den Deutschunterricht. So las ich die ersten Texte
40 von Heine, Goethe, Schiller. Es waren einfache Texte wie „Lore-Ley".

Ich weiß nicht was soll es bedeuten,
Dass ich so traurig bin;
Ein Märchen aus uralten Zeiten,
Das kommt mir nicht aus dem Sinn.

Die Luft ist kühl und es dunkelt,
Und ruhig fließt der Rhein;
Der Gipfel des Berges funkelt
Im Abendsonnenschein.

Die schönste Jungfrau sitzet
Dort oben wunderbar;
Ihr goldnes Geschmeide blitzet,
Sie kämmt ihr goldenes Haar.

Sie kämmt es mit goldenem Kamme
Und singt ein Lied dabei;
Das hat eine wundersame,
Gewaltige Melodei.

Den Schiffer im kleinen Schiffe
Ergreift es mit wildem Weh;
Er schaut nicht auf Felsenriffe,
Er schaut nur hinauf in die Höh.

Ich glaube, die Wellen verschlingen
Am Ende Schiffer und Kahn;
Und das hat mit ihrem Singen
Die Lore-Ley getan.

Heinrich Heine

Manche lernte ich auswendig und las sie mir selbst vor. Die Sprache, die sonst für mich Haushalt und Familie bedeutete, bekam ein anderes
45 Gesicht, fremd und faszinierend zugleich. Neue Wörter. Neuer Stil. Vieles verstand ich nicht. Aber es war schön. Und wie enttäuscht war ich, als ich viele Jahre später auf der Loreley stand und entdeckte, dass sie nur ein großer, flacher
50 Fels war, auf dem Touristen den Rhein fotografierten und Kaffee tranken. [...]

d

Vor Schulkameraden sprach ich nie Deutsch. Ich schämte mich. Am liebsten wollte ich, sie hätten vergessen, dass ich noch eine andere Sprache
55 kannte. Das war etwas, was die anderen nicht hatten. Und ich wollte wie die anderen sein. Sie empfanden diese Sprache, wie alle Fremdsprachen, als komisch, unverständlich und hart, da bei uns kaum jemand eine Fremdsprache
60 konnte und es auch selten vorkam, dass überhaupt Fremdsprachen zu hören waren.

3.3 Auswendiglernen hilft beim Sprachenlernen – Haben Sie Lust, eines der beiden Gedichte zu lernen und vorzutragen? Sie können auch jede/r nur eine Strophe lernen und das Gedicht dann gemeinsam vortragen.

Die Auswischmethode zum Auswendiglernen:

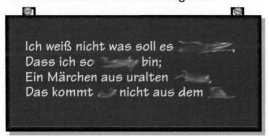

3.4 Besprechen Sie im Kurs: Lesen, schreiben, sprechen, was ist für Sie das Wichtigste?

3.5 Diskussionen

a) Welche Texte haben Sie bisher auf Deutsch oder in anderen Fremdsprachen gelesen? Was lesen Sie in Fremdsprachen am meisten? Was ist leicht bzw. schwer?

Briefe, Gedichte, Zeitungsartikel, Geschichten ...

b) Welche Bedeutung haben Bücher für Sie?

Literatur, Sachbücher, (Sparbücher) ...

3.6 Im nächsten Abschnitt erzählt die Autorin von den Festen, die bei ihr zu Hause gefeiert wurden. Notieren Sie, was bei ihr anders war als bei anderen Kindern.

An Festtagen, wenn die Klasse eine kleine Feier veranstaltete, verlangten sie, dass ich ein deutsches Lied singe ... Ich kannte wenige Lieder. Ich sang dann immer „O Tannenbaum", das einzige Lied, das ich gut kannte. Welchen Eindruck haben diese fremden Klänge wohl auf die Klasse gemacht? An Weihnachten hatte ich nie schulfrei. Aber Mutter trieb immer einen kleinen Nadelbaum auf,
5 keine Tanne, keine Fichte, aber er konnte als Weihnachtsbaum dienen, der in einem Blumentopf in der Ecke des Zimmers stand. Als Ersatz für Schnee wurde Zahnpasta auf die Äste geschmiert. Zum Baum gab es Kerzen und Weihnachtslieder auf Tonband. Das Kerzenlicht war warm. Die Lieder ruhig. Mutter hatte dann Tränen in den Augen und alle wurden still. [...]

Auch das chinesische Neujahr feierten wir; überhaupt hatten wir doppelt so viele Feste. Das ist kein
10 Fest der Stille und der Besinnung. Es ist laut, farbenfroh, voller Lebensfreude, gekennzeichnet durch
viel Besuch, Geplauder, gute Küche, neue Kleidung und das Geknalle, das die ganze Silvesternacht
durchzieht. Voller Bewegung, dennoch ohne Hektik; kreuz und quer, dennoch voller Harmonie. Im
Frühling suchten wir dann Ostereier im grauen Steinplattenhof, Mutter färbte sie mit Textilfarben
und rieb sie mit Speckschwarte ein.
15 Im Herbst saß die Familie unter dem Nussbaum und schaute in den nächtlichen Himmel. Es war
Mondfest. Ein heller, klarer Vollmond. Er bedeutete Harmonie und Beisammensein der Familie. [...]

3.7 Feste in Deutschland – Feste bei Ihnen zu Hause

a) Wenn Sie in Deutschland leben: Welches der Feste, die Sie schon erlebt haben, hat Sie am meisten
beeindruckt? Bilden Sie kleine Gruppen, je nach dem ausgewählten Fest, und sprechen Sie darüber, was das
Besondere an diesem Fest war.

b) Wenn Sie nicht in Deutschland leben: Suchen Sie sich ein wichtiges Fest heraus und erklären Sie einem
Ausländer, wie es „funktioniert".

3.8 Die Autorin lernt Deutschland kennen und ist überrascht. Warum?

So habe ich Deutsch gelernt. Ohne Schule, ohne Lehrer. Ich kannte keine Grammatik. Ich konnte
nicht rechtschreiben. Lange blieb meine Sprache eine Art Kindersprache. Ich hatte keine Möglichkeit, außerhalb der Familie Deutsch zu hören und zu sprechen. Und in einer Familie bleibt das Kind
ein Kind. So kam es, dass mein Wortschatz, meine Kenntnisse, die Fähigkeit des Strukturierens und
5 Analysierens im Chinesischen „normal" fortschritten und im Deutschen wie bei einer Kinderläh-
mung in ihrem Anfangsstadium zurückblieben. Diese Distanz konnte erst aufgeholt werden, als ich
nach Deutschland kam und anfing, in Deutsch zu denken. Zum ersten Mal?
Die erste Überraschung war, dass in Deutschland alle Deutsch sprechen. Natürlich wusste ich das
vorher. Aber als Männer, Frauen, Alte, Kinder, Putzfrau, Professor und auch noch Ausländer, als all
10 das plötzlich um mich herum Deutsch sprach, laut, leise, tief, hoch, gelehrt, primitiv, auf Hochdeutsch, auf Bayrisch, überfiel mich ein unaussprechliches Gefühl. Bis dahin war Deutsch die Sprache
meiner Mutter. Jetzt sprechen Häuser, Bäume, Autos und Hunde Deutsch. Die Welt spricht Deutsch.
[...]
Die Begegnung mit Deutschland war ein Kennenlernen, ein Wiedersehen. Es war Bestätigung,
15 Enttäuschung, Schwärmen, Kritisieren. Wiesen und Wälder waren vertraut. Mir kam es vor, ich
hätte sie schon ewig gekannt. All das, was ich in Bildern, Büchern, aus Mutters Erzählungen kannte,
stand lebendig vor mir ...

3.9 Lesen Sie nun den Schluss des Textes.

Manchmal überkommt es mich, Chinesisch zu sprechen. Meine Vatersprache wird mich nie
verlassen. Sie ist mir angeboren, so wie Augen und Nase mir angewachsen sind. In China empfand
ich meine Sprache nie als schön, doch hier bekommt sie einen besonderen Reiz ... Hier in Deutschland habe ich wieder zu ihr gefunden. Und ich weiß, dass ich ein Drache bin. Aber vielleicht doch
nur ein halber?

a) Wenn Sie in Deutsch-
land leben: Wo und
wann sprechen Sie
Ihre Muttersprache,
wo und wann spre-
chen Sie Deutsch?

b) Wenn Sie nicht in Deutschland leben: Überlegen Sie gemeinsam, wie Sie außerhalb des Kurses mehr auf Deutsch kommunizieren können.

– Deutsche Institutionen in Ihrem Land
– Internetgruppen auf Deutsch
– Briefkontakte
– Feste/Veranstaltungen organisieren, bei denen Deutsch gesprochen wird
– ...

3.10 Stellen Sie sich vor, Sie selbst sind in der Situation der Autorin. Schreiben Sie zwei kurze Tagebucheinträge aus den ersten Wochen in Deutschland.

Den folgenden Text hat eine chinesische Studentin geschrieben:

> Als ich am ersten Tag in Deutschland was, war ich neugierig und fröhlich. Die Lehrerin sieht sehr nett aus. Von diesem Tag an habe ich viele Kommilitoninnen. Ich habe neue andere Leute kennengelernt. Ich freue mich, dass ich im Deutschkurs lernen kann. Als ich das erste Mal die Uni sah, was ich sehr erschrocken. Die Uni hat keine Mauer. Aber in China ist das anders. Seit einem Jahr finde ich, dass es ohne Mauern auch gut ist.

3.11 **Lerntagebuch**

A 18

Führen Sie ein Lerntagebuch? Vielleicht haben Sie es ja mal versucht und dann wieder aufgegeben. Versuchen Sie es jetzt noch einmal.

Das Lerntagebuch kann auch helfen, die Prüfungsvorbereitung zu planen. Im Lernerhandbuch finden Sie Hinweise. Nehmen Sie sich zuerst einmal vor, einen Monat lang durchzuhalten. Und dann noch einen und ...

> Heute haben wir im Kurs die Geschichte von einer Chinesin gelesen. Viele neue Wörter, aber interessant.
> Ich muss Wortschatz wiederholen!!
> Morgen will ich einen Plan machen.
> Gestern habe ich eine Sendung auf Deutsch im Fernsehen gesehen. Eine Talkshow zum Thema „Ausländer". Ich habe fast alles verstanden. Ich war ganz glücklich.

3.12 Aus der Fremde sieht man die Heimat neu.
Kennen Sie diese Erfahrung? Lesen Sie die Zitate.
Welches gefällt Ihnen am besten?

> Nur dem, der die Welt kennt, wird die Heimat fruchtbar.
> Stefan George

> Heimat ist nicht dort, wo man wohnt, sondern dort, wo man liebt und geliebt wird.
> Karlheinz Deschner

> Heimat ist da, wo mein Bankkonto ist.
> Anonymus

> Nicht da ist daheim, wo man seinen Wohnsitz hat, sondern wo man verstanden wird.
> Christian Morgenstern

> Heimat ist da, wo McDonald's ist.
> Mário Rohr

4 Die Einheimischen und die Fremden

4.1 Erfahrungen und Erlebnisse mit positivem und negativem Verhalten gegenüber Fremden: Stellen Sie im Kurs fest, ob alle dafür sind, dass über dieses Thema gesprochen wird.

4.2 Hören Sie die Interviews. Die Personen berichten von Erfahrungen in Deutschland. Was war gut, was war nicht gut? Machen Sie Notizen.

4.3 Eigene Erlebnisse und Erfahrungen

a) Berichten Sie über Erfahrungen zu Hause und/oder im Ausland. Helfen Sie sich gegenseitig beim Formulieren. Machen Sie sich Notizen zu dem, was Sie erzählen wollen.

Wo?	am Flughafen/Bahnhof, auf der Straße, in der Straßenbahn, im Bus, beim Einkaufen, im Ausländeramt, im Schwimmbad …
Wann?	vor ein paar Wochen/Monaten/Jahren, am Morgen/Nachmittag/Abend …
Problem	Sprache, Verhalten, Ungeduld, Gewalt …, nicht wissen, nicht können, nicht verstehen …
Was ist passiert?	helfen, beraten, übersetzen, Informationen geben … ungeduldig sein, arrogant sein, beschimpfen, angreifen …

> Das war im letzten Jahr. Ich wollte in die Stadt. An der Bushaltestelle habe ich den Busfahrer gefragt, ob der Bus ins Zentrum fährt. Er hat etwas gesagt, aber ich habe ihn nicht verstanden. Ich habe noch einmal gefragt. Da war er gleich ungeduldig. Er hat gesagt, dass er keine Zeit hat, um alles zweimal zu sagen. Dann ist er weggefahren.

> Als ich in Deutschland ankam, haben mir viele Leute geholfen. Z.B. brauchte ich …

> Letzte Woche war ich …

> Ich war einmal in … da ist mir Folgendes passiert …

b) Sprechen Sie nun im Kurs über das Thema. Verwenden Sie dazu Ihre Notizen.

4.4 Mit Plakaten wie diesem hat man auf das Problem der Fremdenfeindlichkeit aufmerksam gemacht.

- Wie finden Sie das Plakat?
- Was ist seine zentrale Aussage?
- Ist eine solche Aktion Ihrer Meinung nach sinnvoll?

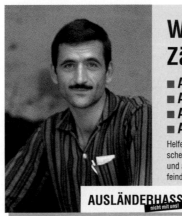

Wer hilft mit, Abdul die Zähne einzuschlagen?
- Alle, die schweigen.
- Alle, die dabei stehen.
- Alle, die wegschauen.
- Alle, die heimlich Beifall klatschen.

Helfen Sie mit, dass Ausländer sich nicht fühlen müssen wie Menschen zweiter Klasse, sondern dass sie eine faire Chance bekommen und angstfrei leben können. Sagen Sie jedem, dass Sie Ausländerfeindlichkeit barbarisch finden. Überall, wo sie Ihnen begegnet. Am Arbeitsplatz. Im Sportverein. Am Stammtisch. Zeigen Sie, dass die schweigende Mehrheit eine laute Stimme hat.

AUSLÄNDERHASS nicht mit uns!

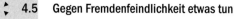

4.5 Gegen Fremdenfeindlichkeit etwas tun

Was kann jeder persönlich
- in der Familie
- im Bekanntenkreis
- bei den Nachbarn
- am Wohnort
- am Arbeitsplatz
- in der Öffentlichkeit
- im Urlaub
- ...

gegen Fremdenfeindlichkeit tun?

Was müsste der Staat tun?

**Diskutieren Sie in kleinen Gruppen.
Schreiben Sie Ihre Ideen auf Kärtchen
und hängen Sie sie an die Tafel.**

> Wenn jemand über Ausländer schimpft,
> dann muss man etwas dagegen sagen.
> Freundlich, aber bestimmt.

> Es müsste viel mehr Cafés oder
> so etwas geben, wo die Leute aus
> verschiedenen Kulturen
> miteinander sprechen können.

> Die Polizei
> müsste Ausländer
> besser schützen.

5 Prüfungsvorbereitung: Leseverstehen (Detail)

In Einheit 1 haben Sie den ersten Teil der Prüfung zum Leseverstehen geübt: das Globalverstehen. In dieser
Einheit geht es um das Detailverstehen.

5.1 Sammeln Sie im Kurs:

- Worauf muss man bei Lesetexten achten?
- In welchen Arbeitsschritten bearbeiten Sie die Aufgabe?

5.2 Bearbeiten Sie nun die Aufgabe.

Leseverstehen: Teil 2

Lesen Sie zuerst den Zeitungsartikel und lösen Sie dann die fünf Aufgaben zum Text.

Ihr Abitur
war ein Gedicht

Traumnote für eine
45-jährige Sekretärin

Während andere nach der Arbeit ins Kino, in die Kneipe oder nach Hause gingen, stieg Helga Rost von ihrem Chefsekretärinnenstuhl in den alten Käfer und düste zum Unterricht. Abendgymnasium statt Feierabend, so hieß es für sie an fünf Wochentagen.

Das Abitur war erst der Anfang: Helga Rost möchte nun Literatur, Philosophie und Psychologie studieren.

Von 17.30 Uhr bis 21.30 Uhr paukte sie russische Vokabeln, lateinische Grammatik, englische Idioms, Verhaltenslehre und Literatur.

Vier Jahre lang. Dann hatte sie es geschafft: Sie bestand das Abitur, und zwar nicht mit Hängen und Würgen, sondern mustergültig, mit der Note „Eins plus"! Im Fach Deutsch schrieb sie sogar ein eigenes Gedicht und interpretierte es selbst. Die Lehrer waren begeistert.

Helga Rost war anders als die 70 % der Abendschüler, die normalerweise abspringen. Sie hielt durch, wenn auch manchmal zähneknirschend. Dass aber das Abitur erst der Anfang sein würde, wusste die 45-jährige Abendgymnasiastin schon lange: Danach wollte sie studieren und promovieren.

Hindernisse sah sie nie. Ihr Mann, der anfangs „grundsätzlich dagegen" war, hatte sich inzwischen damit abgefunden, dass seine Frau die Schulbank drückte. Was blieb ihm auch anderes übrig? Sie hatte gewissermaßen den Spieß umgedreht, nachdem sie jahrelang mit angesehen hatte, wie er „sein ganzes Leben in die Karriere" steckte und abends immer später nach Hause kam. Irgendwann hatte sie sich gesagt: „Warum soll ich ewig auf ihn warten?"

Vier Jahre sah ihr Leben dann so aus: Morgens um acht aus dem Haus, von halb neun bis fünf anstrengende Arbeit als Sekretärin im Soziologischen Institut der Universität, anschließend Abendschule und nachts „noch ein bisschen lesen". Den ganzen Samstag bügeln und vorkochen, sonntags Schularbeiten machen – und ab Montag alles wieder von vorn! Unterstützt wurde sie von ihren inzwischen 16- und 24-jährigen Söhnen; die waren von Mutters Fleiß und Intelligenz sehr beeindruckt.

Ab Herbst will Helga Rost studieren: Literatur, Psychologie und Philosophie. Sie hofft, dass eines Tages auch Kunstgeschichte hinzukommt. Wer keinen Stress hat, macht sich welchen – mögen Außenstehende hierzu sagen. Aber die zukünftige Studentin sieht das anders. Sie hat in den ersten Jahren als Sekretärin so viel Energie in ihre Arbeit im Institut gesteckt, „um aus dem Chaos ein Büro zu machen", dass sie die vier Jahre Abendschule kaum anstrengender finden konnte.

S.H. (Kölner Stadtanzeiger)

1. Die Sekretärin Helga Rost hat
   a am Abendgynmasium das Abitur knapp geschafft.
   b das Abitur sehr gut bestanden.
   c wie 70 % der Schüler des Abendgymnasiums den Kurs abgebrochen.

2. Der Unterricht am Abendgymnasium fand
   a jeden Tag statt.
   b von montags bis freitags statt.
   c am Wochenende statt.

3. Nach dem Kurs ging Frau Rost
   a nach Hause, um sich zu entspannen.
   b in die Universität, um im Institut das Büro aufzuräumen.
   c nach Hause, um noch etwas zu lesen.

4. Nach dem Abitur will Frau Rost
   a an der Universität studieren.
   b sich wieder mehr um ihre Kinder kümmern.
   c im Institut wieder das Büro organisieren.

5. Frau Rost meint, dass
   a ihre Arbeit im Institut viel anstrengender war als die Abendschule.
   b die Abendschule auch nicht mehr Stress bedeutet hat als die Arbeit als Chefsekretärin.
   c sie neben der Arbeit als Chefsekretärin nicht mehr studieren kann.

EINHEIT 10: KREISLÄUFE

.... *einen Kreislauf beschreiben*
.... *Vorschläge zum Umweltschutz machen*
.... *Zusammenhänge formulieren*
.... *Konjunktiv II Perfekt (Wiederholung)*
.... *Prüfungsvorbereitung: Lesen (selektiv)*

1 Einen Kreislauf beschreiben

1.1 Hören Sie das Lied und bringen Sie die Bilder in die Reihenfolge, die dem Text entspricht.

Lied eines Nordsee-Wassertropfens

Das kühle Bad in der Nordsee
hat dich sicherlich gut erfrischt.
Du hast dich trockengerubbelt,
aber mich hast du nicht erwischt.
Ich bin ein Tropfen aus Wasser
und ich lebte im großen Meer.
Ja, wenn du mehr von mir wüsstest,
na, ich wette, du stauntest sehr.

Es ist so schön, auf deinem Bauch
in der Mittagssonne zu dösen.
Doch leider dauert's nicht mehr lang,
dann werd ich mich in Dampf auflösen.

Doch vorher will ich erzählen,
wie ich überhaupt hierher kam.
Ich fiel als Regen in das Wasser,
das zum Meer floss, mich mit sich nahm.
Ich war ein Tropfen von vielen
in der Weser, so heißt dieser Fluss.
Doch meine Reise, das kannst du mir glauben,
war kein Genuss.

Es ist so ...

Bald fand ich Freunde, die kamen
aus dem Abflussrohr einer Fabrik.
Die stanken scheußlich und hatten
einen säuregetrübten Blick.
Sie brachten Chrom und Sulfate
und auch Stickstoff aus der Chemie.
Doch weil sie ansteckend waren,
stank ich selbst bald genauso wie sie.

Es ist so ...

Ich schwamm zur Nordsee hinaus,
wurde krank von dem giftigen Brei
aus dickem Klärschlamm und
Dünnsäureablagerungen aus Blei.
Doch dann kamst du und ich dachte,
dieser Mensch ist mein Rettungsboot.
Ich hatte Glück, doch ich sag dir,
das Meer ist in großer Not.

Es ist so ...

Text und Melodie: Klaus W. Hoffmann

1.2 Sehen Sie sich die Illustration an. Können Sie schon sagen, worum es geht und was hier passiert? Schreiben Sie noch nichts.

↓ Station/Buchstabe

1. ☐ _Autos/Abgase_ _____

_____

2. ☐ _____

_____

3. ☐ _____

_____

4. ☐ _____

_____

5. ☐ _____

_____

6. ☐ _____

_____

7. ☐ _____

_____

1.3 Hören Sie die Beschreibung des Kreislaufs. Was passiert zuerst, was folgt darauf? Schreiben Sie die Buchstaben zu den Stationen 1–7.

1.4 Bringen Sie die folgenden Sätze in die richtige Reihenfolge.

☐ ☐ ☐ ☐ ☐ ☐ ☐

1. Vom Wind werden sie über das Meer transportiert.
2. Am Ende isst der Mensch die Fische und kann krank werden.
3. Diese giftigen Gase steigen in die Luft.
4. Dort bilden sie eine Ölschicht. Dadurch wird das Plankton im Meer vergiftet.
5. Die Autos produzieren Abgase.
6. Die Fische fressen das Plankton und nehmen damit auch die Gifte auf.
7. Wenn es regnet, sinken die Abgase auf die Wasseroberfläche.

1.5 Wählen Sie aus jedem Satz in 1.4 zwei wichtige Wörter aus und tragen Sie sie in 1.2 ein.

1.6 Versuchen Sie nun, die Zusammenhänge nur mit Hilfe der Illustration zu beschreiben.

1.7 Diskussion: Sind Sie einverstanden mit der Aussage der Illustration?

1.8 Eines hängt vom anderen ab. Von den folgenden Sätzen haben jeweils drei eine ähnliche Bedeutung. Kreuzen Sie den Satz an, der etwas anderes sagt.

1.

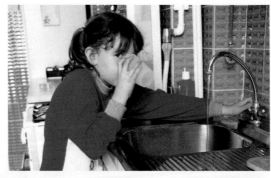

a Die Gesundheit der Menschen hängt auch von der Qualität des Trinkwassers ab.

b Die Qualität des Trinkwassers hat einen Einfluss auf die Gesundheit der Menschen.

c Je besser die Qualität des Trinkwassers ist, desto gesünder sind die Menschen.

d Es besteht kein Zusammenhang zwischen der Qualität des Trinkwassers und der Gesundheit der Menschen.

2.

a Ampeln verursachen Staus.

b Ampeln führen zu einer Abnahme der Staus.

c Mit der Anzahl der Ampeln steigt die Häufigkeit der Staus.

d Je mehr Ampeln es gibt, desto öfter kommt es zu Staus.

3.

a Je mehr Gift ins Wasser fließt, desto weniger Lebewesen gibt es im Meer.

b Die Gifte im Wasser führen zum Tod vieler Lebewesen im Meer.

c Die Gifte im Wasser beeinflussen das Leben im Meer nicht.

d Die Gifte im Wasser sind die Ursache für das Aussterben zahlreicher Lebewesen.

1.9 Etwas einfacher sagen – In Texten wird vieles kompliziert formuliert, was man auch einfacher sagen kann. Versuchen Sie es mit den Sätzen aus 1.8.

> 1. Schlechtes Trinkwasser macht die Menschen krank.
> Die Menschen werden schneller krank, wenn das Trinkwasser nicht gut ist.

1.10 Wie kann man diese Aussagen einfacher formulieren?

1. Es besteht die Notwendigkeit, die CO_2-Belastung der Luft zu reduzieren.
2. Die Reduzierung des Autoverkehrs und die Verbesserung des öffentlichen Nahverkehrs müssen zu Prioritäten der Politik der nächsten Jahrzehnte werden.
3. Die Lärmbelastung der Bevölkerung, die in der Nähe von Flughäfen wohnt, wächst dauernd.
4. Die Kosten der Müllentsorgung sind in den letzten Jahren gestiegen.
5. Die Einführung einer Steuer auf den Energieverbrauch wird zu weniger Verbrauch von Öl und damit zu einer Verbesserung der Umwelt führen.

2 Eine Bildergeschichte

2.1 Beschreiben Sie, was Sie sehen. Die Wörter und Ausdrücke unter den Bildern können Ihnen helfen.

> Auf Bild 1 sieht man eine Fabrik. Rauch kommt aus den Schornsteinen.

die Fabrik
der Schornstein
der Rauch

der Smog
(ein)atmen
husten

der Arzt/Doktor
klingeln

die Sprechstunde
die Untersuchung
die Lunge

ein Rezept schreiben
die Tablette
verschreiben

die Apotheke

der Apotheker
das Medikament
das Mittel

herstellen
produzieren

2.2 Was passiert in der Geschichte? – Bereiten Sie sich in Gruppen vor und erzählen Sie gemeinsam.

1. Die Geschichte beginnt in einer Fabrik. Die Schornsteine dieser Fabrik …
2. Durch den Smog …
3. Deshalb …
4. Der Doktor …
5. …

2.3 Dialoge – Bereiten Sie sich vor und spielen Sie. Sie können auch andere Situationen erfinden.

1. Der Mann spricht mit dem Arzt / der Ärztin. Es wird klar, dass der Mann starker Raucher ist.
2. Der Mann spricht mit dem Apotheker / der Apothekerin. Er hat sein Geld zu Hause vergessen.
3. Die Frau spricht mit dem Arzt ihres Mannes am Telefon.
4. Der Mann spricht mit seinen Freunden in der Kneipe.
5. …

2.4 Eine Geschichte zusammenfassen – In **euro**lingua **Deutsch 2** stand die Geschichte „Der Verkäufer und der Elch". Einige werden sich noch daran erinnern. Versuchen Sie, diese Geschichte in wenigen Sätzen zu erzählen.

Die Geschichte erzählt von einem Verkäufer, der allen Menschen alles verkaufen konnte …

3 Ein Tourismusprojekt und die Folgen

3.1 Hören Sie die Musik, betrachten Sie das Foto und notieren Sie Ihre Assoziationen. Sammeln Sie danach Stichwörter an der Tafel.

3.2 Lesen Sie den Text für sich und unterstreichen Sie in jedem Abschnitt zwei Stichwörter, die Sie für wichtig halten.

Als Mitte der achtziger Jahre des 20. Jahrhunderts die Strände im Süden der indonesischen Insel Bali dem Tourismus kaum noch Expansionsmöglichkeiten boten, kam man auf die Idee, auch den Nordosten der Insel
5 touristisch zu entwickeln. Dort gab es alles, was im Süden selten geworden war: tropische Traumstrände mit weißem Sand und Palmen. Die Gegend um den kleinen Ort Candidasa wurde nun zum Investitions-
10 gebiet. Arbeitsplätze und Wohlstand wie im Süden wurden den Leuten von Candidasa versprochen. Wenn man Touristen ins Land holen will, muss man Hotels bauen. Dazu
15 braucht man Baumaterial: Steine und Kalk. Beim Bau der Hotels am Strand wurde alles so gemacht wie seit Jahrhunderten in dieser Gegend üblich: Man holte die Steine aus den Bergen und den Kalk aus dem Meer. Um den Kalk zu gewin-
20 nen, wurden Korallen aus dem Riff gebrochen, das nur wenige Meter vor dem Strand von Candidasa lag.

Der Dämon des Tourismus

Weil man früher auf diese Weise nur einige Häuser im Jahr gebaut hatte, war das kein Problem
25 gewesen. Aber nun wurden die Korallen in großen Mengen „geerntet", in kleinen Booten an Land gebracht und zu Baumaterial verarbeitet. Während die Hotels immer größer wurden, wurde das Korallenriff immer kleiner und war
30 schließlich ganz verschwunden.
Verschwunden war damit auch ein Schutz gegen Wind und Wellen. Das Meer überspülte immer öfter den Strand. Die Palmen wurden vom Wasser „untergraben" und neigten sich zum
35 Meer hin. Nur zwei Jahre später zerstörte das Meer das erste Hotel.

Um Strand und Hotels besser zu schützen, beschloss man, große Betonblöcke ins Meer zu setzen, genau dort, wo vorher das Korallenriff ge-
40 wesen war. Die Betonblöcke stoppten nun die Wellen. Der kleine Ort war wieder sicherer. Allerdings gab es jetzt ein neues Problem: Die Betonblöcke hielten nicht nur das Meer, sondern auch die Touristen fern von dem kleinen,
45 idyllischen Strand. Die großen Hotels standen fast leer. Mit den Arbeitsplätzen und dem Wohlstand war man wieder auf dem Stand der frühen achtziger Jahre – allerdings ohne Traumstrand mit Korallenriff und Palmen.

▶ ◀ **3.3** Der Bericht in 3.2 beschreibt eine Kette von Ursachen und Konsequenzen. Fassen Sie die einzelnen Stationen zusammen. Machen Sie aus Ihren Stichwörtern eine Textgrafik.

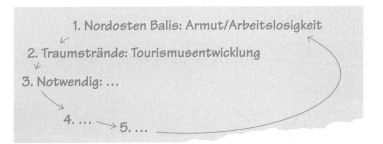

1. Nordosten Balis: Armut/Arbeitslosigkeit
2. Traumstrände: Tourismusentwicklung
3. Notwendig: ...
4. ... → 5. ...

▶ ◀ **3.4** Einen Ablauf beschreiben

a) Fassen Sie den Ablauf mit Hilfe der Textgrafik in Ihren Worten zusammen.

> Der Nordosten Balis war arm. Aber es gab …

b) Setzen Sie die passenden Satzverbindungen in folgenden Text ein.

weil (2) daher obwohl um ... zu deshalb trotzdem damit nachdem aber (2)

_____Um_____ mehr Arbeit und Wohlstand _____zu_____ haben, wollte man mehr Touristen auf

die Insel holen. _____ es im Süden zu wenig Platz gab, musste man den Nordosten

entwickeln. _____ baute man dort neue Hotels. Das Baumaterial holte man aus den Bergen

(Steine), vom Strand (Sand) und vom Korallenriff (Kalk). Das hatte man immer so gemacht,

_____ hatte man dem Riff nie geschadet, _____ man im Jahr nur wenige Häuser

gebaut hatte. _____ nun wurde das Riff zerstört. _____ das Riff weg war, kamen die

Wellen bis an den Strand und zogen den Sand ins Meer. Die Palmen verschwanden im Meer und

_____ man den Strand zu schützen versuchte, wurde schon nach zwei Jahren das erste Hotel

zerstört. _____ setzte man Betonblöcke ins Meer, _____ die Wellen nicht mehr an den

Strand kamen. _____ dadurch war nun die Schönheit des Strandes zerstört und die Touris-

ten kamen nicht mehr. Am Ende gab es weder Arbeit noch Wohlstand noch einen Traumstrand.

3.5 Was hätte man besser nicht tun sollen? Schreiben Sie Aussagen wie im Beispiel.

> Es wäre besser gewesen, wenn man im Norden keine Hotels gebaut hätte.
> Man hätte im Norden keine Hotels bauen sollen.

3.6 Projekt: Was hätte man anders machen können?

Statt große Hotels zu bauen, hätte man …
Statt den Tourismus zu entwickeln …

4 Umweltprobleme

4.1 Was sind für Sie die wichtigsten Umweltprobleme?

Hören und lesen Sie die Texte und kreuzen Sie an von
1 (stimme voll zu) bis 6 (stimme überhaupt nicht zu).

	1	2	3	4	5	6
a						
b						
c						
d						
e						
f						

b „Das wichtigste Problem ist der Müll. Die Industrieländer produzieren zu viel Müll. Ein Europäer produziert zehnmal so viel Müll wie ein Mensch aus einem Land in der Dritten Welt. Und die Amerikaner produzieren mehr als doppelt so viel wie die Europäer."

a „Das wichtigste Umweltproblem ist die Energie. Wir müssen so schnell wie möglich alle Kernkraftwerke abschalten. Tschernobyl hat gezeigt, wie gefährlich diese Kraftwerke sind. Wir müssen Energie sparen und mehr alternative Energien einsetzen (Solarenergie, Windenergie)."

c „Am schlimmsten ist der Lärm. In den Städten hält man es ja fast nicht mehr aus. Der Autoverkehr, die Flugzeuge, die Maschinen, überall Lärm. Man kann fast nirgends mehr wirklich Ruhe finden. Man müsste an viel mehr Stellen das Autofahren verbieten und weniger fliegen".

d „Die Luftverschmutzung wird zu einer [...] führen [...]

e „Das Problem sind wir selbst. Es gibt einfach zu viele Menschen. Wir sollten dafür sorgen, dass die Bevölkerung nicht mehr wächst. Das ist ein soziales Problem und ein Problem von Bildung und Erziehung. Aber wenn dieses Problem nicht gelöst wird, können auch alle anderen Probleme nicht gelöst werden."

f „Das ist doch alles Quatsch! Es gibt gar keine wirklichen Umweltprobleme. Die ‚Umweltschützer' wollen den Leuten nur Angst machen. Und die Deutschen fürchten sich gern. Deshalb lieben sie dieses Thema so. Die sozialen Probleme, das ist was anderes. Wenn einer keine Arbeit hat, dann interessiert er sich nicht für Blümchen und Tierchen!"

▶▾◀ 4.2 In den Aussagen in 4.1 wird auch gesagt, was getan werden müsste. Suchen Sie sich zwei Aussagen heraus. Schreiben Sie auf, was man noch tun könnte, oder notieren Sie, was die Nachteile des Vorschlags sind.

zu Aussage a:

Nachteile des Vorschlags
– Ohne Kernkraftwerke haben wir nicht genug Energie.

zu Aussage a:

Vorschlag
– Man sollte weniger elektrische Geräte benutzen.

5.1 Ein Interview vorbereiten – Flavia Eggenberger studiert, arbeitet und lebt in Zürich. Wir haben sie gefragt:

1. Was tust du für die Umwelt?
2. Was sollte der Staat tun?
3. Was hältst du von Umweltorganisationen wie z.B. Greenpeace?

Diese Wörter sind wichtig, um das Interview zu verstehen. Ordnen Sie die Erklärungen (1–14) den Begriffen (a–n) zu.

a ☐ Abfuhrgebühren/Müllgebühren
b ☐ Chaoten
c ☐ Entsorgung
d ☐ Fabrikbesetzung
e ☐ Gebühren
f ☐ Kehrichtsäcke/Müllsäcke
g ☐ Nord-Süd-Gefälle
h ☐ öffentliche Verkehrsmittel
i ☐14 Polarisierung
j ☐ Sonderabfall/Sondermüll
k ☐ Verpackung
l ☐ versperren
m ☐ Verursacherprinzip
n ☐ Welthandel

1. Straßenbahn, Bus, Eisenbahn
2. Hier tut man den Müll hinein
3. Schweizerisch für blockieren
4. Geschäfte zwischen den Ländern der Welt
5. Gift, Öl, chemische Stoffe, Batterien usw.
6. Für Wasser, Strom, Müll usw. muss man Geld bezahlen
7. Geld, das man bezahlt, damit der Müll abgeholt wird
8. Unterschied zwischen Reichtum und Armut auf der Welt
9. Greenpeace hat das schon getan, um dagegen zu protestieren, dass dort die Umwelt verschmutzt wird
10. Begriff für Demonstranten, die auch Gewalt einsetzen, um ihre Ziele zu erreichen
11. Kiste, Karton, Tüte usw., um Produkte beim Transport zu schützen und für die Kunden attraktiver zu machen
12. Wer Abfall produziert oder die Umwelt verschmutzt, der soll auch dafür bezahlen
13. Müll wird verbrannt, auf einen Müllplatz gebracht oder ins Meer geworfen
14. Wenn Menschen mit verschiedenen Meinungen kaum mehr miteinander reden können

5.2 Hören Sie nun das Interview einmal ganz an. Welche Aussage passt besser zum Interview? Warum?

1. Es wird viel zu wenig für die Umwelt getan. Es ist alles so schlimm, dass wir mit allen Mitteln für einen besseren Umweltschutz kämpfen müssen.

2. Man muss im Alltag etwas für die Umwelt tun, aber auch politische Aktionen sind wichtig. Man kann zwar verstehen, dass manche Leute radikale Aktionen machen, aber es bringt nichts.

5.3 Hier sind zu jedem Abschnitt des Interviews fünf Aussagen. Lesen Sie sie einzeln durch und hören Sie dann den entsprechenden Teil des Gesprächs noch einmal. Kreuzen Sie die passenden Sätze an.

ABSCHNITT 1

1. ☐ Flavia hat kein Auto, sie fährt vor allem mit dem Fahrrad.
2. ☐ Im Urlaub will sie aber auf das Auto nicht verzichten.
3. ☐ Flavia trennt Abfälle (z.B. Karton, Papier, Altmetall, Glas, Küchenabfälle, Altöl).
4. ☐ In Zürich gibt es Sammelstellen für verschiedene Arten von Abfällen.
5. ☐ Flavia findet es nicht gut, dass die Müllsäcke in Zürich so viel kosten.

ABSCHNITT 2

1. ☐ Flavia findet, dass die Industrie für die Entsorgung von Sonderabfällen mehr bezahlen sollte.
2. ☐ Sie sagt, dass der Staat die Industrie dazu ermutigen sollte, weniger Material zur Verpackung von Waren zu verwenden.
3. ☐ Flavia denkt, dass giftige Stoffe ins Ausland transportiert werden sollten.
4. ☐ Sie sagt, dass die Länder der Dritten Welt den Müll aus den Industrieländern deshalb annehmen, weil sie das Geld brauchen.
5. ☐ Flavia erwähnt, dass die Entsorgung von Abfällen ein globales Problem ist.

ABSCHNITT 3

1. ☐ Flavia findet, dass alle Aktionen von Greenpeace sinnlos sind.
2. ☐ Sie ärgert sich darüber, dass die Zeitungen nicht häufiger über Greenpeace berichten.
3. ☐ Sie glaubt, dass Greenpeace dazu beigetragen hat, dass Giftmülltransporte sicherer geworden sind.
4. ☐ Flavia findet, dass Straßenblockaden oder die Beschädigung von Autos mehr schaden als nützen, da sie die Bevölkerung polarisieren.
5. ☐ Sie sagt, Greenpeace sollte sich auch für Tiere einsetzen.

5.4 **Wir sind alle kleine Umwelt-** 🐷 🐷 **!**
Hier sind zehn Stichwörter und drei Aussagen.
Was fällt Ihnen zu sich selbst dazu ein?

Auto – Wäsche – Garten – Abfall – Verpackung –
Ernährung – Kleidung – Wohnen – Heizen –
Energie …

Mein Auto braucht leider
12 Liter auf 100 Kilometer.
Lutz Rohrmann (Redakteur)

Wenn ich aus dem Haus gehe,
mache ich fast nie das Licht
aus.
Michael Koenig (Autor)

Ich mache gerne Fernreisen
und muss auch beruflich viel
mit dem Flugzeug fliegen.
Hermann Funk (Autor)

5.5 **Was könnte man ändern?**
Sammeln Sie und stellen Sie Ihre
Ideen im Kurs vor.

Wir könnten (vielleicht) …
Man müsste (zum Beispiel) …
Die Politiker sollten (unbedingt) …
Ich schlage vor, dass …
Es wäre besser, wenn …

6 Wortschatz wiederholen

Ein Rätsel zum Thema
„Gesundheit und Körper"

Waagrecht:

1. Hat nichts mit dem Thema
   zu tun, aber er kann fliegen,
   ohne sich zu verletzen, und fängt mit
   „V" an.
2. Der Arzt verschreibt sie und man
   muss sie regelmäßig nehmen.
3. Man hat zwei davon und kann deshalb
   doch nicht gut sehen, aber … (Singular)
4. Wenn man eine gute K… hat, dann
   bekommt man auch gute Ärzte.
5. Wenn es über 42 Grad steigt, dann braucht
   der Arzt nicht mehr zu kommen.
6. Wer zu viel isst, hat einen dicken …,
   aber jeder hat einen.
7. Nur dort bekommt man in Deutschland ►.
8. Bei der Liebe spielt das H… eigentlich keine Rolle, obwohl alle es sagen.
9. „Mund auf!" ist sein liebster Satz.
10. Der und Schnupfen gehören zu jeder richtigen Erkältung.
11. Wenn er leer ist, dann hat man Hunger.
12. Auch davon haben wir zwei im Kopf (Singular).

Senkrecht:

Es gibt sie für das Leben, das Auto, die Reise und vieles andere.
Und trotzdem bleibt das Leben gefährlich.

7 Prüfungsvorbereitung: Leseverstehen (selektiv)

In diesem Teil der Prüfung sollen Sie zeigen, dass Sie aus einer Menge von Texten die herausfinden können, die in einer bestimmten Situation für Sie relevant sind. Sie finden auf Seite 125 zehn Situationen und darunter zwölf Zeitungsanzeigen. Sie sollen die jeweils passenden Anzeigen den Situationen zuordnen. Es gibt aber nicht zu allen Situationen Anzeigen und zu einigen Anzeigen gibt es keine passende Situation.

7.1 Diskutieren Sie zunächst im Kurs: Wann braucht man diese Lesetechnik? Wo haben Sie sie selbst in Ihrer Muttersprache oder in einer Fremdsprache schon einmal verwendet?

7.2 Lesen Sie zuerst zehn Aufgaben und dann die zwölf Anzeigen. Welche Anzeige passt jeweils zu Ihrem Problem? Schreiben Sie die Buchstaben (a–l) zu den Aufgaben 1–10. Es ist auch möglich, dass Sie zu einer Aufgabe keine Anzeige finden. In diesem Fall schreiben Sie X.

Beispiel: Sie möchten ein neues Radiogerät kaufen.　　　　Text　　c

1. Sie möchten gern in den Ferien eine Sprache lernen.
2. Sie spielen gerne Klavier, aber Ihr Klavier ist kaputtgegangen.
3. Sie suchen eine neue Wohnung. Sie soll mehr als 150 m² haben.
4. Sie möchten endlich mal wieder ins Kino.

5. Ihr Fernsehgerät ist kurz vor einem Fußballspiel kaputt gegangen.
Sie brauchen dringend Hilfe. ☐

6. Sie haben eine Katze gefunden und wissen nicht, wem sie gehört. ☐

7. Sie kennen sich mit Computern gut aus und suchen einen Job. ☐

8. Sie brauchen ein Auto. Für eine ganz neues haben Sie aber nicht das Geld. ☐

9. Sie möchten Ihren nächsten Urlaub in Norddeutschland verbringen. ☐

10. Sie möchten sich mehr für den Umweltschutz engagieren. ☐

Option 2: SPIELE, MUSIK, GESCHICHTEN

.... *Wiederholungsaufgaben selbst machen, ein Tanz, ein Lied, eine Weihnachtsgeschichte, ein Märchen*

1 Ein Wiederholungsspiel selbst machen: Drei in einer Reihe

Vorbereitung:
– Teilen Sie große Blätter in je acht Felder.
– Entwickeln Sie in Gruppen Aufgaben für dieses Spiel und schreiben Sie sie in die Felder auf dem Blatt. Insgesamt sollten es 30 bis 40 Aufgaben sein.
– Für die fehlenden Felder bis 49 werden leere Zettel ergänzt.
– Sie können Aufgaben zur Landeskunde, zum Wortschatz, zur Grammatik oder zu Dialogen schreiben. Sie müssen aber immer selbst die Aufgaben lösen können.
– Kopieren Sie nun die Blätter (je nach Zahl der Gruppen) und zerschneiden Sie sie.
– Jede Gruppe bekommt einen Stapel mit 49 Karten.

Die Hauptstadt der Schweiz	Schule in Deutschland: Wie viel Jahre?
Konjugiere: „wissen"	ein Gebäude in Wien
Was war 1989?	

1	2	3	4	5	6	7
8	9	10	11	12	13	14
15	16	17	18	19	20	21
22	23	24	25	26	27	28
29	30	31	32	33	34	35
36	37	38	39	40	41	42
43	44	45	46	47	48	49

Spielregeln:
1. Immer zwei oder vier Kursteilnehmer/innen spielen zusammen in zwei Gruppen.
2. Sie brauchen etwa 20 Spielsteine, z.B. Münzen.
3. Bevor Sie einen Spielstein legen dürfen, müssen Sie eine Karte ziehen und die Aufgabe lösen. (Wenn die Karte keine Aufgabe enthält, dürfen Sie Ihren Spielstein frei setzen.)
4. Wer zuerst drei Spielsteine in einer Reihe legen kann (horizontal, vertikal oder diagonal), hat gewonnen.

Variante: Sie können die Aufgaben auch den nummerierten Feldern direkt zuordnen.
Sie brauchen dann keine Aufgabenkarten, sondern nur eine Liste mit Aufgaben.

2 Ein kleiner Tanzkurs

2.1 Wer von Ihnen hat tanzen gelernt? Wo? Welche Tänze? Wie lange ist das her?

2.2 Welche der Melodien verbinden Sie am ehesten mit Wien? Wohin gehören die anderen?

Buenos Aires   Rio de Janeiro   Memphis (Tennessee)   Paris

2.3 Kennen Sie diese Tanzschritte?

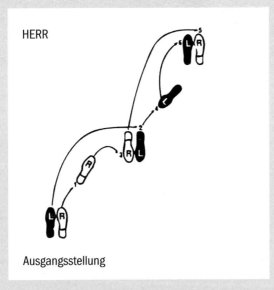

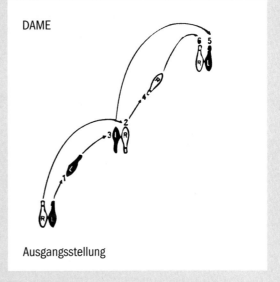

1. RF schräg vorwärts zwischen die Füße der Dame, nach rechts drehen
2. LF seitwärts weiter nach rechts drehen
3. RF schließt zum LF, ½ Rechtsdrehung beenden
4. LF schräg rückwärts nach rechts drehen
5. RF seitwärts, kleiner Schritte, weiter nach rechts drehen
6. LF schließt zum RF, ½ Rechtsdrehung beenden

1. LF schräg rückwärts nach rechts drehen
2. RF seitwärts, kleiner Schritt, weiter nach rechts drehen
3. LF schließt zum RF, ½ Rechtsdrehung beenden
4. RF schräg vorwärts zwischen die Füße des Herrn, nach rechts
5. LF seitwärts weiter nach rechts drehen
6. RF schließt zum LF, ½ Rechtsdrehung beenden

2.4 Möchten Sie tanzen? Hier ist Musik.

3 Ein anderer Blick auf Wien

3.1 Sehen Sie sich die zwei Fotos an und hören Sie das Lied. Welches Foto passt Ihrer Meinung nach besser zum Lied?

3.2 Lesen Sie nun den Text und hören Sie das Lied noch einmal. Welche Zusammenfassung passt zum Text?

A Ein junger Mann aus dem Ort Fürstenfeld in der Steiermark kommt nach Wien. Er versucht, sein Geld mit Straßenmusik zu verdienen, und hofft auf eine große Karriere als Sänger. Aber keiner interessiert sich für ihn. Bis eines Tages die Tageszeitung „Express" über ihn berichtet. In der Disko „U4" lernt er ein tolle Frau mit schwarzen Lippen und grünen Haaren kennen. Jetzt kann er endlich wieder nach Hause fahren. Denn er hat alles erlebt, was er erleben wollte, und hat in der Wiener Musikszene genug Geld verdient.

B Ein junger Mann aus dem Ort Fürstenfeld in der Steiermark kommt nach Wien. Er versucht, sein Geld mit Straßenmusik zu verdienen, und hofft auf eine große Karriere in der Wiener Musikszene. Aber keiner interessiert sich für ihn. Er spielt alte Folk- und alte Rocksongs, aber niemand hört ihm zu. Die Großstadt macht ihm Angst. Eines Tages hat er keine Lust mehr und will nur noch so viel Geld verdienen, dass er wieder nach Hause fahren kann.

3.3 Welche Wörter haben Ihnen geholfen, die Frage in 3.2 zu beantworten?

STS: Fürstenfeld

Langsam find da Dag
 sei End
und die Nocht beginnt.
In der Kärntnerstraßn,
do singt aner
 „Blowing in the wind".

Hat a grianes Reckl an.
Steht da ganz verlurn.
Und da Steffel*, der schaut obi
auf den oamen Steirer Buam.
* der Stephansdom

Der hat wolln sei Glück probiern,
in da großn fremdn Stadt.
Hot glaubt, sei Musik bringt eam
auf's Rennbahn-Express Titelblatt.

Aus der Traum,
zerplatzt wie Seifenblos'n.
Nix is bliem
als wie a paar Schilling
in seim Gitarrenkoffer drin.

Wochenlang steh i scho da.
Wochenlang plag i mi ab.
I spiel mir die Finger wund
und sing sogar „Do kummt die Sun".

Doch es is zum Narrischwern.
Kaner wüll mi singen hean.
Langsam krieg i wirklich gnua.
I frog mi, wos i do dua.

Do geht den ganzn Dag da Wind.
Nix als Baustelln, dass ka Mensch was find.
Die Budenhäuseln san ein Graus.
Und im Kaffeehaus brenns di aus.

I wüll wiada ham.
I fühl mi do so arm.
Brauch ka große Welt.
I will ham nach Fürstenfeld.

In da Zeitung, do hams gschriebn,
do gibts a Szene, do musst hin.
Wos di wulln, des solln sie schreibn.
Mir ka die Szene gestoln bleibn.

Do geh i gestan ins U4.
Fangt a Dirndl an zum Redn mit mir.
Schwarze Lippn, grüne Hoa,
do kannst ja Angst kriegn, wirklich woar.

I wüll wiada ham …

Niamols spül i mehr in Wien.
Wien hot mi goa net verdient.
I spül höchstens no in Graz,
Sinabelkirchen und Stinatz.

I brauch kan Gürtel, i brauch kan Ring.
I will zruck hintern Semmering.
I brauch nur des bissel Geld
für die Foat nach Fürstenfeld.

I wüll wiada ham …

3.4 Das Lied ist im Dialekt geschrieben. Hier sind zwanzig Wörter auf Hochdeutsch. Können Sie damit einige Zeilen ins Hochdeutsche „übersetzen"?

anfangen – einer – Fahrt – genug – geschrieben – grün – Haar – haben sie – hat – ich – keinen – niemals – seine – spielen – Tag – wahr – was – wieder – will – zurück

4 Eine besondere Weihnachtsgeschichte: Die Falle

4.1 Haben Sie dieses Foto schon einmal gesehen? Wo ist das? Wer sind die Leute? Was tun sie hier?

4.2 Im Dezember besucht der Nikolaus oder der Weihnachtsmann die Kinder. Was wissen Sie über diesen Brauch? Sammeln Sie Informationen im Kurs.

4.3 So fängt alles an:

SUCHEN SIE EINEN WEIHNACHTSMANN?
Wir können Ihnen helfen.
Reservieren Sie frühzeitig einen Termin.
Studentenwerk, Tel. 171 01 99.

4.4 Und das sind die Personen, die in der Geschichte vorkommen:

Das ist Herr Lemm. An Heilig-abend möchte er seinen Kin-dern eine Freude machen, von 18 bis 20 Uhr. Für den späteren Abend hat er noch Geschäfts-freunde eingeladen.

Frau Lemm hat alles für die Party an Heiligabend organi-siert. Sie ist eine gute Hausfrau. Aber am wichtigsten sind ihr die Kinder. Sie sollen ihren Spaß haben.

Thomas und Petra Lemm sind die Hauptpersonen an Heilig-abend. Wenigstens zwischen 18 und 20 Uhr. Für sie existiert der Weihnachtsmann wirklich, irgendwo im Norden. Sie freu-en sich auf die Bescherung.

Die Lemms haben viel Geld. Sie wohnen in einer Villa in Berlin-Dahlem. Das ist ein reicher Stadtteil von Berlin.

Außerdem spielen mit: drei Studenten, die leider keine Villa in Berlin-Dahlem haben und deshalb an Heiligabend arbeiten müssen.

Weihnachtsmann   Knecht Ruprecht   Sankt Nikolaus

4.5 Lesen Sie den ersten Abschnitt der Geschichte.

Da Herr Lemm, der ein reicher Mann war, seinen beiden Kindern zum Weihnachtsfest eine beson-dere Freude machen wollte, rief er Anfang Dezember beim Studentenwerk an und erkundigte sich, ob es stimme, dass die Organisation zum Weihnachtsfest Weihnachtsmänner vermittle. Ja, das sei richtig. Studenten stünden dafür bereit, 25 DM koste ein Besuch, die Kostüme brächten die Studenten mit, die Geschenke müsse der Hausherr natürlich selbst kaufen. „Selbstverständlich", sagte Herr Lemm, gab die Adresse seiner Villa in Berlin-Dahlem an und bestellte einen Weihnachts-mann für den 24. Dezember, um 18 Uhr. Seine Kinder seien noch klein und da sei es nicht gut, sie allzu lange warten zu lassen.

4.6 Der Text in 4.5 enthält einen Dialog. Schreiben Sie den Dialog und lesen Sie ihn vor.

Student: Studentenwerk, guten Tag.
Herr Lemm: Guten Tag, hier spricht Lemm. Sagen Sie, stimmt es, dass …

4.7 Man hat das Gefühl, dass an diesem Abend etwas passiert. Was könnte es sein?

4.8 Der Weihnachtsmann tritt auf. Hören Sie zu. Diese Wörter helfen Ihnen, den Text zu verstehen:

die Kapuze   der Bart   die Rute und der Sack

4.9 Der Weihnachtsmann ist nicht allein – Wie geht es weiter? Äußern Sie Vermutungen anhand der folgenden Stichwörter. Hören Sie dann weiter.

Knecht Ruprecht – der Nikolaus – die Küche – die kalten Platten

4.10 **Die Party**

Nun wird die Geschichte dramatisch. Es kommt zu folgenden Dialogen:

Frau Lemm: Tu was dagegen!
Herr Lemm: Sie werden jetzt alle sofort verschwinden!
Weihnachtsmann: Schmeißen Sie uns doch raus.

Herr Lemm: Wie viel verlangen Sie?
Weihnachtsmann: Wofür?
Herr Lemm: Für Ihr Verschwinden …

Was, meinen Sie, passiert danach? Hören Sie dann weiter.

4.11 **Fröhliche Weihnachten**
Das Stichwort heißt „Polizei". Ende gut – alles gut? Hören Sie den Schluss der Geschichte.

4.12 **Und was machen die Lemms im nächsten Jahr?**

Die Geschichte ist von Robert Gernhardt, einem deutschen Schriftsteller (wir haben sie leicht vereinfacht und gekürzt).

5 Hörspielszenen

5.1 Haben Sie Lust, ein Hörspiel aus der Erzählung zu machen? Sie können so vorgehen:

– Im Anhang „Hörtexte" finden Sie die Geschichte. Wählen Sie eine Szene aus. Arbeiten Sie in Gruppen.
– Schreiben Sie die Dialoge heraus und notieren Sie die „Regieanweisungen" (z.B. Geräusche, Tonfall). Zum Beispiel so:

Geräusche	Text
(Türklingel, Schritte zur Tür, Tür geht auf)	Wm (Weihnachtsmann): Guten Abend. Ich nehme an, Sie sind Herr Lemm? Ich bin der Weihnachtsmann.
	Lemm: (unsicher) Ach so, ja, guten Abend, kommen Sie doch herein. Aber sagen Sie, wollen Sie so auftreten?
(Schritte in die Küche. Geräusch: Tür)	Wm.: Nein, da kommt natürlich noch ein Bart drüber. Kann ich mich irgendwo umziehen?
	Lemm: Ja, in der Küche.

5.2 Verteilen Sie die Rollen und üben Sie die Szene ein. Nehmen Sie sie eventuell auf Kassette auf.

6.1   Diese fünf Bilder erzählen eine Geschichte. Welche? Das bestimmen Sie. Erzählen Sie Ihre Geschichte.

6.2   Lesen Sie nun die Geschichte von Wolf Biermann und markieren Sie die Stellen, die Sie für besonders wichtig halten.

Wolf Biermann

Das Märchen vom kleinen Herrn Moritz, der eine Glatze kriegte

Es war einmal ein kleiner, älterer Herr, der hieß Herr Moritz und hatte sehr große Schuhe und einen schwarzen Mantel dazu und einen langen, schwarzen Regenschirmstock, und damit ging er
5 oft spazieren.
Als nun der lange Winter kam, der längste Winter auf der Welt in Berlin, da wurden die Menschen allmählich böse.
Die Autofahrer schimpften, weil die Straßen so
10 glatt waren, dass die Autos ausrutschten. Die Verkehrspolizisten schimpften, weil sie immer auf der kalten Straße rumstehen mussten. Die Verkäuferinnen schimpften, weil ihre Verkaufsläden so kalt waren. Die Männer von der Müll-
15 abfuhr schimpften, weil der Schnee gar nicht alle wurde. Der Milchmann schimpfte, weil ihm die Milch in den Milchkannen zu Eis gefror. Die Kinder schimpften, weil ihnen die Ohren ganz rot gefroren waren, und die Hunde bellten vor
20 Wut über die Kälte schon gar nicht mehr, sondern zitterten nur noch und klapperten mit den Zähnen vor Kälte und das sah auch sehr böse aus.
An einem solchen kalten Schneetag ging Herr
25 Moritz mit seinem blauen Hut spazieren und er dachte: „Wie böse die Menschen alle sind, es wird höchste Zeit, dass wieder Sommer wird und Blumen wachsen."
Und als er so durch die schimpfenden Leute in
30 der Markthalle ging, wuchsen ganz schnell und ganz viele Krokusse, Tulpen und Maiglöckchen und Rosen und Nelken, auch Löwenzahn und Margeriten. Er merkte es aber erst gar nicht und dabei war schon längst sein Hut vom Kopf
35 hochgegangen, weil die Blumen immer mehr wurden und auch immer länger.

Da blieb vor ihm eine Frau stehen und sagte: „Oh, Ihnen wachsen aber schöne Blumen auf dem Kopf!"

40 „Mir Blumen auf dem Kopf!", sagte Herr Moritz, „so was gibt es gar nicht!"

„Doch! Schauen Sie hier in das Schaufenster, Sie können sich darin spiegeln. Darf ich eine Blume abpflücken?"

45 Und Herr Moritz sah im Schaufensterspiegelbild, dass wirklich Blumen auf seinem Kopf wuchsen, bunte und große, vielerlei Art, und er sagte: „Aber bitte, wenn Sie eine wollen … "

„Ich möchte gern eine kleine Rose", sagte die
50 Frau und pflückte sich eine.

„Und ich eine Nelke für meinen Bruder", sagte ein kleines Mädchen und Herr Moritz bückte sich, damit das Mädchen ihm auf den Kopf langen konnte. Er brauchte sich aber nicht so
55 sehr tief zu bücken, denn er war etwas kleiner als andere Männer. Und viele Leute kamen und brachen sich Blumen vom Kopf des kleinen Herrn Moritz und es tat ihm nicht weh, und die Blumen wuchsen immer gleich nach, und es
60 kribbelte so schön am Kopf, als ob ihn jemand freundlich streichelte, und Herr Moritz war froh, dass er den Leuten mitten im kalten Winter Blumen geben konnte. Immer mehr Menschen kamen zusammen und lachten und wunderten
65 sich und brachen sich Blumen vom Kopf des kleinen Herrn Moritz und keiner, der eine Blume erwischt hatte, sagte an diesem Tag noch ein böses Wort.

Aber da kam auf einmal auch der Polizist Max
70 Kunkel. Max Kunkel war schon seit zehn Jahren in der Markthalle als Markthallenpolizist tätig, aber so was hatte er noch nicht gesehn! Mann mit Blumen auf dem Kopf!

Er drängelte sich durch die vielen lauten Men-
75 schen und als er vor dem kleinen Herrn Moritz stand, schrie er: „Wo gibt's denn so was! Blumen auf dem Kopf, mein Herr! Zeigen Sie doch mal bitte sofort Ihren Personalausweis! "

Und der kleine Herr Moritz suchte und suchte
80 und sagte verzweifelt: „Ich habe ihn doch immer bei mir gehabt, ich hab ihn doch in der Tasche gehabt!"

Und je mehr er suchte, umso mehr verschwanden die Blumen auf seinem Kopf. „Aha", sagte
85 der Polizist Max Kunkel, „Blumen auf dem Kopf haben Sie, aber keinen Ausweis in der Tasche!"

Und Herr Moritz suchte immer ängstlicher seinen Ausweis und war ganz rot vor Verlegenheit und je mehr er suchte – auch im Jacken-
90 futter –, umso mehr schrumpften die Blumen zusammen, und der Hut ging allmählich wieder runter auf den Kopf! In seiner Verzweiflung nahm Herr Moritz seinen Hut ab, und siehe da, unter dem Hut lag in der abgegriffenen
95 Gummihülle der Personalausweis. Aber was noch!? Die Haare waren alle weg! Kein Haar mehr auf dem Kopf hatte der kleine Herr Moritz. Er strich sich verlegen über den kahlen Kopf und setzte dann schnell den Hut drauf.
100 „Na, da ist ja der Ausweis", sagte der Polizist Max Kunkel freundlich, „und Blumen haben Sie ja wohl auch nicht mehr auf dem Kopf, wie?!"

„Nein …", sagte Herr Moritz und steckte schnell seinen Ausweis ein und lief, so schnell man auf
105 den glatten Straßen laufen konnte, nach Hause. Dort stand er lange vor dem Spiegel und sagte zu sich: „Jetzt hast du eine Glatze, Herr Moritz!"

6.3   Klären Sie zunächst gemeinsam Verständnisfragen.

6.4   Sprechen Sie darüber, wie Sie die Geschichte verstehen.

Wolf Biermann wurde 1936 in Hamburg geboren. Sein Vater hatte der Kommunistischen Partei Deutschlands angehört und wurde von den Nazis im KZ ermordet. Ab 1953 lebte Biermann in der DDR, die er damals für den „besseren" deutschen Staat hielt. Schon bald kam er jedoch mit der stalinistischen Führung in Konflikt, die ihm in den folgenden Jahren verbot, aufzutreten und seine Texte zu veröffentlichen. Seine Lieder und Gedichte wurden daher im Westen veröffentlicht und zirkulierten in der DDR unter der Hand.
1976 durfte Biermann überraschend nach Westdeutschland reisen. Aber nach der Tournee verweigerte man ihm die Rückkehr in die DDR. Seine „Ausbürgerung" führte dazu, dass viele Schriftsteller und Intellektuelle endgültig ihre Sympathien für die DDR verloren. Viele gingen in die Bundesrepublik.

EINHEIT 11: POLITIK

1 Zwanzig Menschenrechte

1.1 Die Fotos sprechen von Menschenrechten.
Welchen? Diskutieren Sie im Kurs.

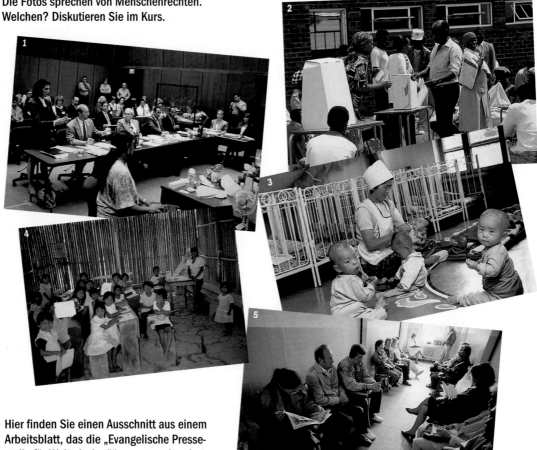

1.2 Hier finden Sie einen Ausschnitt aus einem
Arbeitsblatt, das die „Evangelische Pressestelle für Weltmission" herausgegeben hat.
Schauen Sie sich die Piktogramme an und
lesen Sie die Untertitel. Verstehen Sie alles?

Recht auf Arbeit

Recht auf Bildung

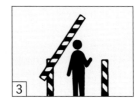

Recht auf Asyl

Recht auf Nahrung

Recht auf Frieden

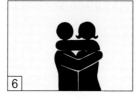

Recht auf Liebe

Recht auf Freiheit

Recht auf Leben

Recht auf
Religionsfreiheit

Recht auf Gleichheit
vor Gericht

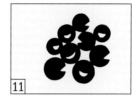

Recht auf Meinungs-
freiheit

Recht auf
Freizügigkeit

Recht auf gleichen
Lohn für gleiche Arbeit

Recht auf Gesundheit
und Versorgung

Recht auf Demonstra-
tionsfreiheit

Recht auf
gesunde Umwelt

Recht auf allgemeine,
gleiche und geheime
Wahlen

Recht auf freie Betä-
tigung der Gewerk-
schaften

Recht auf Gleich-
berechtigung der
Geschlechter

Recht auf gerechte
Bezahlung von
Rohstoffen

1.3 Einigen Sie sich auf die fünf Menschenrechte, die Ihre Gruppe am
wichtigsten findet. Formulieren
Sie dazu jeweils einen Satz. Schreiben Sie die Sätze auf eine Folie
oder ein Plakat und vergleichen Sie
die Ergebnisse im Kurs.

> Alle Menschen sollten vor Gericht gleich behandelt
> werden.
> Jeder Mensch muss seine Meinung frei äußern können.
> Alle Menschen haben ein Recht auf gesunde Ernährung.
> Männer und Frauen sollen gleichberechtigt sein.

1.4 Man müsste die Welt verändern ...
Was müsste geschehen, damit Menschenrechte
besser beachtet werden? Wer könnte etwas zur
Verbesserung der Situation beitragen?

Die Regierungen sollten ...
Wenn wir alle ... würden, dann ...
In der Schule muss man ...
Die Zeitungen dürften ...

2.1 Schauen Sie sich die Karte an. Können Sie die Ländernamen zuordnen? Tragen Sie die Nummern ein.

Die BRD ist in 16 Länder gegliedert, die alle eine eigene Verfassung haben.

1. Baden-Württemberg
2. Bayern
3. Berlin
4. Brandenburg
5. Bremen
6. Hamburg
7. Hessen
8. Mecklenburg-Vorpommern
9. Niedersachsen
10. Nordrhein-Westfalen
11. Rheinland-Pfalz
12. Saarland
13. Sachsen
14. Sachsen-Anhalt
15. Schleswig-Holstein
16. Thüringen

Rätselfrage: Es gibt ein Gebiet der Erde, das viele als das 17. Bundesland bezeichnen. Welches?

2.2 Fünf Länder bezeichnet man als die „neuen Bundesländer"? Welche? Weshalb?

2.3 Sehen Sie sich die Grafik an. Was erfahren Sie über das politische System in Deutschland? Schreiben Sie drei Sätze auf.

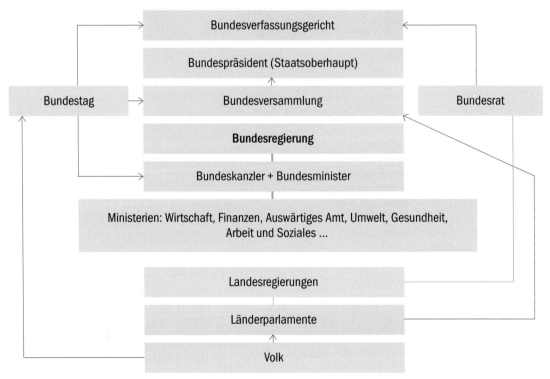

⟶ = Wahlen

2.4 Hier sind sechs wichtige Institutionen in Deutschland genauer beschrieben. Ergänzen Sie die passenden Begriffe aus der Grafik.

1. Die _____ besteht aus dem Bundeskanzler und den Bundesministern. Der Kanzler wählt seine Minister aus und schlägt sie dem Bundespräsidenten vor.

2. Der _____ repräsentiert den Staat. Er hat nur wenig politische Macht. Er schlägt dem Bundestag einen Kandidaten für das Amt des Bundeskanzlers vor und ernennt und entlässt auf Vorschlag des Kanzlers die Minister. Er wird nicht direkt gewählt.

3. Der _____ wird vom Bundestag gewählt und dann vom Präsidenten ernannt. Er hat die meiste Macht, denn er bestimmt die Richtlinien der Politik.

4. Der _____ ist die Vertretung des Volkes der BRD. Er wird immer für vier Jahre gewählt. Er verabschiedet Gesetze, wählt den Kanzler und kontrolliert die Regierung.

5. Der _____ ist die Vertretung der Bundesländer. Alle Gesetze, die auch die Bundesländer betreffen, brauchen seine Zustimmung. Er wird nicht direkt gewählt, sondern besteht aus Mitgliedern der Regierungen der Bundesländer. Je nach Größe haben die Länder drei, vier oder sechs Stimmen.

6. Das _____ kontrolliert die Beachtung der Verfassung durch die Staatsorgane (Regierungen, Verwaltungen usw.). Es entscheidet bei Streitigkeiten zwischen Bund und Ländern, aber auch einzelne Bürger können sich an diese Institution wenden.

2.5 Ein deutscher Gast will das politische System in Ihrem Land kennen lernen. Was ist ähnlich, was ist anders als in Deutschland? Bereiten Sie kurze Referate vor. Überlegen Sie auch, wie Sie mit Grafiken an der Tafel (auf Folie) Ihren Vortrag interessanter machen können.

2.6 Wir haben fünf Leute gefragt, ob sie sich für Politik interessieren. Lesen Sie die Fragen, hören Sie zu und machen Sie Notizen.

Interessieren Sie sich für Politik?
Haben Sie sich schon mal aktiv für eine politische Frage engagiert?
Gehen Sie wählen?
Was müsste sich ändern, damit sich mehr Menschen für Politik interessieren?

2.7 Machen Sie Partnerinterviews im Kurs und berichten Sie danach.

3 Genitivattribute verstehen

3.1 Schauen Sie sich das Foto an. Was meinen Sie, worum geht es in den Büchern? Äußern Sie Vermutungen.

> Das ist wahrscheinlich
> ein Buch über Geschichte.

3.2 Lesen Sie die Sätze. Was meinen Sie dazu?

1. Berlin ist die <u>Hauptstadt</u>.
2. Die Bundesversammlung ist zuständig für die <u>Wahl</u>.
3. Im Bundesrat sitzen <u>Vertreter/innen</u>.
4. Die <u>Zusammensetzung</u> wird von den Wählern/Wählerinnen bestimmt.
5. Das Parlament ist für die <u>Kontrolle</u> verantwortlich.

3.3 Sie haben es sicher bemerkt: Die Sätze oben sind inhaltlich unvollständig, weil wichtige Informationen zu den unterstrichenen Nomen fehlen. Ordnen Sie 1–5 aus 3.2 den Informationen a–e zu.

a		des Bundespräsidenten
b		der Bundesländer
c		des Bundestags
d		der Regierung
e		der Bundesrepublik

3.4 In 3.2/3.3 wird der Genitiv verwendet. Sie kennen ihn schon von früher. Erinnern Sie sich?

Ein Viertel **der Österreicher** treibt Sport.

Die Demonstrationen **der DDR-Bürger** gegen den Staat führten zur Öffnung **der Mauer** in Berlin.

Mit dem Genitiv kann man Nomen miteinander verbinden:

ein Viertel + die Österreicher = ein Viertel **der Österreicher**

die Demonstrationen + die DDR-Bürger = die Demonstrationen **der DDR-Bürger**

die Öffnung + die Mauer = die Öffnung **der Mauer**

Die markierten Wörter sind Genitivattribute.

3.5 In Zeitungsartikeln und politischen Sachtexten wird der Genitiv oft verwendet. Schauen Sie sich die Schlagzeilen an und markieren Sie die Genitivattribute. Worum wird es in den Zeitungsartikeln gehen?

WIRTSCHAFT FORDERT REFORM DES SOZIALSTAATS STATT ÖKOSTEUER

VW beginnt die Produktion des Drei-Liter-Autos

REDE DES BUNDESKANZLERS NUR THERAPIE DER PARTEIMITGLIEDER

Erhöhung des Kindergelds noch in diesem Jahr

3.6 Nehmen Sie eine deutschsprachige Zeitung und suchen Sie drei Beispiele für Genitivattribute heraus.

INFO Die Regionalzeitung „Mannheimer Morgen" und Links zu Zeitungen aus aller Welt finden Sie im Internet unter http//www.mamo.de. Und unter http//www.paperball.de können Sie in deutschsprachigen Zeitungen thematisch suchen.

4 Genitivendungen (Nomen, Begleiter)

4.1 Genitivattribute – Unterstreichen Sie die Genitivendungen der Nomen und die Artikel im Genitiv.

C 34
C 36
C 41

das Bundesland	Die Hauptstadt des Bundeslands Sachsen heißt Dresden.
der Bundesrat	Die Mitglieder des Bundesrates werden von den Bundesländern bestimmt.
der Mensch	Die UNO hat 1948 die Grundrechte des Menschen definiert.
das Gesetz	Der Bundestag nahm sich viel Zeit für die Diskussion des Gesetzes.
das Parlament	Die Regierung muss sich an die Beschlüsse des Parlaments halten.
die Gemeinde	Es gehört zu den Aufgaben der Gemeinde, die Müllabfuhr zu organisieren.
die Frauen	Die Gleichberechtigung der Frauen ist für manche Männer ein Problem.

4.2 Können Sie die folgende Tabelle ergänzen? Nehmen Sie die Sätze in 4.1 zu Hilfe.

C 41

Genitiv .... *bestimmter Artikel* .... *Nomen* ....

		bestimmter Artikel	*Nomen*
Singular	*Maskulinum*	_____	*Nominativ* + -(e)s *oder* _____
	Neutrum	_____	*Nominativ* + _____
	Femininum	_____	*Nominativ* + ✕
Plural		_____	*Nominativ* + _____

C 41
C 42
C 44

4.3 Setzen Sie die passenden Genitivendungen ein.

> **LERNTIPP** ein, dieser, mein usw. werden im Genitiv als Begleiter wie der bestimmte Artikel dekliniert.

1. das Auto   Die Konstruktion ein_es_ Drei-Liter-Autos ist kompliziert.

2. das Volk   Die Mehrheit d_____ Volkes hat Angst vor Veränderungen.

3. das Land   Die Hauptstadt dies_____ Land_____ ist Berlin.

4. die Ministerin   Die Politik d_____ Gesundheitsministerin wird überall gelobt.

5. der Film   Die Produktion dies_____ Film_____ kostete 15 Millionen Euro.

6. der Arzt   Du solltest auf den Rat dein_____ Arzt_____ hören.

7. die Kinder   Die Erziehung ih_____ Kind_____ macht vielen Eltern Probleme.

C 67
C 68
C 69

4.4 Adjektivendungen im Genitiv – Schauen Sie die Endungen nach.

5   Politische Parteien und Wahlen

5.1 Lesen Sie die Kurzbeschreibung der Parteien, die 1998 in den Bundestag gewählt wurden. Ordnen Sie die Kurzbeschreibungen den Parteinamen zu.

SPD   1. SPD (Sozialdemokratische Partei Deutschlands)

F.D.P. Die Liberalen   2. FDP (Freie Demokratische Partei)

PDS   3. PDS (Partei des Demokratischen Sozialismus)

BÜNDNIS 90 DIE GRÜNEN   4. Bündnis 90 / Die Grünen

CDU   **CSU**   5. CDU/CSU (Christlich-Demokratische Union / Christlich-Soziale Union)

a ☐ Diese Partei ist in den alten Bundesländern aus Bürgerinitiativen gegen die Atomenergie und für Umweltschutz entstanden. In den neuen Bundesländern ging sie aus den Bewegungen gegen die SED-Diktatur hervor, die 1989 zum Ende der DDR führten. Die zentrale Forderung der Partei ist die ökologische Reform von Wirtschaft und Gesellschaft.

b ☐ Früher war sie eine Arbeiterpartei und sie hat auch heute noch enge Beziehungen zu den Gewerkschaften. Sie ist die älteste Partei Deutschlands und die einzige mit einer Tradition von 1869 bis heute. Berühmte Politiker dieser Partei waren die Bundeskanzler Brandt und Schmidt.

c ☐ Diese Partei steht in der Tradition des „Liberalismus". Seit 1949 war sie fast immer an der Regierung beteiligt. Meistens mit der CDU/CSU. Sie will weniger staatliche Kontrolle in Wirtschaft und Gesellschaft.

d ☐ Diese Parteien sehen sich als konservative, christliche Parteien. Sie führten von 1949 bis 1969 und von 1982 bis 1998 die Regierung. Berühmte Politiker, die diesen Parteien angehörten, waren die Bundeskanzler Adenauer und Kohl und der Ministerpräsident von Bayern, Franz Josef Strauß.

e ☐ Diese Partei ist die Nachfolgerin der alten Staatspartei der DDR, der SED (Sozialistische Einheitspartei Deutschlands). Viele Mitglieder waren früher Mitglieder der SED. Die Partei hat vor allem in den neuen Bundesländern Einfluss.

5.2 Fragen Sie sich gegenseitig: Welche Parteien gibt es in Ihrem Land? Was wollen diese Parteien? Gibt es politische Unterschiede? Gibt es Parteien, deren Ziele einer der genannten Parteien ähnlich sind?

6 Eine Politikerrede im Wahlkampf

6.1 Sie hören einen Ausschnitt aus einer Rede des Politikers Rezzo Schlauch von Bündnis 90 / Die Grünen. Überlegen Sie zuerst: Was könnten die Themen sein, über die er spricht? Sammeln Sie an der Tafel.

Nach dem Wahlsieg der SPD wurde Gerhard Schröder im Oktober 1998 zum Bundeskanzler gewählt. Die SPD bildete die Regierung zusammen mit Bündnis 90 / Die Grünen.

6.2 Hören Sie nun den Redeausschnitt. Was ist das Thema der Rede?

6.3 Hören Sie den Ausschnitt noch einmal. Wen/was kritisiert Rezzo Schlauch?

6.4 Versuchen Sie, mit den Begriffen im Kasten drei Aussagen zu schreiben, die zur Rede passen. Unten sind einige Satzanfänge, die häufiger von Politikern verwendet werden.

> Modernisierung   soziale Verantwortung   Ökologie   Luxuspolitikfeld   Zukunft
> Automobilindustrie   Umwelttechnologie   Kommunikationstechnologie
> Arbeitsplätze   Wachstum   Mineralölsteuer   starke Grüne   SPD

Unser Land braucht …
Unsere Partei will …
Wir werden …
Wir fordern mit aller Entschiedenheit, dass …
Im Gegensatz zu unseren politischen Gegnern glauben wir, dass …
Meine Partei, und das dürfen Sie mir ruhig glauben, ist hundertprozentig dafür, dass …

6.5 Der Ton macht die Musik – Hören Sie nun den Ausschnitt noch einmal und achten Sie nur auf die Art und Weise, wie Rezzo Schlauch spricht. Folgende Begriffe helfen Ihnen:

> Wiederholungen   spricht frei – liest ab
> Stimme (laut – leise, hoch – tief)
> engagiert – langweilig   Pausen   Slogan

6.6 Eine Kurzrede schreiben – Wählen Sie ein Problem in Ihrem Land (oder in Ihrem Kurs) aus und schreiben Sie dazu eine Rede in fünf Sätzen.

6.7 Wenn es in der Politik nicht klappt, muss das Volk demonstrieren. Entwerfen Sie Demonstrationsplakate für Themen, die für Sie wichtig sind.

7.1 Hören Sie den Liedausschnitt. Georg Kreisler verändert die Intonation der Wörter. Können Sie feststellen, was er ändert?

Georg Kreisler (* 1922) ist ein Kabarettist und Komponist aus Österreich. Seine bissigen, satirischen Chansons haben ihn oft in Schwierigkeiten gebracht. Er konnte zeitweise nicht im Fernsehen auftreten und immer wieder durften Lieder von ihm im Radio nicht gesendet werden.

7.2 Lesen Sie den Text und beantworten Sie Kreislers Fragen zu Politikern.

Was für Ticker?

Ja, die Welt ist eine Ansammlung von komischen Tier'n,

die sich an das Leben klammern und nur selten amüsier'n.

Um gleich alle zu beschreiben, fehlt die Zeit hier momentan,

und so führe ich nur einige als Beispiel an.

Ja, ein Dramatiker ist ein Stückeschreiber,

und ein Fanatiker ist ein Übertreiber.

Und ein Botaniker ist ein Blumengießer,

und ein Romantiker ist ein Frauengenießer.

Ein Philharmoniker ist ein Staatsmusiker,

der Pension kriegt, wenn er nicht mehr gut gefällt,

aber was für Ticker ist ein Politiker?

Woher kommt er und was will er von der Welt?

Aber was für Ticker ist ein Politiker?

Woher kommt er und was will er von der Welt?

…

7.3 Markieren Sie im Text die Wortakzente der -i(c)ker-Wörter richtig und lesen Sie den Text laut vor.

8.1   Lesen Sie auf Seite 78, worum es in diesem Prüfungsteil geht.

8.2   In dieser Einheit finden Sie noch einmal eine Aufgabe zu Teil 1 dieses Prüfungsabschnitts.

Aufgabe: Lesen Sie den folgenden Text und schreiben Sie die richtigen Ziffern (1–10) zu den Buchstaben (a–p).

> **Helfen Sie uns!**
>
> Wir suchen   **Kreative/n Bürofachfrau/mann**
> im Büro und PC-Bereich.
>
> Sie können   bei uns Karriere machen.
> Schreiben Sie   sofort an uns.
>
> Kohl KG   Verwaltungsgesellschaft
> Nietzschestraße 10
> 68123 Mannheim

Stellenangebot im Mannheimer Morgen vom 28. Oktober

Sehr geehrte Damen und Herren,

in ☐1 Anzeige suchen Sie eine Angestellte im Bürobereich ☐2 Erfahrungen am PC. Ich ☐3 mich um diese Stelle bewerben. Ich bin Französin und lebe ☐4 einigen Jahren in Deutschland. In dieser Zeit habe ich ☐5 meine Deutschkenntnisse erweitert als auch eine Ausbildung als Bürofachfrau gemacht. In den letzten drei Jahren hatte ich keine feste Stelle, ☐6 ich meinen kleinen Sohn betreut habe. Da dieser jetzt in den Kindergarten kommt, möchte ich wieder beruflich tätig ☐7 . Bei meinen früheren Tätigkeiten ☐8 ich sehr unterschiedliche Büroarbeiten gemacht und ☐9 ist für mich auch der Umgang mit dem PC kein Problem. Mit den neusten Versionen von MS-Word und Excel bin ich vertraut, weil ich auch in den letzten Jahren immer wieder Aufträge als freie Mitarbeiterin von verschiedenen Firmen hatte. Ich denke, ☐10 ich meine bisherigen Berufserfahrungen in Ihrem Betrieb gut einbringen könnte, und würde mich über eine Einladung zu einem Gespräch sehr freuen.

Mit freundlichen Grüßen

Christine Daumiel

Chistine Daumiel

Anlagen: Lebenslauf mit Bild, Zeugniskopien

a ☐	bevor
b ☐	bin
c ☐	dass
d ☐	denn
e ☐	deshalb
f ☐	habe
g ☐	Ihrer
h ☐	Ihre
i ☐	mit
j ☐	möchte
k ☐	seit
l ☐	sondern
m ☐	sowohl
n ☐	wegen
o ☐	weil
p ☐	werden

8.3   Diskutieren Sie nun wieder Ihre Ergebnisse.

EINHEIT **12**: FARBEN UND FORMEN

.... *über Bilder und Skulpturen sprechen*
.... *einen berühmten Künstler und einige seiner Werke kennen lernen*
.... *Gegenstände beschreiben (Material, Bestandteile, Form, Farbe)*
.... *Nomen und Adjektive zur Charakterisierung eines Menschen sammeln*
.... *Wiederholung: Wortbildung bei Adjektiven, Adjektivdeklination*
.... *Prüfungsvorbereitung: Sprachbausteine*

1 Ein Kunstwerk

1.1 Schauen Sie sich die Fotos an. Was ist das? Was fällt Ihnen dazu ein?

1.2 Geben Sie dem Kunstwerk einen Titel.

1.3 Fragen an die Skulptur – Diskutieren Sie.

1. Wohin geht die Person?
2. Woher kommt sie?
3. Was will sie oben?
4. Aus welcher Zeit stammt sie?
5. Geht sie barfuß? Warum (nicht)?
6. Wie geht sie? Locker, konzentriert, zielstrebig ...
   Sammeln Sie passende Adjektive und demonstrieren Sie im Klassenraum, was Sie damit meinen.
7. Was geschieht, wenn die Person oben ist?
8. Möchten Sie die Person sein? Warum (nicht)?

✳ 1.4 **Ein Kunstwerk beschreiben – ein Kunstwerk interpretieren. Sagen Sie, wie die Skulptur auf Sie wirkt.**

Auf mich wirkt das (wie) …
Das sieht ähnlich aus wie …
Ich nehme an, das sind/ist …
Das erinnert mich an …
Ich sehe in dem Kunstwerk (ein Beispiel für) …
Für mich ist das ein (Symbol für) …
Ich meine, das ist …

⚏ 1.5 **Wir haben einige Personen zu dem Kunstwerk befragt. Hören Sie die Interviews und ergänzen Sie die Kommentare 1 bis 9. Die folgenden Begriffe helfen Ihnen.**

dann stürzt er ab   ins Unendliche
wie er in der Erde befestigt ist   Aufstieg
Fortschritt   ob er jemals ankommt
Zukunft   hoch hinaus   originell
hoch klettern

1. Der Weg führt nach oben in die

   _____ .

2. Mich fasziniert die Idee, dass es immer

   weitergeht, _____ .

3. Das Kunstwerk zeigt, dass der Mensch

   immer _____ will.

4. Das zeigt den steilen _____

   der Menschheit.

5. Das finde ich noch ganz _____ .

   Aber was hier sonst alles ausgestellt ist, das ist

   doch keine Kunst!

6. Das ist ein Symbol für den _____ ,

   aber wenn der Mensch weitergeht, _____

   _____ .

7. In meinen Augen ist das Blödsinn. Mich

   interessiert nur, _____

8. Es ist die Frage, _____

   _____ .

   _____ .

9. Mein Kleiner möchte am liebsten selber

   _____ .

1.6 **Welche Meinung aus 1.5 ist Ihrer am nächsten? Weshalb?**

2 Kunst aus Schrott

⚏ 2.1 **Was ist das? Drehen Sie das Buch. Wo ist oben? Wo ist unten?**

Ein Kunstexperte beschreibt die Plastik, die aus einem Fahrradlenker und einem Sattel besteht, so: „Zwei Elemente wurden auf paradoxe Weise vereinigt. Ihr ursprünglicher Wortsinn verschwindet hinter einer neuen Bedeutung." Er nennt den Herstellungsprozess „ein montierendes Verfahren unter Verwendung von Fundstücken".

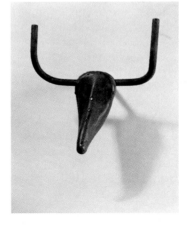

2.2 Wenn Sie Lust haben, suchen Sie einige Gegenstände, denen Sie eine „neue Bedeutung" geben können. Beschreiben Sie sich gegenseitig die neue Funktion bzw. Bedeutung, die Sie Ihren „Werken" gegeben haben.

Das ist ein Raumschiff aus Liliput. Es bringt die Liliputaner zum Planeten Orion 5. Das Raumschiff kann 300 Personen transportieren.

3 Jean Tinguely (1925–1991) – ein internationaler Künstler aus Basel

3.1 Betrachten Sie die Bilder und lesen Sie den Text. Wo können Sie die abgebildeten Kunstwerke finden?

Seine Karriere als Künstler begann irgendwann in den 50er Jahren in Paris. Er verwendete gefundene Objekte, alte Metallteile, Dinge, die andere Menschen weggeworfen hatten, und baute sie zu Skulpturen und Maschinen zusammen. „Alles bewegt sich", sein Lieblingsspruch, war auch Konstruktionsprinzip seiner mechanischen Installationen.

Manche seiner Maschinen waren so konzipiert, dass sie sich selbst zerstörten: Einen Kühlschrank, gefüllt mit Bettfedern, ließ der geniale Provokateur 1962 in Nevada ebenso explodieren wie 1970 einen 11 Meter großen Goldphallus aus Plastik vor dem Mailänder Dom. Skandale und politische Provokationen gehörten von Anfang an zu seinem künstlerischen Repertoire.

Seine „Heureka"-Maschine auf der „Expo 64" in Lausanne machte ihn in der ganzen Schweiz bekannt. Auch sie besteht aus Schrott und steht heute in Zürich.

In den 70er Jahren begann er komplizierte Musikmaschinen zu konstruieren, die „Meta-Harmonien", deren „Melodien" sich nie wiederholen – „in einer Million Jahren vielleicht", sagte Tinguely.

Jean Tinguely, „Heureka", 1964

Aus dieser Zeit stammt auch der „Fasnachtsbrunnen", der in Basel seit 1977 auf dem Theaterplatz steht und inzwischen ein Wahrzeichen der Stadt geworden ist.

Sein letztes Werk, eine Lichtskulptur, die aus Reifen, Glühbirnen, Scheinwerfern, Schläuchen und undefinierbaren Altmetallteilen zusammengesetzt ist, hat ebenfalls in Tinguelys Heimatstadt ihren Platz gefunden. Sie ist im Basler Hauptbahnhof zu besichtigen.

Tinguely war ebenso vielseitig wie arbeitswütig. So schuf er – neben seinen berühmten Maschinen und Skulpturen – auch Plakate, Halstücher, Krawatten und architektonische Entwürfe. Er kannte seine Medienwirkung und nutzte sie geschickt.

Sein Freund Mario Botta sagte über ihn: „Tinguely ist aus der Monotonie des Alltags ausgebrochen und hat gewaltig aufgerüttelt."

Tinguely-Brunnen

Einweihung der Skulptur
„Der große Luminator"

3.2 Aussagen über Tinguely – Was finden Sie im Text zu folgenden Stichwörtern?

Provokation – Vielseitigkeit – Öffentlichkeit

3.3 Gibt es in Ihrer Stadt Kunstwerke? Wo stehen sie? Gefallen sie Ihnen? Hat es schon Diskussionen um moderne Kunstwerke gegeben? Berichten Sie im Kurs.

4 Vier Bilder

4.1 Sehen Sie sich die vier Bilder an und lesen Sie die Liste mit den Adjektiven auf Seite 149.

a) Wählen Sie für jedes Bild fünf Adjektive aus, die Ihrer Meinung nach dazu passen. Ergänzen Sie weitere, wenn Sie möchten.

1. Lucas Cranach d.Ä.: Das Paradies, nach 1537

Bei Lucas Cranach, einem Freund von Martin Luther, (1472–1553) stehen noch religiöse Themen im Vordergrund.

2. Franz Marc: Kühe, gelb-rot-grün, 1912

Franz Marc (1880–1916) ist mit seinen Gemälden von Tieren berühmt geworden. In seinen Bildern versuchte er, Gefühle von Tieren darzustellen, die er zu kennen glaubte.

3. Gabriele Münter: Wind und Wolken, 1910

Gabriele Münter (1877–1962) gehörte zu einer Künstlerbewegung am Anfang des 20. Jahrhunderts, die sich „Blauer Reiter" nannte. Ihre meist gegenständlichen Bilder sind von einer expressiven Farbigkeit. Viele Motive fand sie in der Gegend des bayrischen Ortes Murnau, wo sie lange gelebt hat.

4. A. R. Penck: „Standart", 1971

A. R. Penck (* 1939) hat viele seiner Bilder mit dem Wort „Standart" bezeichnet. Das Wort setzt sich zusammen aus Stand Art oder Standard-Art. Penck verbindet so den Begriff der Standardisierung, also der Normung, mit dem englischen Wort für Kunst.

attraktiv	freundlich	klar	mysteriös	romantisch	typisch
bunt	harmonisch	klassisch	naiv	ruhig	überraschend
distanziert	hart	kompliziert	negativ	sachlich	ungewöhnlich
dunkel	hässlich	kreativ	optimistisch	schrecklich	unwirklich
ernst	heiter	leicht	passiv	sonderbar	verrückt
experimentell	hell	locker	persönlich	sympathisch	warm
feminin	hübsch	menschlich	pessimistisch	traditionell	wunderschön
fremd	intensiv	modern	produktiv	traurig	…

b) Schreiben Sie mit Ihren Adjektiven Aussagen zu den Bildern und hängen Sie sie im Kursraum auf.

4.2 Sprechen Sie im Kurs über die Aussagen.

- Du hast geschrieben: Das ist ein naives Kinderbild. Warum?
+ Das Strichmännchen vor den roten Punkten erinnert mich an Kinderbilder.
- Aber auf mich wirkt das Bild dunkel. Ja, es ist traurig.
△ Der Mensch auf dem Bild ist geteilt.
○ So etwas würde ich mir nie ins Zimmer hängen.

4.3 Kunstberatung – Ein Freund / Eine Freundin möchte viel Kunst in der Wohnung haben. Beraten Sie ihn/sie. Was würden Sie wohin hängen oder stellen (Wohnzimmer, Küche, Bad, Schlafzimmer ...)? Beschreiben Sie die Kunstwerke.

Ins Wohnzimmer würde ich ein großes Bild hängen. Es zeigt …

4.4 Die Frage „Was ist Kunst?" wird gestellt, seit es Kunst gibt. Aus dem Buch „Was ist Kunst? 1080 Zitate geben 1080 Antworten" haben wir vier ausgewählt. Welche gefällt Ihnen am besten? Warum?

Kunst … ist nicht Luxus, sondern Notwendigkeit.
L. Feininger

Kunst ist die Brücke zwischen Mensch und Natur.
F. Hundertwasser

I kunst ist, was bin ich!	
II meine lebensäußerungen = meine kunstäußerungen	
kunst sind meine ansichten	malerei
kunst sind meine körperformen	plastik
kunst sind meine bewegungen	tanz
kunst sind meine geräusche	musik
kunst sind meine worte	poesie
kunst ist mein leben	alles theater
	das reinste theater
T. Ulrichs	nichts als theater

Ach Gott! Die Kunst ist lang! Und kurz ist unser Leben!
J. W. v. Goethe

4.5 Wählen Sie eine Kunstpostkarte aus, die Ihnen gefällt. Schreiben Sie einen kurzen Text dazu.

- Warum haben Sie diese Karte ausgewählt?
- Was gefällt Ihnen daran besonders?

Stellen Sie die Karten und Kurztexte zusammen und hängen Sie sie im Kursraum auf.

Einen Gegenstand beschreiben ist keine Kunst

5.1 Materialien – Was besteht woraus? Schreiben Sie die Bezeichnungen zu den Gegenständen. Manchmal gibt es mehrere Möglichkeiten, einige bleiben übrig.

... ist aus ... / ... besteht aus ...

Leder   Holz   Stoff   Wolle   Eisen   Stahl   Metall   Draht   _____

Plastik   Gummi   Glas   Gold   Silber   Gips   Karton   _____

Papier   Porzellan   Ton   Stein   Kunststoff   Seide   _____

Baumwolle ...

_____   _____   _____   _____

_____   _____   _____   _____

_____   _____   _____   _____

_____   _____   _____   _____

_____   _____   _____   _____

_____   _____   _____   _____

_____   _____   _____   _____

_____   _____   _____   _____

_____   _____   _____   _____

5.2 Schreiben Sie Materialbezeichnungen auf Kärtchen und befestigen Sie sie an passenden Dingen im Klassenzimmer.

5.3 Formen – Machen Sie zu jeder der folgenden Bezeichnungen eine Skizze.
Ergänzen Sie die Liste mit eigenen Ideen.

C 6
C 8

rechteckig   oval   kegelförmig
rund   sternförmig
gerade   …förmig
spiralförmig   quadratisch
dreieckig   krumm

LERNTIPP Wortbildung bei Adjektiven:
Schauen Sie im Lernerhandbuch nach.

5.4 Ein Spiel –
Farben und Formen

1. Schreiben Sie Kärtchen mit Farb- und Formadjektiven: blau, gelb, dunkelgrün, hellrot, lang, dick, groß …
2. Machen Sie zwei Stapel.
   Stapel 1: Farbadjektive
   Stapel 2: Formadjektive
3. Spieler A zieht eine Farbkarte (z.B. hellgelb) und fragt B: Was ist hellgelb?
   B antwortet (z.B. „Ein Kleid.") und zieht eine Formkarte.
   B fragt dann C: Was ist hellgelb und lang?
   C kann z.B. antworten: Ein langes Kleid.
4. Für jede passende Antwort gibt es einen Punkt.
5. Mit Spieler D beginnt die nächste Runde.

5.5 Andere Materialeigenschaften – Nennen Sie jeweils einen Gegenstand dazu.

weich – hart   kalt – warm   flüssig – fest   durchsichtig – undurchsichtig
zerbrechlich – unzerbrechlich   rau – glatt   trocken – feucht

5.6 Gegenstände beschreiben – Wählen Sie einen beliebigen Gegenstand. Beschreiben Sie ihn. Die anderen raten,
was Sie meinen.

Es besteht aus Milch und Kakao, hat eine
rechteckige Form und ist braun.

Diesen Gegenstand gibt es aus …
aber auch aus …

Es ist ein Küchenwerkzeug aus Holz.
Es ist länglich und vorne breit und rund.
Es ist oft hellbraun.

Mein Gegenstand ist aus …

Dieses Produkt besteht aus vielen
Materialien. Aus …

5.7 Assoziationen
Wählen Sie beliebige Bezeichnungen für Materialien, Farben oder Formen und sammeln Sie Assoziationen dazu. Bei welchen Begriffen fällt allen dasselbe ein? Bei welchen Wörtern gibt es unterschiedliche Ergebnisse? Woran könnte das liegen? Diskutieren Sie im Kurs darüber.

6 Prüfungsvorbereitung: Sprachbausteine

6.1 Diesen Prüfungsteil haben Sie schon einmal in Einheit 7 geübt. Lesen Sie den Text und kreuzen Sie unten für jede Lücke das richtige Wort (a, b oder c) an.

Zum Geburtstag werden Zahnpastatuben Liebende

VON SIMONE HETT

Bad Homburg. Mick Jagger und Kollegen haben es längst bewiesen: Obwohl in Ehren ergraut, gelingt es [1] auch noch nach über 30 Jahren [2] Geschäft, die Massen zu begeistern. Gut zwei Jahrzehnte länger gehen die Kunstschaffenden des Künstlerbunds Taunus nun schon ihrer Passion nach. „Wir sind [3] der Rock 'n' Roll, aber genauso jung. Das ist doch was", sagte der Vorsitzende Hans Helmut Rupp [4] nicht ohne Stolz. 50 Jahre Künstlerbund – das [5] am Freitagabend ausgiebig in der Galerie Artlantis [6].

Kulturamtsleiter Wolfgang Zöll traf mit [7] Power-House-Jazzband den richtigen Ton und Oberbürgermeister Reinhard Wolters überreichte dem unter finanziellen Nöten Leidenden zum Geburtstag einen Scheck. „Mit ihren Aktivitäten strahlen sie weit in die Region hinein und sogar darüber hinaus", lobte der OB und [8] damit die Zusammenarbeit mit den Schulen, [9] künstlerischen Austausch mit den Partnerstädten, das Öffnen der Galerie für Gastkünstler und andere Aktivitäten, [10] unter den weit gefassten Begriff „Kunst" fallen.

Aus: Taunus Zeitung / Frankfurter Neue Presse, 2.11.98

	a	b	c
1	ihren	ihnen	ihm
2	im	um	mit
3	genauso alt	älter als	am ältesten
4	trotzdem	dagegen	deshalb
5	ist	wurde	werden
6	gefeiert	feiern	feierte
7	ihrer	seiner	seinem
8	meinten	meinte	gemeint
9	den	dem	des
10	der	das	die

EINHEIT **13**: ZUKUNFTSTHEMA „ARBEIT"

.... *über die Zukunft sprechen*
.... *Wortschatz zum Thema „Arbeit" erweitern*
.... *Vermutungen äußern*
.... *Alternativen nennen*: statt zu / stattdessen
.... *Systematische Wortschatzarbeit*
.... *Prüfungsvorbereitung: Hörverstehen (Detail)*

1 Berufe heute und in 20 Jahren

1.1 Wer macht was? Sammeln Sie weitere Berufe zu den folgenden Berufsfeldern.

Landwirt/in

_____

_____

_____

Metzger/in

_____

_____

_____

Elektriker/in

_____

_____

_____

Umweltberater/in

_____

_____

_____

kaufmännische/r Angestellte/r

_____

_____

_____

Lehrer/in

_____

_____

_____

Krankenpfleger/-schwester

_____

_____

_____

1.2 Vermutungen über die Zukunft äußern – Sammeln Sie gemeinsam Redemittel an der Tafel.

> Wir werden wahrscheinlich ...
> Man ...
> Es kann sein, dass ...

1.3 Wählen Sie nun ein Berufsfeld aus 1.1 aus und überlegen Sie: Was wird sich in den nächsten 20 Jahren für diese Berufe ändern?

AUTOMATISIERUNG: Roboter

In der Industrie sind sie längst im Einsatz. Laut UN werden Roboter künftig auch im Pflege- und Dienstleistungsbereich auf dem Vormarsch sein.

GENF. Das Krankenhaus der Zukunft ist weitgehend automatisiert: Roboter putzen nicht nur Zimmer und Flure, sie bringen auch Essen und Medikamente, reichen die Bücher und Krücken ans Bett, erledigen das Zähneputzen und führen natürlich die Operationen aus. „Dienstleistungsroboter sind ein Bereich, in dem es in den nächsten 10 bis 15 Jahren wahrscheinlich eine rasante Entwicklung geben wird", heißt es in einer Studie, die die UN Wirtschaftskommission für Euro

> Computer, die alles kontrollieren.

> Man wird weniger Personal brauchen.

> Wir werden viel mehr Technik im Krankenhaus haben.

> Es kann sein, dass die Krankenschwester dann noch weniger Zeit für die Patienten hat.

> Wir werden nur noch montags arbeiten.

> Es gibt nur noch Ferienjobs.

1.4 Diskutieren Sie im Kurs: Das automatische Krankenhaus – ein Fortschritt?

1.5 Rückblick aus dem Jahr 2020 – Stellen Sie sich vor, was passiert ist.

> Früher war ich Lehrer ...

> Früher war ich Floristin. Ich habe Blumen verkauft. Aber dann ...

> Früher war ich Taxifahrer ...

2 Berufsqualifikationen

2.1 **Lesen Sie die Statistik und den Text. Erklären Sie sich gegenseitig folgende Wörter:**

> Wenn man die Berufsschule erfolgreich beendet, dann hat man den „Berufsschulabschluss".

| Berufsschulabschluss | Berufsausbildung | Untersuchung | Erwerbstägige/r |

Hochschulabschluss Ungelernte/r Lebensunterhalt

Von je 100 Erwerbstätigen haben diese berufliche Qualifikation:*

keine Berufsausbildung			abgeschlossene Lehre Berufsfachschule			Meister/ Fachschulabschluss			Hochschule (Fachhochschule, Universität)		
1976	1991	2010**	1976	1991	2010**	1976	1991	2010**	1976	1991	2010**
35	20	10	51	59	63	9	9	10	5	12	17

* alte Bundesländer, ** geschätzt   (Quelle: Bildung & Wissenschaft 4/95)

Zur Grafik: Immer stärker ändern sich die Anforderungen am Arbeitsplatz. Die Folge: Eine gute und gründliche Berufsausbildung wird in den kommenden Jahren immer wichtiger. Das zeigt eine Untersuchung des Instituts für Arbeitsmarkt- und Berufsforschung in Nürnberg. So wird der Anteil der Erwerbstätigen mit Hochschulabschluss zum Jahre 2010 auf 17 Prozent steigen. Mitte der siebziger Jahre verfügte erst jeder Zwanzigste (fünf Prozent) über einen Hoch- oder Fachhochschulabschluss. Bei fast zwei Drittel der Arbeitsplätze im Jahr 2010 wird eine abgeschlossene Lehre oder ein Berufsfachschulabschluss verlangt. Dagegen wird nur noch jeder Zehnte seinen Lebensunterhalt als Ungelernter mit einfachen Tätigkeiten bestreiten können.

2.2 **Eine Statistik interpretieren – Verwenden Sie folgende Satzanfänge.**

Während es 1976 noch ... gab, werden es ...
Die Zahl der ... steigt von ... auf ...
Immer mehr Menschen ...
Im Jahr 2010 wird es ... geben.

2.3 **Vergleichen Sie die Statistik mit der Situation in Ihrem Land. Was ist ähnlich, was ist anders?**

3.1 Es wird immer Menschen geben, die keine Berufsausbildung haben. In Deutschland wird in den letzten
Jahren viel diskutiert, wie für diese Menschen Arbeitsplätze geschaffen werden können. Wir stellen Ihnen
drei Vorschläge vor. Welcher gefällt Ihnen am besten?
Haben Sie andere Ideen?

2 Der Staat finanziert heute die Arbeitslosigkeit. Es wäre besser, stattdessen jedem Bürger /
jeder Bürgerin, der/die keine Arbeit hat, ein
„Grundgehalt" zu bezahlen, für das etwa 20
Stunden pro Woche in öffentlichen Einrichtun-
gen (Straßenreinigung, Gärtnerei, Stadtbiblio-
thek, Altenhilfe …) gearbeitet werden muss.

1 Statt die Arbeitslosigkeit zu finanzieren,
sollte man die Löhne drastisch senken, dann
gäbe es auch wieder mehr einfache Arbeitsplätze, z.B. in Privathaushalten (Putzhilfe,
Kinderbetreuung …).

3 Viele Erwerbstätige machen hunderte von
Überstunden pro Jahr und Millionen andere
bekommen keine Arbeit. Stattdessen sollte man
die Arbeitszeit verkürzen und die Überstunden
reduzieren. Alle würden weniger verdienen, aber
fast alle hätten Arbeit.

3.2 Alternativen nennen – In 3.1 werden Alternativen genannt mit Hilfe von statt zu oder stattdessen. Markieren
Sie die entsprechenden Stellen.

3.3 Ergänzen Sie die Sätze.

1. Es müssten neue Arbeitsplätze geschaffen werden, statt _____Überstunden zu bezahlen_____.

   (Überstunden bezahlen)

2. Wir sollten mehr mit der Bahn fahren. Stattdessen _____

   _____ . (wir / täglich im Stau stehen)

3. Wir sollten mehr Freizeit haben, statt _____

   _____ . (immer mehr verdienen)

4. Der Staat müsste neue Arbeitsplätze fördern. Stattdessen _____

_____ . (die Arbeitslosigkeit finanziert / werden)

5. Es wird immer weniger Industriearbeiter geben. Stattdessen _____

_____ . (neue Dienstleistungsjobs entstehen / werden)

6. Schon jetzt kann man fast alle Bankgeschäfte am Bildschirm erledigen, statt _____

_____ . (zur Bank gehen)

▶▼◀ 3.4 Schreiben Sie Karten mit verschiedenen aktuellen Problemen wie im Beispiel. Sammeln Sie die Karten im Kurs. Ziehen Sie mehrere Karten und überlegen Sie gemeinsam, was man anders machen könnte. Schreiben Sie Ihre Lösungsvorschläge auf und lesen Sie sie vor.

Viele Kinder verbringen ihre Freizeit vor dem Fernseher.

Statt die Kinder vor den Fernseher zu setzen, könnten wir mit ihnen etwas unternehmen.

Viele Kinder verbringen ihre Freizeit vor dem Fernseher. Stattdessen könnten wir mit ihnen etwas unternehmen.

4 Arbeitsplätze der Zukunft

4.1 In der folgenden Liste finden Sie 15 Berufe. In welchen wird es Ihrer Meinung nach in Zukunft mehr (a), weniger (b) bzw. genauso viele Arbeitsplätze (c) geben? Begründen Sie Ihre Meinung.

	a	b	c
1. Bäcker/in	☐	☐	☐
2. Bankkaufmann/-frau	☐	☐	☐
3. Bioingenieur/in	☐	☐	☐
4. Buchhändler/in	☐	☐	☐
5. Fachinformatiker/in	☐	☐	☐
6. Fließbandarbeiter/in	☐	☐	☐
7. Schauspieler/in	☐	☐	☐
8. Hausangestellte/r	☐	☐	☐
9. Informationskauffrau/-mann	☐	☐	☐
10. Landwirt/in	☐	☐	☐
11. Lehrer/in	☐	☐	☐
12. Online-Redakteur/in	☐	☐	☐
13. Umweltberater/in	☐	☐	☐
14. Verwaltungsangestellte/r	☐	☐	☐
15. Web-Designer/in	☐	☐	☐

Es wird weniger Bäcker geben. Das Brot wird immer mehr in großen Fabriken gemacht.

Im Gegenteil! Es wird wieder mehr Bäcker geben, weil die Leute immer mehr auf Qualität beim Essen achten.

4.2 Neue Berufe – Suchen Sie sich je einen Text aus. Notieren Sie Stichwörter und stellen Sie den Beruf danach Ihrem Partner / Ihrer Partnerin vor.

Im Januar 1998 hat die Frauenzeitschrift „Young Miss" Berufe vorgestellt, von denen sie sagt, dass sie in den nächsten Jahren immer wichtiger werden. Wir haben drei Berufe ausgewählt.

**Tina, 28
Online-Redakteurin**

Tina surft mal wieder. Den größten Teil des Tages sitzt sie am Computer, klickt sich durchs Internet, überprüft Adressen und sucht interessante Web-Seiten. „Ich muss immer über die neusten Entwicklungen informiert sein."
Als Online-Redakteurin bei der Fernsehzeitschrift „TV Total" ist sie unter anderem für den Internet-Index „TOP" verantwortlich, bei dem die tausend besten deutschsprachigen Web-Seiten recherchiert, rezensiert und aktualisiert werden. Doch Tina schreibt auch Artikel zu Online-Themen und versieht sie mit Links und Fotos. Außerdem liest sie die Online-Sportseiten Korrektur. „Mein Job ist abwechslungsreich. Kein anderes Medium

bietet so viele Möglichkeiten wie das Internet."
Wie die meisten Online-Redakteure ist auch Tina Quereinsteigerin.
Nach dem Abitur studierte sie Latein und Griechisch. Um sich das Studium zu finanzieren, jobbte sie als Schlussredakteurin für Fernsehzeitschriften. Nach ihrem Examen machte sie ein Praktikum bei „TV Total" und wurde anschließend als Redakteurin übernommen.
„Wir Online-Redaktionen sind noch aktueller als Tageszeitungen.

Ich schreibe einen Text ins Netz – und die User können ihn sofort lesen." Auf deren Meinungen muss sie auch nicht lange warten. „Per E-Mail kann sich jeder sofort mit mir in Verbindung setzen und Verbesserungsvorschläge machen."

Voraussetzung: Abitur
Ausbildung: Fachstudium und/oder journalistische Ausbildung (Volontariat) bei Zeitungen oder Zeitschriften mit Online-Redaktion
Verdienst: ab EUR 2300 brutto

**Beate, 20
Fachfrau für
Systemgastronomie**

Leipzig Hauptbahnhof, Beate steigt aus dem Intercity-Express und steuert direkt auf Burger Queen zu. Obwohl sie immer noch gerne Hamburger isst, hat sie heute keine Zeit dafür. Sie hat eine Besprechung mit dem Leiter der Filiale. Es gibt Probleme mit der Qualitätssicherung und der Materialversorgung beim neuen Frühstücksangebot des Konzerns. Beate bespricht mit dem Leiter des Restaurants, wie die Abläufe besser struk-

turiert werden können. Ihren Beruf gibt es erst seit 1998 als Lehrberuf. Sie hat gelernt, wie man städteübergreifende Restaurantkonzepte entwickelt und umsetzt.

„Es macht echt Spaß, mit vielen Leuten zusammenzuarbeiten und Dinge zum Laufen zu bringen", sagt Beate.
Zu den Systemgastronomen gehören nicht nur Restaurants, sondern auch Cateringunternehmen und Partyservices. Beate betreut und berät die Kunden, organisiert Arbeitsabläufe und den Personaleinsatz, kontrolliert Kosten, plant Marketingaktionen und kümmert sich um den Einkauf.

Voraussetzung: Hauptschulabschluss
Ausbildung: dreijährige Lehre
Verdienst: ab EUR 1400 brutto

Radolfzell am Bodensee, 6 Uhr morgens. Selda telefoniert mit Sydney. „Da ist es jetzt ungefähr 16 Uhr", erzählt sie. „Ich will die Leute von Greenpeace und vom Olympischen Komitee erreichen."

Sie möchte wissen, ob die Kollegen für die Olympiade in Sydney Umweltkonzepte entwickelt haben und ihr Tipps geben können.

Zusammen mit ihren Kollegen von der Deutschen Umwelthilfe recherchiert Selda momentan für die Weltausstellung Expo. „Da sind die Erfahrungen, die man bei ähnlichen Großveranstaltungen gemacht hat, sehr wichtig." Sie überlegt sich, ob man die Eintrittskarten auf Umweltpapier druckt und welche Maßnahmen wirklich helfen, Müll zu vermeiden.

Ursprünglich hat Selda Verwaltungswissenschaften studiert. Über Umwege kam sie zu ihrem heutigen Job. Als Assistentin des Geschäftsführers der Deutschen Umwelthilfe berät sie jetzt Firmen, Behörden und Verbraucherzentren. Sie informiert über Sondermüll, Energiesparen und umweltgerechtes Wohnen. „Außerdem fördern wir Umweltschutzprojekte wie ‚Lebendige Elbe'." Da solche Aktionen meistens viel Geld kosten, sucht Selda Sponsoren aus der Industrie. „Mittlerweile wollen sich fast alle Firmen ein ökologisches Image zulegen – also unterstützen sie Umweltprojekte finanziell."

Voraussetzung: Abitur, gute Englischkenntnisse
Ausbildung: Studium zur Umweltingenieurin oder Umweltwissenschaftlerin
Verdienst: ab EUR 2000 brutto

Informationen aus: Brigitte Young Miss working girl 1/98; Namen geändert.

4.3 Spielen Sie Interviews mit Tina, Beate und Selda. Arbeiten Sie mit Ihren Notizen aus 4.2.

5 Wortschatz systematisch lernen

5.1 Tätigkeiten, Eigenschaften und Personen – Suchen Sie sich jeweils vier Begriffe aus und notieren Sie dazu Wortfelder, wie in den Beispielen vorgegeben.

das Brötchen
das Essen
der Chef
der Gast
die Rechnung
das Auto
das Formular
das Haus
das Kleid
die Kranke
der Zeitungsartikel
der Baum
der Computer

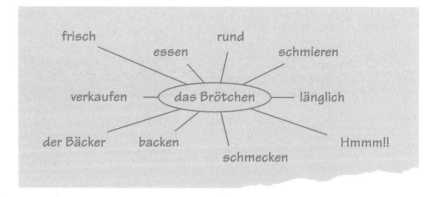

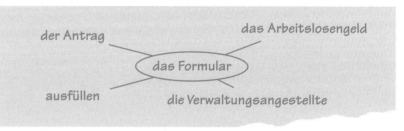

5.2 Spezialwortschatz zum Thema „Arbeitswelt" – Können Sie erklären, was die folgenden Wörter bedeuten? Suchen Sie sich drei Begriffe aus.

Lohn – Lohnkosten – Arbeitslosigkeit – Arbeitsplatz – streiken – Streik – Gewerkschaften – Arbeitszeitverkürzung – Einkommen – Konkurrenzfähigkeit – Existenzminimum – Produktionskosten – Rationalisierung – Sozialabgaben – Teilzeitarbeit – Kündigungsschutz – Betriebsrat – Rente

> Lohn: Wenn man arbeitet und ...
> Lohn: Also zum Beispiel, Selda bekommt EUR 2000 im Monat. Das nennt man ...
> Lohnkosten: Das sind die Kosten, die eine Firma ...

5.3 Sie haben drei Minuten Zeit. Wie viele Wörter finden Sie in den Komposita in 5.2?

> der Lohn
> die Kosten

5.4 Welche Wörter aus 5.2 können Sie hier einsetzen?

1. Zu den _____ gehören die Beiträge an die Renten- und Arbeitslosenversicherung.

2. _____ nennt man die gesamten Ausgaben für die Herstellung eines

   Produktes (z.B. Rohstoffe, Fabrikmiete usw.).

3. Viele Menschen leben nahe am _____ . Das bedeutet, dass sie arm sind.

4. Der _____ vertritt im Betrieb die Interessen der Arbeiter und Angestellten.

5. Wenn ein Produkt zu teuer wird, dann verliert es die _____ , das heißt, die

   Leute kaufen bei einer anderen Firma ein ähnliches Produkt, das billiger ist.

6. Durch _____ verlieren immer mehr Menschen ihren

   _____ . Sie werden oft durch Maschinen ersetzt.

7. Die _____ vertreten die Interessen der Arbeitnehmer/innen. Sie verhandeln

   mit den Arbeitgebern über Lohnerhöhungen, Arbeitszeitverkürzung usw.

8. Wenn die Verhandlungen über Löhne oder Arbeitszeiten zu keinem Ergebnis führen, dann

   _____ die Arbeitnehmer manchmal, um ihre Forderungen durchzusetzen.

6 Prüfungsvorbereitung: Hörverstehen (Detail)

6.1 Erinnern Sie sich, wie die Prüfung zum Hörverstehen aufgebaut ist? Sie können das auf Seite 37 nachlesen.

6.2 Mit dem folgenden Hörtext können Sie das Detailverstehen trainieren. Er ist etwas länger und etwas schwieriger als der Text, den Sie in der Prüfung hören werden.

Aufgabe: Sie hören ein Interview mit dem Journalisten Wolfgang Möller-Streitbörger. Dazu sollen Sie zehn Aufgaben lösen. Sie hören das Gespräch zweimal. Beim ersten Hören markieren Sie bei jeder Aussage unten, ob sie richtig oder falsch ist. Ist sie richtig, markieren Sie R, ist sie falsch, markieren Sie F.

R F

1. ☐ ☐ Herr Möller-Streitbörger berichtet über die Arbeitswelt.
2. ☐ ☐ Er berichtet über die neuen Medien, aber er benutzt sie selbst nicht.
3. ☐ ☐ 1990 hatte er noch kein Fax und das war schwierig.
4. ☐ ☐ Heute schickt er seine Dateien direkt per E-Mail an die Redaktionen.
5. ☐ ☐ Der wichtigste Vorteil der elektronischen Post ist, dass man Dateien verschicken kann.
6. ☐ ☐ Leider funktioniert E-Mail oft nicht. Das Fax war zuverlässiger.
7. ☐ ☐ Tonaufnahmen werden heute oft digital gemacht und im Computer gespeichert.
8. ☐ ☐ Die digitalen Studios sind noch sehr teuer.
9. ☐ ☐ Der Journalist wird in Zukunft auch zum Techniker.
10. ☐ ☐ Herr Möller-Streitbörger hat auch eine Lehre als Techniker gemacht.

EINHEIT 14: DAS PROJEKT „EUROPA"

.... *über die eigenen Vorstellungen von Europa sprechen*
.... *über die Zukunft sprechen*
.... *Hoffnungen und Ängste äußern*
.... *Argumente vergleichen/abwägen*
.... *Wortschatz systematisch wiederholen*
.... *Prüfungsvorbereitung: schriftlicher Ausdruck*

1 Wir und Europa

1.1 Hören Sie zu und notieren Sie, woran Sie bei dem Begriff „Europa" denken.

1.2 Betrachten Sie die Abbildungen auf Seite 162 und 163 und ergänzen Sie Ihre Notizen aus 1.1.

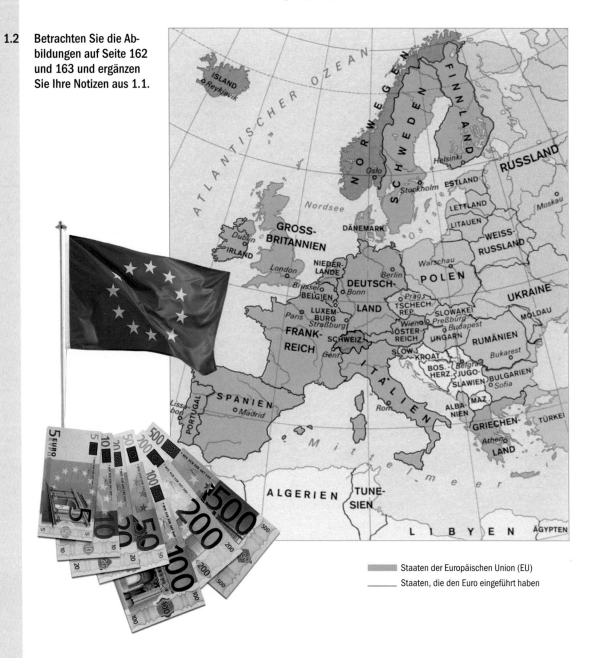

Staaten der Europäischen Union (EU)

Staaten, die den Euro eingeführt haben

1.3 Wir haben Menschen aus verschiedenen Ländern gefragt, was „Europa" für sie bedeutet. Hören Sie ihre Antworten.

1.4 Europa und Ihr Land. Notieren Sie fünf bis zehn Aussagen auf einem großen Blatt. Sie können auch Fotos und Zeichnungen hinzufügen. Hängen Sie Ihre Blätter im Kursraum auf und sprechen Sie über die Ergebnisse.

> Brasilien
> Unsere Sprache ist Portugiesisch.
> Unser Gold wurde jahrhundertelang nach Europa gebracht.
> In Brasilien leben Menschen aus vielen europäischen Ländern.

> Indien
> Noch heute leidet mein Land an der Kolonialzeit.
> Trotzdem ist für viele von uns Europa immer noch das große Vorbild.
> Unsere gemeinsame Sprache ist Englisch.
> Europa = offene Grenzen nach innen, eine Mauer nach außen.

1.5 Karikaturen – Notieren Sie zu dritt Ihre Gedanken. Sprechen Sie danach im Kurs darüber.

Und ich dachte, Europa sitzt auf einem Stier.

2.1 Betrachten Sie die Landkarte und lesen Sie den Text.

Anfänge auf einer Urlaubsinsel

Wer hätte das gedacht? Europa hat seinen Namen also von einem Mädchen aus dem heutigen Libanon – damals wurde die Küste zwischen dem Berg Karmel und dem Nahr El-kelb noch Phönizien genannt. Hätte der griechische Gott Zeus sich nicht in die am Strand spielende Schöne verliebt und sie mit sich nach Kreta genommen, gäbe es zwar heute den Kontinent, aber nicht den Namen Europa.

Warum aber die hübsche Königstochter gleich einem ganzen Kontinent den Namen gegeben hat, darüber haben sich schon früh Philosophen und Historiker den Kopf zerbrochen. So schreibt Herodot, der erste Historiker der Antike (ca. 484–425 v. Chr.): „Was Europa betrifft, so weiß niemand, ob es vom Meer umgeben ist oder woher es seinen Namen erhielt und wer ihn dem Kontinent gab, es sei denn, wir einigen uns darauf, dass er von einer tyrischen Frau namens Europa stammt und der Kontinent vorher ebenso namenlos war wie die anderen."

Trotzdem blieb der Denker skeptisch, denn: „Europa war eine Asiatin und besuchte nie das Gebiet, das wir heute Europa nennen, sondern reiste nur von Phönizien nach Kreta und von Kreta nach Lykien." Später schließt er seine Ausführungen beinahe etwas gelangweilt und ratlos mit den folgenden Worten ab: „Doch genug von diesem Thema – ich meinerseits jedenfalls werde weiterhin die Namen gebrauchen, die durch die Gewohnheit vertraut geworden sind." Und so ist es, trotz vieler Diskussionen und Spekulationen, bei dem Namen Europa geblieben – auch wenn sich das Gebiet, das so genannt wird, im Laufe der Jahrtausende von Griechenland aus auf die heutige Fläche ausweitete.

tyrisch: aus der Stadt Tyrus, die heute Sur heißt und im Libanon liegt
Lykien: antiker Name für ein Gebiet an der heutigen türkischen Südwestküste (Südwestanatolien)

2.2 Informationen aus dem Text – Schreiben Sie die Sätze zu Ende.

Zeus war _____

Europa stammte aus _____

Zeus hat sich _____

Er nahm Europa mit nach _____

Der Historiker Herodot wusste _____

In der Antike war der „Kontinent" _____

3.1 Schüler am Gymnasium Hemsbach (Baden-Württemberg) sagen, was sie von Europa erwarten. Lesen Sie die Texte und machen Sie eine Tabelle.

Themen	Vorteile	Nachteile
Grenzen	offen / Reisen leichter	

Was bedeutet eigentlich Europa für jeden Einzelnen von uns?

Wenn ich an Europa denke, denke ich an das Europäische Parlament, an die Öffnung der Grenzen, an eine einheitliche Währung, aber auch an Sommerurlaub in Südfrankreich, an feurige Italiener, an Guinessabende in englischen Pubs. Das heißt, die politisch viel diskutierte Vereinigung Europas finde ich durchaus erstrebenswert, wobei ich meine Zweifel habe: Wird dies große Auswirkungen auf mein Leben haben, und wenn ja, werden es positive oder negative sein? Ein vereintes Europa soll mehr Sicherheit für die einzelnen Länder mit sich bringen, doch gibt es nicht dadurch neue Konflikte? Kann man so etwas wie im ehemaligen Jugoslawien verhindern? Im Allgemeinen finde ich die Idee, Europa zu vereinigen, eine gute Idee, doch werden sich die Erwartungen der Menschen und Politiker erfüllen?
Andrea, Manja, Pirkko

Ich finde Europa im Großen und Ganzen gut. Mittlerweile wird es immer einfacher, innerhalb Europas einen Studien- oder Arbeitsplatz zu bekommen oder einfach ins Ausland zu ziehen. Auch das Reisen ist einfacher. Auch denke ich an andere positive Veränderungen, wie zum Beispiel die Öffnung der Grenzen zum Osten und die einheitliche Währung. Durch den Euro entfällt das lästige Umtauschen von Geld vor dem Urlaub. Auch würde Europas Wirtschaft gestärkt, der Handel erleichtert. Ich würde also ein vereintes Europa nach amerikanischem Vorbild befürworten.
Jens, Conny

Ich denke, dass die Vereinigung Europas unter einigen Gesichtspunkten nicht unbedingt nur Vorteile bringt. Durch die Währungsunion werden die verschiedenen Währungen zwar auf einen Level gebracht, aber, so denke ich, die Wirtschaft wird in einigen Ländern darunter leiden … Außerdem werden die zum Teil doch sehr verschiedenen Kulturen darunter leiden, da sie gemischt werden und ihre eigene Identität verlieren. Es ist nicht möglich, dass man so verschiedene Mentalitäten unter einem Dach zusammenbringt, ohne auf große Probleme zu stoßen …
Johannes, Andi

3.2 Hoffnungen und Ängste – Berichten Sie, was die Jugendlichen geschrieben haben.

Die Schüler hoffen einerseits, dass …, aber andererseits befürchten sie, dass …

Manche glauben eher, dass …

Die Schüler finden es zwar gut, wenn …, aber …

Manche meinen …

3.3 Argumente vergleichen – Schreiben Sie Aussagen zu Europa mit den folgenden Konjunktionen. Die Beispiele helfen Ihnen.

.... Beispiele ....

einerseits … andererseits   Einerseits macht der Euro das Leben einfacher, andererseits bekommen wir vielleicht mehr Inflation.

zwar … aber   Wir müssen zwar kein Geld mehr tauschen, aber vielleicht steigen ja die Preise.

nicht nur … sondern auch   Es wird nicht nur alles teurer werden, sondern auch schlechter.

sowohl … als auch   Der Euro hat sowohl Vorteile als auch Nachteile.

weder … noch   Ich bin weder für Europa, noch bin ich dagegen.

3.4 Schreibaufgaben – Wählen Sie eine der Alternativen.

1. Was erwarten Sie persönlich von Europa? Schreiben Sie einen kurzen Text nach den Modellen in 3.1.

> Ich glaube nicht, dass sich bei uns in … viel ändern wird. Hoffentlich bedeutet Europa für uns nicht, dass unsere Wirtschaft noch weniger exportieren kann. Einerseits finde ich es gut, dass …

2. Sie sind im Jahr 2030 und erinnern sich an die letzten Jahrzehnte. Folgende Anregungen helfen Ihnen.

– Wie war es im Jahre 2000?
– Was ist seitdem passiert (Wirtschaft, Kultur, Umwelt, Länder der Union …)?
– War das Projekt Europa eine gute Idee für alle oder nur für einige?
– Wie soll es weitergehen?

> Nach einem Jahr Euro waren viele Leute sehr optimistisch. Die Wirtschaft boomte. Die Arbeitslosenzahlen … Sogar die britische Regierung …

3.5 Rollenspiel – Europa: Pro und Contra. Ihr/e Kursleiter/in hat Rollenkarten für Sie.

Sie sind Landwirt/in.
Sie haben einen kleinen Bauernhof.
Sie finden die EU gut, sind aber kritisch.
Sie haben Angst, dass Subventionen gekürzt werden.

Sie sind Student/in.
Sie studieren Wirtschaft.
Sie finden die EU gut, aber die Bürokratie nicht.
Sie haben Angst vor neuen Mitgliedern.
…

4.1 Lesen Sie die folgenden Texte und ordnen Sie den Namen der Institution zu, die jeweils beschrieben wird.

a

Der Europäische Gerichtshof

b

Die Europäische Kommission

c

Das Europäische Parlament

d

Der Europäische Rat, Amsterdam, 1997

e

Die Europäische Zentralbank

1 _____ soll einmal zum wichtigsten Organ der Europäischen Union werden. Seit 1979 wird es direkt von den 370 Millionen Bürgern der Europäischen Union gewählt und hat derzeit 626 Mitglieder aus 15 Ländern. In den vergangenen Jahrzehnten wurden die politischen Befugnisse des Parlaments schrittweise erweitert. Es muss der Ernennung des Kommissionsvorsitzenden und der Kommissare zustimmen und kann der Kommission auch das Misstrauen aussprechen. Der Sitz des Parlaments ist in Straßburg.

2 _____ ist das wichtigste Organ der Gemeinschaft. Er besteht aus den Regierungschefs der Mitgliedsländer. Diese treffen sich mindestens zweimal im Jahr. Diese Institution bestimmt die politische Richtung der Gemeinschaft. Der Ministerrat ist der wichtigste Gesetzgeber der Union. Ihm gehören die Fachminister (z.B. Außen- und Landwirtschaftsminister) der Union an.

3 _____ hat ihren Sitz in Brüssel. Sie besteht aus 20 Mitgliedern. Sie ist praktisch die „Regierung" der Europäischen Union. Sie verwaltet den Haushalt. Eine wichtige Aufgabe ist die Harmonisierung der europäischen Industrie- und Wirtschaftspolitik.

4 _____ ist seit 1999 für die Geldpolitik der Euro-Länder verantwortlich. Sie ist unabhängig von den nationalen Regierungen. Ihre Hauptaufgabe ist es, die europäische Währung „Euro" stabil zu halten.

5 _____ hat seinen Sitz in Luxemburg. Er achtet darauf, dass die Mitgliedsstaaten die Verträge der Union erfüllen. Ziel dieser Institution ist es, ein europäisches Recht zu schaffen, das über den nationalen Rechtssystemen steht.

4.2 Das Europa-Wörternetz. Machen Sie ein großes Plakat und arbeiten Sie etwa 25 Minuten daran.

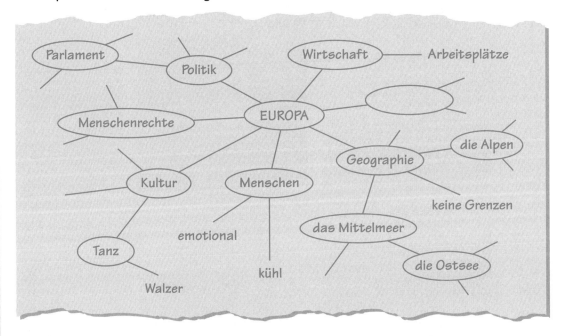

5 Einheit und Vielfalt

5.1 Hier finden Sie die Ländernamen der 15 Länder der Europäischen Union in (einer) der jeweiligen Landessprache(n). Schreiben Sie die deutsche Bezeichnung dazu.

België/Belgique	_Belgien_	Letzebuerg	_____
Danmark	_____	Nederland	_____
Deutschland	_____	Österreich	_____
Espanya/España	_____	Portugal	_____
France	_____	Suomi	_____
Éire	_____	Sverige	_____
Italia	_____	United Kingdom	_____
Hellas	_____		

5.2 Die folgende Liste enthält 53 Begriffe. Welchem Land Europas würden Sie am ehesten welche Begriffe zuordnen? Begründen Sie Ihre Entscheidungen. Diskutieren Sie danach im Kurs.

1. Arbeit
2. Autos
3. Berge
4. Bier
5. Blumen
6. Brot
7. Chemie
8. Energie
9. Fahrrad
10. Fische
11. Folk-Musik

12. Freizeit	19. Kaffee	26. Literatur	33. Oper	40. Sommer	47. Verstand
13. Fußball	20. Kälte	27. Maler	34. Philosophie	41. Tanz	48. Walzer
14. Gefühl	21. Kartoffeln	28. Maschinen	35. Regen	42. Tee	49. Wein
15. Geld	22. Käse	29. Meer	36. Reis	43. Tempel	50. Whiskey
16. Geschichte	23. Kohle	30. Milch	37. Schiffe	44. Theater	51. Winter
17. Hitze	24. Kühe	31. Mode	38. Schlösser	45. Tulpen	52. Wolle
18. Industrie	25. Leben	32. Nudeln	39. Schokolade	46. Urlaub	53. Zypresse

5.3 Lesen Sie den Text. Welche Fotos passen zum Text? Was zeigen die anderen Fotos?

Von Europa lernen heißt kochen lernen

Paris (AFP) – Für die Franzosen geht Europa auch durch den Magen: An die Europäische Union haben sie nach einer am Mittwoch veröffentlichten Umfrage mehr Erwartungen als nur eine bessere Zusammenarbeit und eine gemeinsame Währung. Danach hoffen 71 Prozent, dass sie durch den Wegfall der Grenzen in Europa auch neue Kochrezepte und neue Gerichte kennen lernen. Die kulinarische Aufgeschlossenheit lässt sich auch an den derzeitigen Lieblingsgerichten der Franzosen erkennen. Auf den Spitzenplätzen liegen italienische Pizza, spanische Paella und Couscous aus Nordafrika. Angeführt wird die Liste der Lieblingsgerichte allerdings von einer ureigenen französischen Spezialität: der Quiche Lorraine, einem Speckkuchen aus Mürbeteig, Käse und einer Eier-Sahne-Soße. Befragt wurden im Auftrag der Monatszeitschrift *Cuisine et Vins de France* mehr als tausend Franzosen über 15 Jahre.

Aus: Die Tageszeitung, 19.06.97

5.4 Europäisch essen

– Wo kann man bei Ihnen europäisch essen?
– Welche europäischen Spezialitäten kennen Sie?
– Was essen Sie am liebsten?
– Machen Sie eine Hitliste Ihrer Lieblingsgerichte im Kurs.

6 Prüfungsvorbereitung: schriftlicher Ausdruck

6.1 Lesen Sie noch einmal den Abschnitt 6 in Einheit 2 durch. Verfahren Sie hier genau so.

Ein deutscher Brieffreund möchte Sie besuchen kommen.
Beantworten Sie den Brief Ihres Brieffreundes und geben Sie ihm kurz die wichtigsten Informationen. Sie haben 30 Minuten Zeit. Vergessen Sie nicht die Einleitung und den Schluss.

du wirst es nicht glauben, aber jetzt ist es soweit. Ich werde dich in diesem Jahr besuchen. Ich hoffe, deine Einladung gilt noch, oder? Da ich jetzt langsam meinen Urlaub planen muss, wüsste ich gern, wann es dir am besten passt. Ich habe drei Wochen Zeit. Keine Angst, ich will nicht die ganze Zeit bei dir bleiben, aber ich fände es schön, wenn wir ein paar Tage etwas zusammen machen könnten.
Du weißt ja, dass ich nicht gern reise (außer im Internet) und deshalb auch wenig Reiseerfahrung habe. Kannst du mir vielleicht ein paar Tipps geben, was man bei euch unbedingt gesehen haben sollte und wie meine Reiseroute ungefähr aussehen sollte? Schreib mir bitte auch, ob ich irgendwelche Formalitäten beachten muss und was ich unbedingt im Koffer haben sollte. Nicht lachen!!! Das wird meine erste Reise seit zehn Jahren und ich bin jetzt schon ganz nervös, obwohl ich noch gar nicht weiß, wann ich überhaupt fahre.

EINHEIT **15**: VON ROSTOCK NACH SYRAKUS

.... *einen literarischen Text verstehen*
.... *Ereignisse aus der deutschen Geschichte nach 1945 kennen lernen*

1   Einführung

1.1   Fragen vor dem Lesen: Haben Sie schon literarische Texte auf Deutsch gelesen? Wann? Welche? Was war anders als beim Lesen von Sachtexten?

1.2   Hinweise zur Arbeit mit dem Text

In dieser Einheit werden Sie Ausschnitte aus der Erzählung „Der Spaziergang von Rostock nach Syrakus" von Friedrich Christian Delius lesen. Wir haben Ausschnitte ausgewählt, die Ihnen einen Überblick über die Geschichte geben. Manche Abschnitte sollten Sie zu Hause lesen, andere werden gemeinsam im Kurs gelesen. Sie sollten im Kurs darüber entscheiden, wie viel Zeit Sie für diese Geschichte verwenden, wie viel Sie zu Hause machen möchten und was im Kurs besprochen werden soll.

Die Aufgaben und Untergliederungen sollen Ihnen beim Lesen helfen. Natürlich können Sie den Text auch lesen, ohne die Aufgaben zu beachten, und dann darüber im Kurs sprechen.

1.3   In Einheit 4 haben Sie einiges über die deutsche Geschichte erfahren. Sammeln Sie, woran Sie sich noch erinnern.

1.4   Suchen Sie auf einer Europakarte die Orte Rostock und Syrakus.

1.5   In der Geschichte möchte jemand nach Italien reisen. Warum? Hören Sie die Aussagen von einigen Leuten. Sammeln Sie danach Aussagen im Kurs.

1.6   Thema „Reisen" – Welche Zitate entsprechen auch Ihrer Meinung? Was verbinden Sie mit dem Thema?

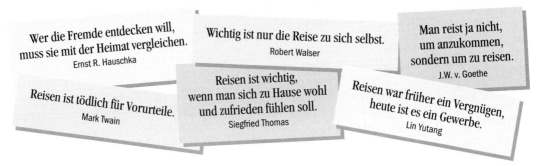

Wer die Fremde entdecken will, muss sie mit der Heimat vergleichen.
Ernst R. Hauschka

Wichtig ist nur die Reise zu sich selbst.
Robert Walser

Man reist ja nicht, um anzukommen, sondern um zu reisen.
J.W. v. Goethe

Reisen ist tödlich für Vorurteile.
Mark Twain

Reisen ist wichtig, wenn man sich zu Hause wohl und zufrieden fühlen soll.
Siegfried Thomas

Reisen war früher ein Vergnügen, heute ist es ein Gewerbe.
Lin Yutang

● ● **2.1** Hören Sie zu und lesen Sie bis Zeile 32. Fassen Sie dann den Text mit Hilfe der Stichwörter zusammen.

Paul Gompitz
Bürger der DDR
Beruf: Kellner auf einem Touristenschiff (Ostsee)
verdient gut, muss im Winter nicht arbeiten
1981 Beschluss: Reise von Rostock nach Syrakus (Italien)
Problem: Grenze (Mauer)

In der Mitte seines Lebens, im Sommer 1981, beschließt der Kellner Paul Gompitz aus Rostock, nach Syrakus auf der Insel Sizilien zu reisen. Der Weg nach Italien ist versperrt durch
5 die höchste und ärgerlichste Grenze der Welt und Gompitz ahnt noch keine List, sie zu durchbrechen. Er weiß nur, dass er Mauern und Drähte zweimal überwinden muss, denn er will, wenn das Abenteuer gelingen sollte, auf jeden
10 Fall nach Rostock zurückkehren.
An einem wolkenarmen Augustabend im Hafen von Wolgast auf der „Seebad Ahlbeck", einem Schiff der Weißen Flotte, fällt der Entschluss, dem Fernweh endlich nachzugeben und das
15 Land, um bleiben zu können, einmal zu verlassen. Gompitz ist müde, er hat den ganzen Tag die Urlauber zwischen Rügen und Usedom bedient mit Kaffee, Bier, Bockwurst, Käseku-

chen. Die Abrechnung ist fertig, die Tische sind
20 gewischt, er schaut auf das Wasser, Feierabend. Alles ist wie immer, nur im Kopf eine stürmische Klarheit.
„Ja!", sagt er laut, geht in seine Kabine im Vorschiff, packt die schmutzige Wäsche in einen
25 Koffer, verabschiedet sich beim Kapitän, läuft durch den Hafen und steigt in sein Auto. Nach drei Wochen Arbeit drei Tage Pause, die Frau wartet in Rostock, genug Trinkgeld in der Tasche, der Tank ist voll, es ist alles geregelt. Er
30 verdient so gut, dass er nach fünf Monaten Saison im Winter nicht arbeiten muss, besser als ihm geht es nicht vielen ...
(S. 7)*

*Alle Textpassagen aus: Friedrich Christian Delius, Der Spaziergang von Rostock nach Syrakus. Zitiert nach der Ausgabe der Büchergilde Gutenberg, Frankfurt am Main und Wien 1995.

2.2 Was wissen Sie jetzt schon über das Reisen in der DDR?

> Normalerweise … aber in der DDR …

> Nicht jeder konnte …

> Es war nicht einfach …

2.3 Literarische Formulierungen verstehen – Zu welchen Stellen im Text passen die folgenden Sätze?

1. Die DDR erlaubt nicht, dass ihre Bürger ins westliche Ausland reisen.
2. Er ist entschlossen. Er weiß jetzt sicher, was er will.
3. Er ist etwa 40 Jahre alt.
4. Er lebt gern in der DDR, aber er will reisen können.
5. Er weiß noch nicht, wie er es machen soll.

2.4 Betrachten Sie die Kartenskizze auf Seite 171 und lesen Sie die Textzusammenfassung.

Gompitz versucht zunächst, eine offizielle Reiseerlaubnis der DDR zu bekommen. Aber er hat keine direkten Verwandten in der BRD. Deshalb darf er nicht reisen. Er hofft, dass die Politik sich ändert und die DDR die Grenze öffnet, es passiert jedoch nichts. Schließlich überlegt er, wie er aus der DDR illegal ausreisen kann. Er beschafft sich Westgeld (DM) und versucht, es in die BRD bringen zu lassen. Dort soll es eine Cousine für ihn aufbewahren. Ende 1982 beschließt er, die DDR über die Ostsee zu verlassen und mit einem Segelboot nach Dänemark zu fliehen. Aber auch das ist kompliziert. Zuerst muss er segeln lernen. Außerdem wird die Grenze auch auf dem Wasser streng kontrolliert.

2.5 Ergänzen Sie die Satzanfänge.

Gompitz darf nicht in den Westen reisen, weil …
Nach einiger Zeit will er illegal ausreisen, denn …
Er plant, über die Ostsee nach Dänemark zu fliehen, aber …

3 Vorbereitung der Flucht und Wartezeit

3.1 Leseprotokoll – Lesen Sie zuerst die Arbeitshinweise und die Worterklärungen und dann den Text.

Lesen Sie langsam.
Machen Sie am Rand Notizen: Kommentare, Fragen …
Markieren Sie Wörter, die Sie später erfragen oder im Wörterbuch nachschlagen wollen.
Vergleichen Sie nach dem Lesen Ihre Notizen im Kurs.

Worterklärungen: Stasi: Staatssicherheit, eine Art Geheimpolizei der DDR, die hauptsächlich zur (politischen) Kontrolle der eigenen Bürger da war; Willy Brandt: 1961 war Brandt Regierender Bürgermeister von Berlin (West). Von 1969 bis 1972 Bundeskanzler der Bundesrepublik Deutschland. Willy Brandt starb 1992, wenige Jahre nach dem Ende der DDR und der Vereinigung der beiden deutschen Staaten; FKK-Strand: (FKK = Freikörperkultur) ein Strand, an dem nackt (ohne Badekleidung) gebadet wird; Antifaschistischer Schutzwall: So nannte die DDR offiziell die Mauer in Berlin. Man wollte so tun, als ob diese Mauer nicht die Ausreise der Bürger verhindern sollte, sondern die Einreise böser Kräfte aus dem Ausland. Deutschlandfunk: Radiosender der BRD; Deutschlandsender: Radiosender der DDR; 13. August 1961: An diesem Tag begann die DDR-Regierung mit dem Bau der Mauer in Berlin.

Am 25. Jahrestag des Mauerbaues liegt er im Sand, weit von den
wenigen andern Badegästen entfernt, und hört den Reden aus Berlin
zu, abwechselnd die Jubelreden aus der Hauptstadt samt Militärpa-
rade und, etwas leiser, die Trauerreden aus Westberlin. Während er
5 den Worten Willy Brandts lauscht, kommen drei Kerle von Süden
angestiefelt, splitternackt am FKK-Strand, er sieht ihnen sofort an,
dass es Stasileute sind, die sonst mit der Pistole herumlaufen. Er
wechselt vom Deutschlandfunk zum Deutschlandsender. Einer der
drei erhält einen Wink, dreht ab und steigt über den Dünenüber-
10 gang. Paul steht auf und sieht zu, wie der Nackte das Gestrüpp
durchsucht, vielleicht nach einer versteckten Luftmatratze, Luft-
matratzen gelten als mögliches Fluchtmittel und sind am Meer verboten. Paul legt sich, um nicht lachen zu müssen, wieder hin, die
Männer drücken sich in seiner Nähe herum, finden aber nichts
15 Verdächtiges. Endlich richtet einer, offenbar der Offizier, das Wort
an ihn: „Schön hier, was?" Paul erhebt sich. „Schön, sagen Sie? Nein,
mein Herr, das ist mehr als schön, das ist das Paradies! Die Männer
des Odysseus werden damals, als sie auf der Insel der Lotophagen
waren, nicht anders gedacht haben als ich hier: Es gibt keinen schö-
20 neren Ort als diesen. Dieser einmalige Blick hier auf dem Dorn-
busch! Das weite Meer, die strahlende Sonne, der herrliche Strand,
die stolzen Vögel in der Luft, ich möchte ewig hier bleiben, in dieser
Perle der Natur. Kein Auto, kein Lärm, keine Hektik! In dieser wun-
derbaren, reizvollen Landschaft entdecke und genieße ich die ganze
25 Welt." Kaum hat Paul Gompitz seine Eloge beendet, schnarrt der
nackte Stasimann im militärischen Ton: „Also, Ihnen gefällts hier?
Wiedersehen!" und zieht mit den beiden andern im Laufschritt ab.

Mittags sieht Paul eine ganze Flotte von Küstenwachbooten vor der
Ausfahrt zwischen Hiddensee und Zingst patrouillieren. Sie versper-
30 ren genau die von ihm gewählte Route. Die Grenztruppen lassen
offenbar alles an Waffen und Männern heraus, was Häfen und Ka-
sernen hergeben, gerade am Jubiläumstag des Antifaschistischen
Schutzwalls wollen sie nicht von einem Grenzdurchbrecher blamiert
werden. Paul merkt, dass der Wind dreht, und abends ist es sicher:
35 An diesem 13. August weht zum ersten Mal der richtige Wind, auf
den er monatelang gewartet hat. Auch der Seewetterbericht ist
günstig, der Nord-Nordost soll 24 Stunden bleiben. Der Hafen halb-
wegs leer, in dieser Nacht könnte er entwischen. In dieser Nacht
würde er die Schleife um den Süden der Insel herum schaffen. In
40 dieser Nacht würde er den Bewachern direkt vor die Kanonen
segeln.

d.h. 13.8.1986

Wieso?

???

Der Sommer geht vorüber, Nordostwinde sind nicht häufig auf
Hiddensee. Er muss sich eingestehen, erleichtert zu sein, sein
Leben in diesem Jahr nicht riskiert zu haben. Manchmal fühlt er
45 sich von einem vorausspringenden Heimweh gefangen. Am
schönsten Ort der ganzen DDR führt er das bequemste Leben,
das Geld reicht, er kann nach Laune schwimmen, segeln, lesen,
wandern oder ein Mädchen gewinnen. Im Westen wird er es nie
so gut haben wie hier. Nie. Die Rede an den nackten Offizier ist
50 nicht geheuchelt gewesen. Warum hier liegen und lauern, bis ein
passender Wind die Flucht aus dem Paradies erlaubt? Warum das
Leben aufs Spiel setzen, wenn es nichts Schöneres gibt? Ihm fehlt
nichts, außer der übrigen Welt. Nichts, außer einem Ziel, Italien.
Nichts, außer dem zweiten Ziel, von Italien wieder zurückzu-
55 kehren nach Hiddensee und Rostock und Dresden und den
Kumpels sagen zu können „Nu, Alter, da bin ich wieder zurück
aus Syrakus." […]
(S. 68–69)

3.2   Was wird zu folgenden Stichwörtern in Abschnitt 3.1 gesagt?

das Leben, das Geld, die DDR – der Westen, die Welt, ein Ziel

3.3   Zu welchen Wörtern aus 3.1 passen die folgenden Erklärungen?

1. aus der DDR fliehen/herauskommen
2. viele Schiffe
3. einen schlechten Eindruck machen / lächerlich gemacht werden
4. (sich selbst) etwas zugeben
5. Sehnsucht nach Hause, bevor man überhaupt weggefahren ist
6. die Freunde
7. sich in Lebensgefahr bringen

3.4   Lesen Sie bis Zeile 27 genau. Was passiert hier? Belegen Sie Ihre Meinung mit Zitaten aus dem Text.

3.5   Lesen Sie Zeile 43 bis 57 noch einmal. Beschreiben Sie die Gefühle von Paul Gompitz.

Einerseits will er …, andererseits …
Gompitz liebt …, aber …

3.6   Ein letzter Versuch – Warum darf Gompitz nicht legal ausreisen? Wie reagiert er darauf?

„Wegen fehlender Reisegründe müssen wir den
Antrag ablehnen. Der Anlass ist kein konkreter
und kein familiärer, sondern ein touristischer,
das können wir nicht genehmigen, wir sind erst
5 dabei, Richtlinien für den touristischen Verkehr
zwischen der DDR und der BRD auszuarbeiten,
das wird noch etwas dauern."

Als aller Widerspruch, in Ruhe und geziemen-
dem Vokabular vorgetragen, an dem Flachkopf
10 abgeprallt ist, schreit Gompitz los: „Mensch,

merken Sie denn nicht, dass die einfachen Leute
auch endlich mal raus wollen, einmal nur raus!
Sie haben mir Solingen abgelehnt, Sie haben mir
Karlsruhe abgelehnt und jetzt Bremen, eine
15 Einladung vom Bürgermeister persönlich! Was
haben Sie bloß für eine dämliche Angst, dass ich
nicht wiederkomme! Ich komme wieder! Ich
will hier leben! Aber nicht immer eingesperrt
sein! Lassen Sie mich doch einmal im Leben
20 nach Bremen." […]
(S. 75–76)

3.7 Der Brief

Sommer 1988: Gompitz schickt sein letztes Westgeld in den Westen. Nach dem letzten vergeblichen Versuch, legal auszureisen, will er nun so schnell wie möglich illegal ausreisen. Er schreibt noch einen Brief an den Sekretär des ZK der SED.

Sammeln Sie Ideen: Was würden Sie an der Stelle von Gompitz schreiben?
Lesen Sie danach den Brief von Gompitz.

Worterklärungen: Sekretär des ZK der SED (eigentlich: Generalsekretär): Sekretär des Zentralkommitees der Sozialistischen Einheitspartei Deutschlands. Das war zu DDR-Zeiten der mächtigste Mann der DDR; Ständige Vertretung: Da die BRD die DDR nicht als Staat akzeptierte, gab es zwischen der DDR und der BRD keine offiziellen Botschafter. Da aber praktische Probleme geregelt werden mussten, gab es eine Art Ersatzbotschaften.

Egon Krenz, der letzte Generalsekretär des ZK der SED (links)

„Sehr geehrter Herr Sekretär des ZK der SED!

Nach Jahren vergeblichen Bemühens, auf legalem Weg eine Deutschland- und Italienreise machen zu können, versuche ich heute Nacht, mit meiner Segeljolle nach Dänemark zu
5 gelangen. Ich versichere Sie, dass ich die Grenze meines Vaterlandes DDR nicht in verräterischer Absicht zu durchbrechen versuche, sondern allein um meine persönlichen Reise- und Bildungsambitionen zu befriedigen. Sollte mein
10 Grenzdurchbruch gelingen, so bitte ich Ihre Behörde nachträglich, meinen Verzweiflungsschritt zu legalisieren und mir bei der Ständigen Vertretung der DDR in der BRD einen Reisepass zu hinterlegen, damit ich im Mai 1989 legal und
15 diskret in die DDR zurückkehren kann. Sollte ich aber aufgebracht werden, so sehen Sie bitte dieses mein Schreiben als einen Antrag auf Entlassung aus der Staatsbürgerschaft der DDR an. Aber nur dann!!
20 Hochachtungsvoll,
Paul Gompitz." [...]
(S. 78)

Er will die DDR nicht verraten.

die Flucht

Er will keinen Skandal.
Wenn er auf dem Meer gefangen wird ...

Ausweisung aus der DDR

3.8 Geht es auch einfacher?
Versuchen Sie, den Brief von Gompitz in einfachen Sätzen neu zu schreiben.

Sehr geehrter Herr Sekretär des ZK der SED!

Seit vielen Jahren wollte ich legal nach Italien reisen. Aber Sie haben es nie erlaubt. Heute Nacht werde ich nun versuchen ...
Ich will damit nicht die DDR ..., sondern nur ...

4.1 Sehen Sie sich zuerst die Zeichnung des Segelboots an. Lesen Sie dann die Beschreibung des Beginns der Flucht.

Es ist Viertel vor elf, der Himmel im Westen noch zu hell. Er kriecht in die Jolle, er testet alles durch … im Heck sind Taschenlampe, Nacht-sichtfernglas, Konserven, Dokumente, Zeug-
5 nisse, 300 DM, 299 Mark der DDR und die DDR-Flagge verstaut. Zwischen den beiden Schwertkästen kann man eine Luftmatratze ausbreiten und schlafen. Paul legt sich hin, aber er schläft nicht, darf nicht schlafen, er hört den
10 Gleichtakt der Wellen am Rumpf … Viele tausend Mark investiert, hunderte von Segel-stunden, jetzt hängt alles von seiner Geschick-lichkeit, der Tüchtigkeit des Materials und vom großen Glück ab.

15 Gegen halb zwölf sind auch im Westen die letz-ten hellen Streifen in grauer Schwärze versunken. Kein Sternenhimmel, alles beruhigend finster und diesig. Er löst die Bändsel der Persenning* von innen, rafft die Persenning zusammen, stopft
20 sie in den Seesack, bindet den an der Jolle fest, zieht das schwere Großsegel hoch, dann die Fock,

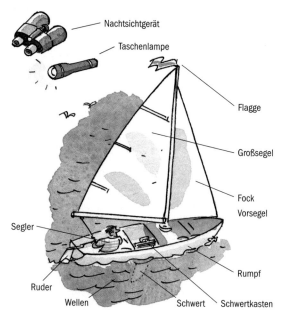

Nachtsichtgerät

Taschenlampe

Flagge

Großsegel

Fock
Vorsegel

Segler

Rumpf

Ruder

Wellen

Schwert

Schwertkasten

*Persenning: Ein Stück fester Stoff zum Abdecken des Bootes

wirft die Achterleine los, stößt das Boot vom Ufer ab und segelt mit südlichem Kurs dem fernen Ziel entgegen. […]
(S. 88–89)

4.2 Lesen Sie die Zusammenfassungen und die Ausschnitte aus dem Text. Welche Bilder passen zum Text? Warum?

Die Flucht gelingt. Gompitz kommt über Dänemark in die Bundesrepublik Deutschland. Dort will ihm zunächst niemand glauben, dass er nicht „geflohen" ist, sondern die DDR nur illegal verlassen hat, um eine Deutschland- und Italienreise zu machen. Paul Gompitz kommt nach Lübeck.

Am Samstag kann man in Lübeck und Umge-bung eine längere Story von einem Gastwirt aus Rostock lesen, der unbedingt nach Italien reisen will. Das Foto zeigt ihn mit Telefonhörer. Es
5 steht nichts Falsches in dem Artikel, Paul findet jedoch die westdeutsche Sprache fürchterlich, am meisten ärgert ihn, dass sie seine „Bildungs- und Pilgerreise" in eine „Traumreise" umge-logen haben. Aber das Wichtigste steht nun

10 gedruckt: dass er Geld verdienen, nach Italien bis Syrakus und dann wieder nach Rostock will. Er kauft sich fünf Zeitungen und schickt, um seine Absicht den zuständigen Stellen mitzu-teilen, einen Ausschnitt an die Ständige Vertre-
15 tung der DDR in Bonn, einen an die Adresse des Stellvertretenden Staatsratsvorsitzenden Egon Krenz nach Berlin, einen an den Anwalt in Rostock. […] (S. 108)

Gompitz bleibt vorläufig in der BRD und lernt die soziale Wirklichkeit des Westens kennen. Bei seiner ersten Arbeitsstelle als Kellner betrügt ihn sein Arbeitgeber um den Lohn. Er reist durch Norddeutschland, besucht die Cousine in Solingen und fährt nach Bonn (damals noch Regierungssitz der BRD). Er will in der „Ständigen Vertretung" über seine Rückkehr in die DDR verhandeln.

Man lässt ihn nicht lange warten, ein Mann mittleren Alters mit braunem Anzug unter dem verschlossenen Gesicht, Paul ordnet ihn vorsichtshalber der Stasi zu, bittet ihn in ein
5 enges Zimmer.

„So, Sie wollen nach Italien? Sie sind illegal ausgereist über die Ostsee mit dem Segelboot, das ist schwerer Grenzdurchbruch, Herr Gompitz, Sie wissen wahrscheinlich, was das kostet."
10 „Entschuldigen Sie, aber es war kein schwerer, sondern einfacher Grenzdurchbruch, weil ich weder in Gruppe noch mit falschen Papieren noch unter Mitführung gefährlicher Gegenstände noch im Wiederholungsfalle und auch
15 nicht mit Beschädigung von Grenzsicherungsanlagen meine illegale Ausreise bewerkstelligt habe."

„Das werden wir prüfen. Wissen Sie, für uns ist die ganze Sache vergessen, wenn Sie sofort zu-
20 rückreisen, dann sage ich Ihnen jetzt hier ohne weiteres Straffreiheit zu."
„Nee, das geht nicht. Ich muss erstmal nach Italien. Deshalb hab ich das alles doch gemacht!"
„Italien können Sie vergessen."
25 „Ich gehe nur dann sofort zurück, wenn Sie mir hier einen Pass mit Visum für Österreich und Italien geben, dann brauch ich nicht durch die BRD, dann kann ich im Herbst in aller Ruhe wie der alte Johann Gottfried Seume von Sachsen
30 und Böhmen über Österreich nach Italien."
„Seien Sie froh, Herr Gompitz, wenn ich Ihnen hier Straffreiheit zusichere, aber Italien können Sie sich wirklich abschminken." […] (S. 114–115)

4.3 Inszenieren Sie den Dialog zwischen Gompitz und dem DDR-Beamten.

5 Die Reise nach Syrakus

5.1 Reisen früher und heute – Was ist anders?
Was sagt der Textabschnitt auf Seite 178?

Anfang September 1988 hat Gompitz alles getan, was er in der BRD tun wollte. Am 11. September ist er in Wien. Von dort folgt er den Spuren Johann Gottfried Seumes, dessen Buch „Spaziergang nach Syrakus im Jahre 1802" Vorbild für die Reise von Paul Gompitz ist.

Reise mit der Postkutsche im 19. Jahrhundert

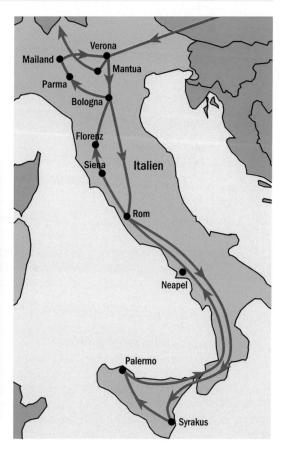

Nach einer in Aufregung halb durchwachten, halb unruhig durchträumten Nacht fährt er mit dem frühesten Zug, dem EuroCity „Romulus", ins Gebirge hinein. Regenwetter, von den Alpen
5 ist nicht viel zu sehen. Ein freundlicher Inder aus England sitzt im Abteil, die Fragen nach dem Woher und Wohin in dürftigem Englisch sind rasch erledigt und Paul sieht sich in seiner gespannten Müdigkeit allein mit dem Reisege-
10 fährten Seume unterwegs. Für die Strecke von Wien durch die Ostalpen nach Triest im Januar 1802 hat der ganze 24 Tage gebraucht. Er schämt sich fast dafür, das erste Ziel, bequem sitzend, in achteinhalb Stunden zu erreichen. Du weißt,
15 Seume, murmelt er vor sich hin, während der Zug durch die Wolken auf den Semmering

steigt, ich wäre auch gern so gelaufen wie du, zwei Jahre Zeit und das Geld dazu, aber …

Seumes Route hat er genau im Kopf, einge-
20 brannt seit Jugendzeiten, er will ihr nach Mög-lichkeit folgen. Dank Seume findet er sich aus-reichend vorbereitet und verzichtet auf die teuren, dicken Reiseführer. Die einzige Land-karte, die er mitführt, ist eine billige Werbekarte
25 des ADAC, auf der man die Eisenbahnstrecken mit der Lupe suchen muss. Eine Broschüre „Italienisch für Anfänger" soll im Notfall helfen, ein paar Höflichkeitsformeln, die Frageworte und Zahlen hat er in Hamburg gepaukt.
(S. 121–122)

5.2 Noch eine Grenze – Stellen Sie Unterschiede und Ähnlichkeiten fest.

Reise mit der Eisenbahn

Der Himmel klart auf, an der Grenzstation Tarvisio hat er endlich den ersehnten freien Blick die Gipfel hinauf, Schneemuster auf Steil-felsen auf dem Hintergrund eines blendenden
5 Blaus. Carabinieri mit Maschinenpistolen und finstere Zivilisten mit Fahndungszetteln stapfen durch den Zug, Paul reißt die Abteiltür auf und probiert seinen ersten Satz in italienischer Sprache: „Buon giorno, bella Italia!" Ein Polizist
10 lächelt und sagt „Grazie!", ein anderer wirft einen kurzen Blick auf den Hamburger Ausweis und der Rostocker Sachse, das permanente Opfer aller sozialistischen Kontrolleure, hat das letzte Grenzhindernis hinter sich. Dafür richten
15 die Bewaffneten allen Verdacht auf den Inder, prüfen seinen Pass, durchwühlen sein Gepäck, drehen ihn zur Wand, tasten ihn ab und fragen ihn aus. […] (S. 122)

Gompitz besucht Triest und Venedig und kommt schließlich in Rom an. Die Eindrücke der Reise überwältigen ihn.

5.3 In Rom, kurz vor dem Ziel – Gompitz denkt über seine Erfahrungen nach. Was sind seine Proble-me? Machen Sie Notizen.

einfach	schwer
Grenztruppen überlisten	die Angst, die Freunde zu verlieren

Er schläft wenig in der heißen Nacht. Die Grenztruppen überlis-ten, überlegt er, das ist eigentlich relativ einfach gewesen, du musstest dich nur in ihre Psyche und ihre Technik hineindenken. Und einfach war es, sich das Scheitern vorzustellen, wenn sie dich
5 geschnappt und in den Knast geschmissen hätten, auch darauf warst du vorbereitet, ruhig bleiben, keine Angst zeigen, damit du nicht durchdrehst. Schwieriger ist es schon, seit du es gepackt hast, mit der Furcht, die Frau und die Freunde und die Heimat zu verlieren. Tag und Nacht von der Frage belästigt werden:

10 Wie kommst du wieder zurück? Das ist anstrengender, als du
   dachtest, aber damit war zu rechnen. Nur auf ein Problem warst
   du nicht vorbereitet: Wenn du kein Problem mehr hast.
   Wie sieht es in deiner Psyche aus, wenn du es gepackt hast? Wenn
   du monatelang weg bist von zu Hause? Wenn du hier in Italien
15 von Stadt zu Stadt rauschst und die Italiener siehst bei ihrem
   ständigen Augengeficke? Und je weiter es weggeht von Rostock,
   desto schwerer werden dir die Schritte, desto unangenehmer das
   Gefühl in der Herzkruste, dich immer weiter von dir selbst zu
   entfernen, das alles war nicht geplant.
20 Nach dem Aufwachen beschließt er, Rom in 24 Stunden zu
   verlassen und die Italienreise so schnell wie möglich hinter sich
   zu bringen. In der Frühe im Forum geht es ihm besser, er fühlt
   sich am Geburtsort des Abendlandes, denkt an Cicero und all die
   berühmten Römer, die zwischen diesen Steinen gelebt haben.
   [...] (S. 131–132)

5.4 Postkarten aus Syrakus – Gompitz schreibt an seine Frau Helga, an seine Freunde und Bekannten und an die
„Ständige Vertretung der DDR in Bonn". Suchen Sie sich einen Adressaten aus und schreiben Sie eine Postkarte
für Gompitz.

5.5 Lesen Sie den Brief von Gompitz an seine Frau.

Am 26.9.1988 erreicht Paul Gompitz das Ziel seiner Reise. Er schreibt:

„Liebe Helga! Seit zwei Tagen bin ich am Ziel
meiner Reise, in Syrakus. Syrakus und die Insel
Sizilien sind nicht nur das Armenhaus im wohl-
habenden EG-Staat Italien, sie sind für mich
5 auch über Jahrtausende überkommenes Hellas,
Griechenland in seiner kulturellen Blüte …
„Das Land der Griechen mit der Seele suchen"
war im vorigen Jahrhundert ein geflügeltes Wort
bei den Reisenden in den levantinischen Raum.
10 Nun erkenne ich, dass diese mehr erfordert, als
aus der DDR heraus eine Italienreise zu ertrot-
zen. Das hier braucht Zeit und völlige Ausgeli-
chenheit. Beides habe ich nicht!" [...] (S. 133)

Teatro Greco (griechisches Amphitheater)

Alle Freunde in der DDR kriegen eine Ansichts-
15 karte, auch die Cousine und die westdeutschen
Bekannten. Eine besonders kitschige hat er für
den Mann aus der Ständigen Vertretung der
DDR in Bonn ausgewählt: „Ich bin am Ziel
meiner Reise, leider nicht mit einem Pass der
20 DDR. Viele herzliche Grüße aus Syrakus."
   [...] (S. 140)

Der Hafen von Syrakus

5.6 Die Reise von Gompitz war ein Erfolg, aber er kann sich nicht richtig freuen. Finden Sie Gründe in den
Textabschnitten 5.3 und 5.5 und äußern Sie Vermutungen.

In Zeile … steht,
dass er Angst hat, die
Freunde zu verlieren.

Ich kann mir
vorstellen, dass …

Wenn man ein Leben
lang in einem Land wie der DDR
gelebt hat, dann …

6 Die Rückkehr

6.1 Suchen Sie die Stationen seiner Rückreise auf der Europakarte.

Nun beginnt die Rückreise. Über Palermo, Neapel und Rom kommt er wieder nach Norditalien: Siena, Florenz, Bologna, Parma.

Er merkt, wie ihm leichter wird, je weiter er nach Norden kommt, je kürzer die Entfernung zu Rostock wird. Das große Ziel ist erreicht, nun wird er für den Rest seines Lebens etwas zu
5 erzählen haben: Ich war in Syrakus. […] (S. 142)

Mailand, Verona und schließlich Mantua, das er aus einem Opernfilm aus seiner Jugendzeit kennt. Beim Gang durch die Straßen erinnert er sich an die Gefühle, die die Verfilmung von Verdis „Rigoletto" damals in ihm ausgelöst hat. In seinem Kopf erklingt die Musik, er sieht die schönen Frauen vor Augen und erinnert sich an seine Träume von der Befreiung der Benachteiligten.

Die Rückreise geht weiter über München, Heidelberg und Trier nach Hamburg. Am 19. Oktober fährt Gompitz mit dem Zug zurück in die DDR. Seine größte Angst ist, dass ihn
10 die DDR nicht mehr ins Land lassen könnte. Gegen 15 Uhr hält der Zug am Grenzübergang Herrnburg. Stiefelabsätze im Gang wie eine zackige Heimatmelodie. Paul Gompitz reicht seinen Personalausweis dem ersten grauen
15 Genossen.
„Ach Herr Gompitz, Sie sind wieder da? Dann kommen Sie mal mit!" […] (S. 152)

Paul Gompitz wird verhaftet.

6.2 Gompitz wird verhört. Schreiben Sie je drei Fragen auf, die Sie von dem „Vernehmer" erwarten. Lesen Sie danach den folgenden Abschnitt.

Der Vernehmer schreibt nicht mit, macht sich nur manchmal Notizen, als sei er von der Harmlosigkeit des Verhörten bereits überzeugt. […]

Bald ist nur noch von Italien die Rede, Paul
5 schildert auch die Szene auf der Piazza in Mantua mit der Rigoletto-Ouvertüre, verschweigt sogar seine Tränen nicht – und sieht auf einmal die Augen des Vernehmers feucht werden, was den Erzähler wiederum zu einer
10 zerquetschten Träne rührt. Es fehlt bloß noch, dass der Stasimann ausspricht, was sein Gesicht sagt: Mensch, so eine Reise muss ich endlich auch mal machen! Ehe dieser Augenblick für beide peinlich wird, sagt Paul: „Ja, so ist die
15 Welt!" […] (S. 157)

Nach einigen Verhören kommt Gompitz in eine Art Gefängnis.

6.3 Lesen Sie weiter. Warum bezeichnet Gompitz den Ort, an den er nun gebracht wird, als „kleine DDR"?

Verschiedene Zonen seien zu beachten, eine Zone, in der man sich frei bewegen dürfe, eine zweite Zone, für die man eine Erlaubnis brauche, und eine dritte, die nur für das
5 Personal zugänglich sei. Er könne arbeiten, Laubfegen für 3 Mark die Stunde, er habe jeder-
zeit für Gespräche mit der Leitung bereit zu sein, telefonieren erlaubt.
Da bin ich ja in einer richtigen kleinen DDR
10 gelandet, denkt Paul, als er sein Bett bezieht. […] (S. 160)

6.4 In 6.3 werden viele Anweisungen in der indirekten Rede zitiert. Schreiben Sie auf, was der Gefängnisbeamte gesagt hat und spielen Sie die „Rede" vor.

> Sie müssen verschiedene Zonen beachten. Es gibt eine Zone, in der man sich frei bewegen darf …

6.5 Reisepläne

„Sie werden jetzt in die DDR entlassen", sagt ein Offizier, offenbar der Chef des Lagers … „Aber eins würde ich gern noch wissen, Herr Gompitz, wie haben Sie sich Ihr Leben nun vorgestellt,
5 haben Sie denn so was wieder mal vor?"
„Natürlich mach ich so was nicht mehr, so nicht, aber eigentlich möchte ich gern in meinem Leben noch mal nach Großbritannien. Das wollte ich jetzt schon machen, aber das ging
10 leider nicht wegen meiner Frau."

„Na, was dachten Sie denn, wann haben Sie das denn vor mit Britannien?"
„Ich dachte, wenn ich 50 bin, im Frühjahr 91."
„Ach, dann erst", meint der Chef und winkt ab,
15 „bis dahin brauchen Sie sich keine Sorgen zu machen. Bis dahin wird das schon gehen!"
Da muss es aber böse aussehen im Land, denkt Paul, wenn sie einem Grenzdurchbrecher schon so freundlich die nächste Reise anbieten! […]
(S. 164)

7 Abschlussgespräche

7.1 Wir geben Ihnen hier einige Stichpunkte, die Sie in ein Abschlussgespräch über die Erzählung integrieren könnten.

Freiheit = Reisefreiheit?
Hat sich die Reise gelohnt?
Wie hat Gompitz' Frau seine Reise erlebt (Angst, Wut, Enttäuschung, Verrat …)?
Wie sieht die Zukunft von Gompitz aus?
Was wäre gewesen, wenn …

7.2 Interview mit F. C. Delius. Sammeln Sie zuerst Fragen, die Sie dem Autor stellen würden. Hören Sie dann das Interview.

Friedrich Christian Delius, Schriftsteller,
*1943 in Rom, lebt in Berlin

7.3 Nachdenken über das Lesen

> schwer   leicht   viel/wenig Zeit   Vergnügen   Spaß   Anstrengung   Entspannung
> Langeweile   spannend   interessant   nie wieder   mehr   zu Hause   im Kurs
> Wörterbuch   selbst entdecken   Wortschatz   Grammatik   Kultur

Option 3: DAS ENDE VOM ANFANG

.... *ein Spiel, Übungen selbst machen, über den Kurs und das Lernen nach dem Kurs nachdenken, ein Lied*

1 Das war eurolingua Deutsch – eine Rallye zum Selbermachen

1.1 Auf dieser Seite finden Sie Abbildungen aus Eurolingua Deutsch. Die meisten sind aus Band 3. Einige sind auch aus Band 1 und 2. Erfinden Sie zu fünf der Bilder je eine Aufgabe. Tauschen Sie die Aufgaben im Kurs. Die anderen Gruppen müssen die Aufgabe lösen.

1.2 Sie hören einige Ausschnitte aus Tonaufnahmen zu Band 3. Zu welchen Bildern passen sie? Worum ging es jeweils?

2 Fragen über Fragen

2.1 Klassenumfrage – Jede Gruppe sucht sich fünf Fragen aus, die sie für wichtig hält, und befragt die anderen im Kurs. Sie können auch noch Fragen ergänzen.

1. ☐ Gab es genug oder hätte es eher mehr bzw. eher weniger Hörtexte/Hörübungen, Lesetexte, Grammatikübungen, Schreibaufgaben, Projekte im Kurs geben sollen?
2. ☐ Hat Ihnen die Mischung an Arbeitsformen gefallen, oder fanden Sie, dass es zu viele bzw. zu wenige Einzel-, Partner- oder Gruppenübungen gegeben hat?
3. ☐ Haben Sie etwas über Ihre eigene Kultur/Heimat gelernt, was Ihnen vorher nicht so klar war?
4. ☐ Haben Sie in dem Kurs etwas über Ihre Muttersprache gelernt, was Sie vorher nicht wussten?
5. ☐ Hat sich Ihr Bild von Deutschland / Österreich / der Schweiz durch den Kurs geändert?
6. ☐ Könnten Sie eine „Hitliste" mit typischen kulturellen Missverständnissen erstellen?
7. ☐ In welchen Situationen macht Ihnen das Deutschsprechen am meisten Spaß?
8. ☐ Ist Deutsch für Sie eine sympathische/nette/schöne Sprache (Skala 1–10)?
9. ☐ Ihr Sprachinstitut will die Sprachkurse verbessern. Geben Sie drei Tipps.
10. ☐ Haben Sie die Grammatik im Lernerhandbuch benutzt? War sie eine Hilfe?
11. ☐ Gibt es sprachliche Situationen, vor denen Sie noch etwas Angst haben?
12. ☐ Haben Sie im Kurs überlegt, wie Sie effektiver Deutsch lernen könnten?
13. ☐ Hat Ihnen das Lernerhandbuch geholfen, Ihren Lernstil zu verbessern?
14. ☐ Erwarten Sie berufliche Vorteile durch Ihre Deutschkenntnisse?
15. ☐ War das Lernen schwerer oder leichter, als Sie gedacht haben?
16. ☐ Welche Themen in diesem Buch haben Ihnen gut gefallen?
17. ☐ Hat der Deutschkurs etwas an Ihrem Leben verändert?
18. ☐ Konnten Sie vorher schon eine andere Fremdsprache?
19. ☐ Verstehen Sie „die Deutschen" jetzt besser?
20. ☐ Welche Themen fanden Sie eher langweilig?
21. ☐ Was haben Sie besonders gern gemacht?
22. ☐ Wenn Sie viel Zeit hätten, welche Sprache würden Sie noch gerne lernen?
23. ☐ Wie lange haben Sie jetzt Deutsch gelernt?
24. ☐ Wo haben Sie Ihre Deutschkenntnisse schon anwenden können?
25. ☐ Was haben Sie nicht gern gemacht?
26. ☐ Was war Ihr lustigster „Fehler"?
27. ☐ Was war schwer, was war leicht?
28. ☐ Wollen Sie weiterlernen?
29. ☐ Was wollen Sie weiterlernen?
30. ☐ Wie wollen Sie weiterlernen?

2.2 Stellen Sie Ihre Ergebnisse im Kurs vor.

HINWEIS: Wenn Sie Lust haben, dann schicken Sie einen Bericht über Ihre Umfrage an den Verlag. Sie können uns damit helfen, die Bücher immer besser zu machen. Adresse: Cornelsen Verlag, Stichwort: Eurolingua deutsch, Postfach 33 01 09, D 14171 Berlin, e-mail: c-mail@cornelsen.de

2.3 Projekt: Wie können wir weiterlernen? Sammeln Sie Informationen und tauschen Sie sie im Kurs aus.

Hinter'm Horizont geht's weiter

Udo Lindenberg (* 1946) gehört zu den Mitbe-
gründern der Rock-Musik in deutscher Sprache.
Berühmt wurde er mit der Band „Panikorchester".
Lindenberg hat sich immer auch sozial engagiert.
So z.B. in der Friedensbewegung und für den
Umweltschutz. Lindenberg lebt seit Jahren in
einem Hamburger Hotel.

Wir war'n zwei Detektive,
die Hüte tief im Gesicht.
Alle Straßen endlos,
Barrikaden
gab's für uns doch nicht.
Du und ich,
das war einfach unschlagbar,
ein Paar wie Blitz und Donner.
Und immer nur
auf brennend heißer Spur.

Wir war'n so richtig Freunde
für die Ewigkeit,
das war doch klar.
Haben die Wolken nicht gesehen
am Horizont,
bis es dunkel war.

Und dann war's passiert,
hab es nicht kapiert.
Ging alles viel zu schnell.
Doch zwei wie wir,
die dürfen sich nie verlier'n.

Hinter'm Horizont
gehts weiter,
ein neuer Tag –
hinter'm Horizont …
immer weiter.

Zusammen sind wir stark.
Das mit uns ging so tief rein,
das kann nie zu Ende sein.
So was Großes
geht nicht einfach so vorbei.

Du und ich,
das war einfach unschlagbar.
Ein Paar wie Blitz und Donner.
Zwei wie wir,
die können sich nie verlier'n.

Hinter'm Horizont …

Text: U. Lindenberg / Musik U. Lindenberg, B. Reszat

ANHANG

ALPHABETISCHE WORTLISTE

Die alphabetische Wortliste enthält den Wortschatz von Einheit 1 bis 15. Den Wortschatz aus den Optionen 1 bis 3 finden Sie im Vokabeltaschenbuch bzw. in den Glossaren.

Wörter, die nicht zum Lernwortschatz gehören, sind *kursiv* gedruckt.

Wenn in Band 3 Wörter aus den ersten beiden Bänden wieder vorkommen, die nicht zum Lernwortschatz gehörten, so sind sie hier mit aufgeführt.

Aus Lesetexten und Liedern ist nur der Wortschatz aufgenommen, der zum Lernwortschatz zählt.

Wörter, die sich aus Wortbildungsregeln leicht erschließen lassen, sind weggelassen, sofern sie nicht zum Lernwortschatz gehören (Beispiel: Wenn **häufig** bereits bekannt ist, wird **Häufigkeit** nicht mehr eigens genannt). Dies gilt auch für Komposita.

Die Zahlen geben an, wo ein Wort zum ersten Mal vorkommt (z.B. bedeutet 5/3.1: Einheit 5, Abschnitt 3.1).

Zahlen in Klammern zeigen Bedeutungsvarianten an.

Ein • oder ein – unter dem Wort markiert den Wortakzent:
a̢ = kurzer Vokal
a̱ = langer Vokal

"	Umlaut im Plural des Nomens.
*	Es gibt dieses Nomen nur im Singular.
*, *	bei Nomen: nur Singular, kein Artikel; bei Adjektiven: keine Steigerungsformen.
Pl.	Es gibt dieses Nomen nur im Plural.

A

abbilden 2/2.1
abdanken 4/1.2
Abendessen, das, - 5/4.4
abfahren, fuhr ab, abgefahren 3/3.5
Abfahrt, die, -en 3/3.3
Abfall, der, "-e 10/5.1
abhängen, hing ab, abgehangen 10/1.8
abhören (2) 1/2.1
Ablauf, der, "-e 10/3.4
ablesen, las ab, abgelesen 11/6.5
Abnahme, die, -n 8/3.2
abschalten 10/4.1
Abschlussprüfung, die, -en 1/4.1
abschneiden, schnitt ab, abgeschnitten 8/4.3
Abschnitt, der, -e 1/2.1
abschreiben, schrieb ab, abgeschrieben 5/4.4
abstammen 9/2.3
Abstammung, die, -en 4/1.2
abstürzen 12/1.5
abtrennbar 5/4.3
abtrennen 5/4.2
abwechslungsreich 13/4.2
abwenden, wendete ab, abgewendet / wandte ab, abgewandt 3/1.1
Adel, der, * 4/2.1
adlig 6/1.2
Aggressivität, die, -en 2/5.7
Agrarstaat, der, -en 4/2.1
Aktion, die, -en 4/6.7
Aktiv, das, -e 4/5.3
aktualisieren 13/4.2
akzeptieren 4/6.4
allgemein 1/2.5
als ob 5/4.5
alternativ 10/4.1
Alternative, die, -n 6/4.5
andererseits 14/3.2
Anekdote, die, -n 5/2.3

Anerkennung, die, * 3/1.1
anfahren, fuhr an, angefahren 8/4.3
Anforderung, die, -en 13/2.1
anführen 14/5.3
angeblich 5/2.3
angebracht 6/1.2
angehören 11/5.1
angreifen, griff an, angegriffen 9/4.3
Angriff, der, -e 4/1.2
anhängen 5/6.5
ankommen (2) (auf), kam an, angekommen 7/3.3
Ankunft, die, "-e 3/3.3
anlangen (= ankommen) 4/6.6
anmachen 3/3.4
Anregung, die, -en 14/3.4
anschließen, schloss an, angeschlossen 4/4.6
anschließend 1/4.1
Anschluss, der, "-e 1/4.1
Anschrift, die, -en 1/4.2
Ansicht, die, -en 2/4.9
anstarren 1/2.2
Anstrengung, die, -en 15/7.3
Anteil, der, -e 13/2.1
antidemokratisch 4/4.2
antifaschistisch 15/3.1
antik 2/4.10
Antike, die * 14/2.1
Antrag, der, "-e 13/5.1
Anzahl, die, * 10/1.8
anzünden 4/4.2
Arbeiteraufstand, der, "-e 4/4.6
Arbeiterpartei, die, -en 4/4.2
arbeitswütig 12/3.1
architektonisch 12/3.1
argumentieren 8/7.4
Armee, die, -n 4/1.3
Armut, die, * 10/3.3
Art, die, -en 6/4.6
Assistentin, die, -nen 13/4.2
Ast, der, "-e 3/1.2
Asylbewerber, der, - 9/1.2

atmen 10/2.1
Atomenergie, die, * 11/5.1
Atomreaktor, der, -en 6/4.6
aufbauen 1/4.6
Aufbaulehrgang, der, "-e 1/3.2
aufbewahren 15/2.4
aufführen 8/8.1
aufgeben (2), gab auf, aufgegeben 9/3.11
Aufgeschlossenheit, die, *
14/5.3
aufgrund 3/3.1
aufhalten, hielt auf, aufgehal-
ten 6/4.6
aufhängen 14/1.4
aufmerksam 9/4.4
aufnehmen, nahm auf, aufgenommen 10/1.4
aufrütteln 12/3.1
Aufstand, der, "-e 4/1.2
Aufstieg, der, -e 12/1.5
aufteilen 4/3.8
Auftrag, der, "-e 7/1.3
aufwachsen, wuchs auf, aufgewachsen 2/5.2
aufwühlen 4/6.6
Augenblick, der, -e 1/2.2
ausbrechen, brach aus, ausgebrochen 12/3.1
ausdrücken 3/2.4
auseinander 2/3.1
Ausfahrt, die, -en 15/3.1
Ausführung, die, -en 14/2.1
Ausgabe, die, -n 13/5.4
Ausgangspunkt, der, -e 7/2.3
ausgezeichnet 2/4.10
ausgleichen, glich aus, ausgeglichen 1/4.5
aushalten, hielt aus, ausgehal-
ten 10/4.1
aushängen 6/4.7
Ausländer, der, - 7/4.6
Ausländeramt, das, "-er 9/4.3
Ausländerin, die, -nen 7/4.6
auslösen 4/2.1
ausreichen 2/4.4
ausreisen 15/2.4
ausrufen, rief aus, ausgerufen
4/1.2
außer 3/3.1
äußerer, äußeres, äußere
7/3.3
außerhalb 7/2.2
Äußerlichkeit, die, -en 7/3.2
Äußerung, die, -en 2/1.6
Aussicht, die, -en 3/1.1

aussteigen, stieg aus, ausge-
stiegen 5/4.4
ausstellen 12/1.5
Aussterben, das, * 10/1.8
aussuchen 13/4.2
austauschen 1/5.2
Auswahl, die, * 5/1.1
auswählen 1/1.1
auswärtig 11/2.3
ausweiten 14/2.1
Auswirkung, die, -en 14/3.1
auswischen 8/6.6
Auswischmethode, die, -n
9/3.3
Auszug, der, "-e 2/1.4
Autoabgas, das, -e 8/7.3
Autobahn, die, -en 3/3.1
automatisch 9/3.2
Automobil, das, -e 9/2.3
Autorin, die, -nen 9/3.6
autoritär 1/5.1

B

Bad (2), das, "-er 10/1.1
Baguette, das, -s 2/1.2
Band (= Musikgruppe), die, -s
8/8.1
Bankkonto, das, -konten
9/3.12
Bär, der, -en 5/6.5
Bärchen, das, - 5/6.1
barfuß 12/1.3
barock 7/1.3
Baudenkmal, das, "-er 2/4.10
Bauernhof, der, "-e 14/3.5
Baumfällen, das, * 6/1.2
Baumwolle, die, * 2/4.10
Baustelle, die, -n 6/4.5
bedanken (sich) 5/4.4
beeilen (sich) 8/6.4
beeinflussen 6/4.7
beenden 7/5.4
befestigen 12/1.5
befinden (sich), befand,
befunden 7/2.2
befragen 5/3.1
befreien 4/1.2
Befreiung, die, -en 15/6.1
befriedigend 1/4.5
Befugnis, die, -se 14/4.1
befürchten 14/3.2
Befürworter, der, - 6/4.7
begreifen, begriff, begriffen
1/2.2
begrüßen (sich) 7/3.3

Begrüßungsgeld, das, -er 4/6.7
behindern 8/3.1
Behinderte, der/die, -n 4/4.2
Behörde, die, -n 13/4.2
Beil, das, -e 6/1.2
beinahe 14/2.1
Beitrag, der, "-e 13/5.4
beitragen, trug bei, beigetragen 10/5.3
bekannt geben, gab bekannt,
bekannt gegeben 4/2.1
Bekannte, der/die, -n 7/1.8
Belagerung, die, -en 7/5.4
belegen 15/3.4
beliebig 12/5.5
Benachteiligte, der/die, -n
15/6.1
Benzin, das, -e 8/4.6
beobachten 8/4.2
bequem 3/3.1
bereits 13/4.2
bereuen 5/3.3
Bericht, der, -e 6/1.2
beruflich 1/4.5
berufsbildend 1/3.1
Berufsqualifikation, die, -en
13/2
berühren 5/2.7
Besatzungszone, die, -n 4/3.8
beschädigen 8/4.3
beschaffen 15/2.4
beschäftigen 3/1.4
beschimpfen 9/4.3
beschließen, beschloss,
beschlossen 5/4.4
Beschluss, der, "-e 11/4.1
besetzen 4/3.8
besichtigen 7/2.5
besiegen 4/1.2
Besitz, der, * 7/3.3
Bestandteil, der, -e 9/2.3
bestehen (2), bestand, bestanden 8/6.4
bestimmen 1/2.3
bestrafen 5/1.3
bestreiten, bestritt, bestritten
13/2.1
Betätigung, die, -en 11/1.1
beteiligen 8/4.3
Betonblock, der, "-e 10/3.2
betragen, betrug, betragen
6/4.6
betreffen, betraf, betroffen
11/2.4
betreuen 1/4.6
Betriebsklima, das, -s 1/4.5

betrügen, betrog, betrogen 15/4.2
Bettfeder, die, -n 12/3.1
Bevölkerung, die, -en 4/1.2
bewaldet 3/4.2
Bewerberin, die, -nen 1/4.6
Bewunderung, die, * 8/1.5
bezeichnen 12/4.1
Bezeichnung, die, -en 9/1.2
beziehen 6/3.1
Beziehung, die, -en 11/5.1
Bibel, die, -n 6/4.1
Biber, der, - 6/1.2
Bildrand, der, "-er 3/1.3
Bildschirm, der, -e 13/3.3
Bildung, die, -en 11/1.1
Biologie, die, 1/2.2
bisher 1/4.5
bissig 11/7.1
Blödsinn, der, * 12/1.5
Bohne, die, -n 7/5.4
Bombe die, -n 4/1.2
boomen 14/3.4
Boot, das, -e 10/3.2
Börsenkrach, der, "-e 4/1.2
Botschafter, der, - 15/3.7
brauchen (2) 4/5.1
Braune, der, -n 7/4.6
bremsen 8/4.3
brennen, brannte, gebrannt 4/1.2
brüllen 1/2.2
Brunnen, der, - 7/2.5
brutto 13/4.2
Buchhändler/Buchhändlerin, der/die, -/-nen 13/4.1
Bundesstraße, die, -n 3/3.1
Bundesversammlung, die, -en 11/2.3
Bündnis, das, -se 11/5.1
Burg, die, -en 7/2.5
Bürger, der, - 4/1.2
Bürgerinitiative, die, -n 11/5.1
Bürgermeister, der, - 4/6.6
Bürokratie, die, -n 14/3.5
Bürowirtschaft, die, -en 1/4.6
Busch, der, "-e 3/1.2
Busfahrt, die, -en 7/1.6
bzw. (= beziehungsweise) 3/3.1

C

ca. (= zirka) 3/3.1
Cafezinho, der, -s 7/4.7
Cappuccino, der, - 7/4.6
Cateringunternehmen, das, - 13/4.2
Chanson, das, -s 11/7.1
Chaot, der, -en 10/5.1
Charakter, der, Charaktere 4/5.2
Chemie, die, * 10/1.1
chemisch 10/5.1
christlich 11/5.1
chronologisch 1/3.2
CO_2-Belastung, die, -en 10/1.10
Collage, die, -n 14/1.2
Contra, das, * 8/7
Couscous, das, - 14/5.3

D

dadurch 14/3.1
dagegen 8/2.3
daheim 9/3.12
daher 1/2.2
dahin (2) 7/2.3
Dame, die, -n 7/2.5
Dankbarkeit, die, -en 5/1.2
darstellen 2/4.1
Darstellung, die, -en 3/1.1
darüber 1/1.2
darunter 3/1.3
dazu 1/2.2
Demokrat, der, -en 4/4.2
Demokratie, die, -n 4/2.1
demokratisch 4/1.2
Demonstration, die, -en 4/1.2
derselbe, dasselbe, dieselbe 2/3.1
derzeitig 14/5.3
Design, das, -s 1/3.2
deutschsprachig 1/4.11
diagonal 7/6.1
Diät, die, -en 7/1.6
dicht 7/4.1
dienen 9/3.6
Dienst, der, -e 6/1.2
Dienstleistung, die, -en 13/1.1
Diktatur, die, -en 11/5.1
Diminutiv, der, -e 5/6
Diskussion, die, -en 6/4.7
distanziert 12/4.1
Dollar, der, -/-s 5/2.3
Dom, der, -e 7/2.2
Donaukanal, der, "-e 7/2.2
Doppelzimmer, das, - 3/3.1
Draht, der, "-e 12/5.1
Draisine, die, -n 6/1.2

drängen 7/4.1
drastisch 13/3.1
draußen 5/4.4
dreieckig 12/5.3
Dummkopf, der, "-e 1/2.2
durchaus 14/3.1
Durchgang, der, "-e 7/5.3
durchlesen, las durch, durchgelesen 7/5.3
durchsetzen 13/5.4
durchsichtig 12/5.5
DZ (= Doppelzimmer) 3/3.1

E

ebenfalls 12/3.1
effizient 2/1.5
egal 2/1.6
ehemalig 14/3.1
eher 14/3.2
Eigeninitiative, die, -n 1/4.6
Eigenschaft, die, -en 13/5.1
einatmen 10/2.1
Einbahnstraße, die, -n 8/4.6
einbiegen, bog ein, eingebogen 8/4.3
Eindruck, der, "-e 2/4.4
einerlei (hier = eine; dieselbe) 6/4.2
einerseits 14/3.2
Einfluss, der, "-e 10/1.8
einführen 9/2.3
Einheimische, der/die, -n 9/4
einigen 1/4.6
Einmaleins, das, * 1/2.1
einordnen 2/2
Einrahmung, die, -en 3/1.6
Einrichtung, die, -en 13/3.1
einsetzen 5/4.4
Einspänner, der, - 7/4.6
Einsparung, die, -en 10/1.10
einsperren 4/4.4
Einstellung, die, -en 7/4.3
Eintrittskarte, die, -n 7/5.3
einüben 1/4.10
einverstanden (sein) 5/2.3
Einwanderer, der, - 9/1.2
Einzelzimmer, das, - 3/3.4
einzigartig 3/4.2
einziger, einziges, einzige 7/5.4
Eisenbahnverbindung, die, -en 6/4.7
Elektriker/Elektrikerin, der/die, -/-nen 13/1.1
Element, das, -e 3/3.5

Elend, das, * 4/2.1
E-Mail, die, -s 13/4.2
emigrieren 4/6.6
Emotion, die, -en 8/1
emotional 14/4.1
enden 4/3.8
engagieren 11/2.6
Engel, der, - 4/2.1
entfallen, entfiel, entfallen
5/4.3
Entfaltung, die, -en 7/4.1
entfernen 5/2.7
entfernt 3/3.1
Entfernung, die, -en 15/6.1
entgegenkommen, kam entgegen, entgegengekommen 8/4.3
Entscheidung, die, -en 1/3.2
entschlossen 15/2.3
Entsorgung, die, -en 10/5.1
Entspannung, die, -en 17/7.3
Entstehung, die, -en 4/5.2
entwickeln 4/2.1
Entwicklung, die, -en 1/4.11
Entwurf, der, "-e 12/3.1
Epoche, die, -n 7/2.5
Erbstruktur, die, -en 6/4.6
Erdöl, das, -e 7/1.1
ereignen (sich) 8/4.3
erfassen 8/4.3
erfinden, erfand, erfunden
5/6.4
Erfinder, der, - 6/1.2
erfragen 15/3.1
erhöhen 8/3.1
erklingen, erklang, erklungen
15/6.1
erlauben 15/2.3
erläutern 2/1.3
Erlebnis, das, -se 9/41
erleichtern 14/3.1
erleiden, erlitt, erlitten 8/4.3
Ermordung, die, -en 4/4.2
ermutigen 10/5.3
ernähren 6/1.2
ernennen, ernannte, ernannt
11/2.4
ernten 10/3.2
Ersatzbotschafter, der, - 15/3.7
ersetzen 2/3.1
erstmals 2/4.6
erstrebenswert 14/3.1
Erwachen, das, * 7/4.4
erwähnen 2/1.4
Erwerbstätige, der/die, -n
13/2.1
Erzähler, der, - 2/4.8
Erzählung, die, -en 2/4.4

Erziehung, die, * 10/4.1
Espresso, der, Espressi 7/4.7
Essgewohnheit, die, -en 7/4.3
Essstäbchen, das, - 2/1.2
Euro, der, -s/- 7/4.6
evangelisch 6/4.2
Examen, das, - 13/4.2
Exemplar, das, -e 6/3.4
Existenz, die, -en 4/1.2
Existenzminimum, das,
-minima 13/5.2
Expansionsmöglichkeit, die,
-en 10/3.2
experimentell 12/4.1
explodieren 6/4.6
exportieren 2/4.10
expressiv 12/4.1

F

Fabrikbesetzung, die, -en
10/5.1
Fachbereich, der, -e 1/3.2
*Fachinformatiker/Fachinfor-
matikerin,* der/die, -/-nen
13/4.1
Faden, der, "- 5/2.5
Fahrerin, die, -nen 8/4.3
Fahrgast, der, "-e 2/3.2
Fahrradkette, die, -n 6/1.2
Fahrradlenker, der, - 12/2.1
Fahrt, die, -en 3/3.1
Fahrzeit, die, -en 6/4.6
falls 6/3.4
Fas(t)nachtsbrunnen, der, -
12/3.1
faszinieren 12/1.5
Federschmuck, der, -e 2/1.2
feindlich 7/5.4
Fels, der, -en 3/1.2
feminin 12/4.1
Ferienort, der, -e 3/4.1
fern 9/3.2
fernhalten, hielt fern, fernge-
halten 10/3.2
Fernreise, die, -n 10/5.4
fertigen 6/1.2
fest 8/1.4
feucht 12/5.5
Filiale, die, -n 13/4.2
finanziell 13/4.2
finanzieren 13/3.1
finster 1/2.2
*Fließbandarbeiter/Fließband-
arbeiterin,* der/die, -/-nen
13/4.1

fließen, floss, geflossen 9/3.2
Floristin, die, -nen 13/1.5
Flucht, die, -en 4/5.2
flüchten 4/6.4
Flüchtling, der, -e 4/6.5
Flug, der, "-e 3/3.1
flüssig 12/5.5
Folge, die, -n 6/1.2
Folk-Musik, die, -en 14/5.2
fördern 3/1.1
Forschung, die, -en 13/1.1
Fortschritt, der, -e 6
Fragebogen, der, - 1/2.5
Frauchen, das, - 5/6.9
Fräulein, das, - 5/6.9
freiberuflich 1/3.2
Freiherr, der, -en 6/1.2
Freizügigkeit, die, -en 11/1.1
Fremde, die, * 9/3.12
Fremdenfeindlichkeit, die, -en
9/4.4
Freundschaft, die, -en 5/1.2
Friedensnobelpreis, der, -e
4/6.6
friedlich 8/7.3
frontal 8/4.3
Frosch, der, "-e 1/2.2
fruchtbar 9/3.12
Führer, der, - 4/1.2
Führerschein, der, -e 8/4.6
füllen 12/3.1
Funktion, die, -en 6/4.6
Fürst, der, -en 4/2.1
Fußgänger, der, - 8/4.3
Fußgängerzone, die, -n 8/7.3
Futter, das, * 7/5.4

G

Gabel, die, -n 5/6.7
garantieren 4/2.1
Gärtnerei, die, -en 13/3.1
Gastarbeiter, der, - 9/1.2
Gastfreundschaft, die, * 2/5.7
geb. (= geboren) 1/4.2
Gebäck, das, -e 5/6.9
geben (2) (sich), gab, gegeben
7/4.4
Gebiet, das, -e 4/2.1
Gebirge, das, - 15/5.1
Gebrüder *Pl.* 3/1.1
Gebühr, die, -en 10/5.1
Gedankenblase, die, -n 5/1.3
gefährden 8/7.3
Gefängnis, das, -se 15/6.2
Gegenargument, das, -e 6/4.7

J

Jagd, die, -en 6/1.2
Jahreswechsel, der, - 7/4.4
… jährig (z.B.: ąchtjährig, 8-jährig) 8/4.3
je …, dẹsto … 10/1.8
jedọch 15/2.4
jẹmals 12/1.5
jọbben 13/4.2
Jọdler, der, - 7/3.1

K

Kabarettịst, der, -en 11/7.1
Kạffeehaus, das, "-er 7/1.1
Kạffeekarte, die, -n 7/4.6
Kạiser, der, - 4/1.2
Kakạo, der, -s 12/5.6
Kạlk, der, -sorten/-e 10/3.2
Kạltemaschine, die, -n 6/1.2
Kanạl, der, "-e 6/4.6
Kandidạt, der, -en 11/2.4
Kantịne, die, -n 1/4.5
kapitalịstisch 4/3.8
kapituliẹren 4/2.1
Karriẹre, die, -n 12/3.1
Kartọn, der, -s 10/5.1
Katastrọphe, die, -n 4/6.2
Kạufmann, der, "-er 7/5.4
kaufmännisch 1/4.5
Kạufrausch, der, "-e 7/4.4
kegelförmig 12/5.3
Kẹhrwoche, die, -n 9/2.3
Kẹnntnis, die, -se 9/3.8
Kẹrnkraftwerk, das, -e 10/4.1
Kẹrnzeit, die, -en 1/4.6
Kẹtte, die, -n 10/3.3
Kịndheit, die, -en 9/3
Kịosk, der, -e 3/3.7
Kịrchturm, der, "-e 7/1.3
Kịste, die, -n 10/5.1
kịtschig 5/3.6
klagen 5/2.3
klären 1/4.6
Klạssik, die, * 3/1.1
Klẹidergeschmack, der, "-e 7/4.3
Klẹtte, die, -n 6/1.2
Klẹttverschluss, der, "-e 6/1.2
klịcken 13/4.2
Kliẹnt, der, -en 5/2.3
Klịnik, die, -en 8/4.3
Klischẹe, das, -s 2/1.4
Klọster, das, "- 1/1.1

km/h (= Stụndenkilometer, der, -) 8/4.6
Kọffer, der, - 3/3.4
Kọhle, die, -n 14/5.2
Koloniạlzeit, die, -en 14/1.4
Komfọrt, der, * 8/2.2
Komitẹe, das, -s 13/4.2
Kommentạr, der, -e 12/1.5
Kommilitọnin, die, -nen 9/3.10
Kommissiọn, die, -en 14/4.1
Kommunịst, der, -en 4/4.2
kommunịstisch 4/3.8
Kompaniẹ, die, -n 7/5.4
Komplimẹnt, das, -e 5/3.7
Komponịst, der, -en 7/5
Konflịkt, der, -e 4/2.1
Kọnjunktiv, der, -e 2/3
Konkurrẹnzfähigkeit, die, -en 13/5.2
konstruiẹren 12/3.1
Konstruktiọn, die, -en 11/4.3
Konstruktiọnsprinzip, das, -ien 12/3.1
Kontinẹnt, der, -e 6/4.6
Kontrọlle, die, -n 2/5.7
kontrolliẹren 1/5.1
Konzentratiọnslager (= KZ), das, - 4/1.2
Konzẹrn, der, -e 13/4.2
konzipiẹren 12/3.1
Korạlle, die, -n 10/3.2
Kọrb, der, "-e 5/2.7
körperlich 1/5.1
Korrektụr, die, -en 13/4.2
Korrespondẹnz, die, -en 1/4.6
Kọsename, der, -n 5/6
kọstbar 7/5.4
Kọsten *Pl.* 4/4.2
kräftig 6/1.2
Krạnkenkasse, die, -n 6/3.5
kreatịv 12/4.1
Krẹidefelsen, der, - 3/1
Krẹislauf, der, "-e 8/7.3
kritisch 6/4.7
Krịtische, das, * 7/4.4
kritisiẹren 11/6.3
krụmm 12/5.3
Kụh, die, "-e 12/4.1
kühl 9/3.2
Kühlschrank, der, "-e 2/5.3
kulinạrisch 3/4.2
kulturẹll 4/2.1
Kulturmetropole, die, -n 4/2.1
Kündigungsschutz, der, * 13/5.2
Kụnstexperte, der, -n 12/2.1

kụnsthistorisch 7/2.2
Künstlerbewegung, die, -en 3/1.1
künstlich 6/4.6
Kụnstzweig, der, -e 1/3.2
Kụppel, die, -n 7/1.3
Kuriẹr, der, -e 7/5.4
kürzen 14/3.5
Kụrzgeschichte, die, -n 1/2.1
Küsschen, das, - 5
Küste, die, -n 3/4.1
KZ (= Konzentratiọnslager, das, -) das, - 4/1.2

L

Labọr, das, -s 1/4.6
Laborạntin, die, -nen 1/4.11
lächerlich 15/3.3
Lạden, der, "- 6/3.2
lạden, lud, gelạden 8/7.3
Lager, das, - 7/5.4
Lạndschaft, die, -en 3/4.1
Lạndstraße, die, -n 8/4.6
Lạndwirt/Lạndwirtin, der/die, -e/-nen 13/1.1
Langeweile, die, * 1/1.1
länglich 5/6.9
lạngweilen 14/2.1
Lärmbelastung, die, -en 10/1.10
lästig 14/3.1
Lạstwagen, der, - 8/3.1
Latẹin, das, * 9/2.3
Lạuf, der, "-e 14/2.1
laut (2) 8/4.3
lebẹndig 9/3
Lebensunterhalt, der, * 13/2.1
Lebewesen, das, - 10/1.8
Lederhose, die, -n 2/1.2
legạl 15/3.6
legendär 3/4.2
Lehrgang, der, "-e 1/4.6
Leidenschaft, die, -en 5/1.2
Leinwand, die, "-e 3/1.1
Lẹrnende, der/die, -n 1/1.3
Lẹrntagebuch, das, "-er 9/3.11
Leseprotokoll, das, -e 15/3.1
Lẹvel, der, -s 14/3.1
Liberalịsmus, der, Liberalịsmen 11/5.1
liẹb 5/3.7
liẹb haben 5/3.7
Lieblingsfach, das, "-er 1/2.4
Lieblingsspruch, der, "-e 12/3.1

Lieferwagen, der, - 8/4.3
Link, der, -s 11/3.6
Lippe, die, -n 5/2.7
Literat, der, -en 7/4.1
loben 11/4.3
locker 7/3.3
Löffel, der, - 5/6.7
logisch 7/5.3
Lohn, der, "-e 11/1.1
lohnen (sich) 3/4.1
Lokführer, der, - 1/3.2
losfahren, fuhr los, losgefahren
8/2.3
luftgefüllt 6/1.2
Lunge, die, -n 8/7.3
Luxus, der, * 12/4.4
Luxuspolitikfeld, das, -er
11/6.4

M

machbar 6/4.5
Macht, die, "-e 4/2.4
mächtig 15/3.7
Magen, der, "- 14/5.3
mal (2) 1/2.2
Malerei, die, -en 3/1.1
Mama, die, -s 8/6.11
manifestieren 4/6.6
männlich 5/6.9
Marine, die, -n 4/1.3
Marketingabteilung, die, -en
1/5.2
Marketingaktion, die, -en
13/4.2
Marmor, der, -e 5/3.2
marschieren 4/4.6
Maschine, die, -n 6/2.7
Maschinenschlosser, der, -
1/3.2
Maßnahme, die, -n 13/4.2
Mathematikzweig, der, -e
1/3.2
Maultasche, die, -n 9/2.3
Medienwirkung, die, -en
12/3.1
Medikament, das, -e 10/2.1
Medium, das, Medien 13/4.2
Mehrsprachigkeit, die, * 6/4.5
Meister, der, - 13/2.1
Melange, die, -n 7/4.4
Melodie, die, -n 12/3.1
Melone (hier: ein Hut), die, -n
2/1.2
Menge, die, -n 1/4.5
Mentalität, die, -en 14/3.1

Merkmal, das, -e 8/6.5
merkwürdig 7/5.4
messen, maß, gemessen 8/4.6
Metapher, die, -n 8/1.5
Militär, das, * 4/2.1
millionenfach 6/3.5
Minderheit, die, -en 4/1.2
Miniatur, die, -en 1/1.1
Minister, der, - 4/1.4
Misstrauen, das, * 14/4.1
missverstehen, missverstand,
missverstanden 5/4.3
Mist, der, * 6/2.2
miteinander 1/4.5
Mitglied, das, -er 4/4.6
Mitschüler, der, - 1/2.5
Mittel, das, - 6/4.5
mittelalterlich 1/1.1
Mittlerin, die, -nen 3/1.1
mittlerweile 13/4.2
mobil 6/4.6
Mobilität, die, * 8
Mocca (D: Mokka), der, -s
7/4.6
modern 4/1.2
modernisieren 6/1.2
Monarchie, die, -n 4/4.6
Monotonie, die, -n 12/3.1
montieren 12/2.1
Motiv, das, -e 6/4.1
Mühe, die, -n 6/3.4
Müll, der, * 10/4.1
Müllabfuhr, die, -en 11/4.1
Müllentsorgung, die, * 10/1.10
Müllplatz, der, "-e 10/5.1
Müllsack, der, "-e 10/5.1
Mürbeteig, der, -e 14/5.3
Mütze, die, -n 2/1.2
mysteriös 12/4.1

N

Nachfolgerin, die, -nen 11/5.1
nachfragen 1/4.5
nachschauen 1/4.2
nackt 15/3.1
naiv 12/4.1
nass 6/2.2
Nation, die, -en 7/1.1
Nationalpark, der, -s 2/4.10
nationalsozialistisch 4/1.3
naturhistorisch 7/2.5
Naturstimmung, die, -en 3/1.1
Nazi (= Nationalsozialist, der,
-en), der, -s 4/1.2
Nebel, der, - 9/3.2

Netz, das, -e 13/4.2
Neugier, die, * 1/2.5
neugierig 8/1.4
neugotisch 7/1.3
Neujahrskonzert, das, -e 7/3.1
Neujahrsrede, die, -n 7/4.4
neulich 8/8.1
neutral 4/4.6
Nichtraucherzimmer, das, -
3/3.4
niemals 5/3.1
nirgends 6/2.2
Nominalstil, der, -e 4/5.1
Nord-Süd-Gefälle, das, -
10/5.1
Normung, die, -en 12/4.1
Not, die, "-e 10/1.1
nutzen 12/3.1
nützen 10/5.3
nützlich 1/4.8

O

oberer, oberes, obere 3/1.3
Objekt, das, -e 12/3.1
Öffentlichkeit, die, -en 5/1.4
ökologisch 1/2.2
Ölschicht, die, -en 10/1.4
Olympiade, die, n 13/4.2
olympisch 13/4.2
online 13/4.1
OPEC (= Organization of the
Petroleum Exporting Coun-
tries = Organisation der Erdöl
exportierenden Länder) 7/1.1
Oper, die, -n 7/1.1
Operation, die, -en 13/1.3
Opernball, der, "-e 7/1.1
Opfer, das, - 8/5.3
optimistisch 5/3.6
Orchester, das, - 7/1.3
Ordnungssinn, der, * 9/2.3
Organ, das, -e 14/4.1
Organisatorische, das, * 1/4.6
orientalisch 7/5.4
Orientierungsstufe, die, -n
1/3.1
originell 12/1.5
Ostblock, der, * 4/6.4
oval 12/5.3
Ozonschicht, die, -en 6/4.6

P

Paella, die, -s 14/5.3
Palme, die, -n 10/3.2
Panne, die, -n 8/4.6
Papst, der, "-e 7/4.4
paradox 12/2.1
Parkanlage, die, -n 7/1.3
parken 8/4.3
Parlament, das, -e 4/1.2
Partei, die, -en 4/1.3
Partyservice, der, -s 13/4.2
Passagier, der, -e 6/4.6
Pedal, das, -e 6/1.2
per 13/4.2
Personal, das, * 13/1.5
Personalberater, der, - 1/4.4
Personalchefin, die, -nen 1/4.6
pessimistisch 12/4.1
pfeifen, pfiff, gepfiffen 1/2.2
Philharmoniker, der, - 7/1.3
Philosoph, der, -en 14/2.1
Philosophie, die, -n 14/5.2
Piktogramm, das, -e 11/1.1
Pirogge, die, -n 9/2.3
Planet, der, -en 12/2.2
Plankton, das, * 10/1.4
Plastik, die, -en 12/2.1
Plastik, das, * 12/3.1
Poesie, -n 12/4.4
Pogrom, das, -e 4/1.2
polarisieren 10/5.3
politisch 4/1.2
Polizist, der, -en 4/6.7
Portion, die, -en 7/4.6
Porzellan, das, -e 12/5.1
Praktikum das, Praktika 1/4.5
praktizieren 2/5.2
präsentieren 6/2.7
Presse, die, * 4/2.1
Pressefreiheit, die, * 4/2.1
Prinzip, das, -ien 6/1.2
Priorität, die, -en 10/1.10
Pro, das, * 8/7
profitieren 4/4.4
proklamieren 4/2.1
Propaganda, die, * 4/4.2
protestieren 10/5.1
Provokateur, der, -e 12/3.1
Prozent, das, -e 14/5.3
Prügel Pl. 1/2.5
prunkvoll 7/2.5
Pult, das, -e 1/2.2
Putschversuch, der, -e 4/1.2
Puzzle, das, -s 6/3.4

Q

quadratisch 12/5.3
quälen 4/4.4
Qualität, die, -en 7/5.3
Quatsch, der, * 2/4.9
Quelle, die, -n 2/4.10
Quereinsteigerin, die, -nen 13/4.2
Quiche Lorraine, die, -s -s 14/5.3

R

Radargerät, das, -e 8/4.6
radikal 4/4.2
Rahmen, der, - 3/1.6
Rahmung, die, -en 3/1.6
Rakete, die, -n 7/4.4
rassistisch 2/1.6
Rationalisierung, die, -en 13/5.2
ratlos 14/2.1
rau 12/5.5
Raumschiff, das, -e 12/2.2
raussuchen (= heraussuchen) 2/1.6
Ravioli Pl. 9/2.3
Reaktion, die, -en 8/6.11
realistisch 3/2.4
recherchieren 13/4.2
rechnen (2) (mit) 3/3.1
Recht, das, -e 4/4.2
rechteckig 12/5.3
rechtskonservativ 4/4.6
rechtsradikal 4/4.2
Redakteur, der, -e 10/5.4
reduzieren 8/3.1
Referat, das, -e 11/2.5
Reform, die, -en 4/6.4
reformieren 4/6.4
regeln 8/4.7
Regenwald, der, "-er 1/2.2
Regierende, der/die, -n 4/6.4
Region, die, -en 2/1.1
Reibefläche, die, -n 6/1.2
Reich, das, -e 4/1.2
Reichskanzler, der, - 4/1.2
Reichstag, der, * 4/1.2
Reichtum, der, "-er 9/3.2
Reifen, der, - 6/1.2
reimen 5/3.9
rein 2/2.2
Reißverschluss, der, "-e 6/1.2
Reiter, der, - 12/4.1
Rente, die, -n 13/5.2

Repertoire, das, -s 12/3.1
repräsentieren 11/2.4
Republik, die, -en 4/1.2
residieren 7/2.5
Respekt, der, * 5/1.2
retten 7/4.4
Rettung, die, * 7/5.4
Revolution, die, -en 4/1.2
rezensieren 13/4.2
Richtlinie, die, -n 11/2.4
Riesenrad, das, "-er 7/1.3
Riff, das, -e 10/3.2
Rohrstock, der, "-e 1/2.1
Rohstoff, der, -e 11/1.1
Romantik, die, * 3/1.1
Romantiker, der, - 3/2.4
Rückblick, der, -e 13/1.5
Rückkehr, die, * 15/4.2
Rücktritt, der, -e 4/2.1
Rücktrittbremse, die, -n 6/1.2
Rumfässchen, das, - 2/1.2
rumkommen, kam rum, rum- gekommen 1/3.2
rund 12/5.3
rund um (… herum) 7/5.3

S

Sachertorte, die, -n 7/1.1
Sack, der, "-e 7/5.4
Saison, die, -s 4/3.5
Salzkartoffel, die, -n 3/3.5
Sand, der, -e 10/3.2
sanft 3/4.2
satirisch 11/7.1
Sattel, der, "- 12/2.1
Schachspiel, das, -e 6/3.4
Schaden, der, "- 7/4.4
schaffen 15/3.1
schaffen, schuf, geschaffen 12/3.1
Schälen, das, * 6/1.2
Schauspieler/Schauspielerin, der/die, -/-nen 13/4.1
Scheinwerfer, der, - 12/3.1
scheitern 4/1.2
Schicht, die, -en 10/1.4
schieben, schob, geschoben 8/4.6
Schilderung, die, -en 8/4.2
Schilling, der, -e/- 7/4.6
schimpfen 8/5.3
Schlacht, die, -en 7/5.4
Schlachtfeld, das, -er 2/4
Schlager, der, - 5/3.1

Schlagobers, das, * 7/1.6
Schlagzeile, die, -n 11/3.5
Schlange, die, -n 2/1.5
Schlauch, der, "-e 12/3.1
Schleier, der, - 2/1.2
schließlich 6/1.2
Schmerzensgeld, das, -er 5/2.3
schmieren 13/5.1
schmuck 3/4.2
Schmuck, der, -e 6/3.6
Schnurrbart, der, "-e 5/2.5
Schornstein, der, -e 10/2.1
Schriftsteller, der, - 4/2.1
schrittweise 14/4.1
schroff 3/4.2
Schrott, der, * 12/2
Schuhmacher, der, - 5/2.5
schuld (sein) 4/4.2
schütteln 7/3.3
Schutz, der, * 8/1.5
Schutzwall, der, "-e 15/3.1
schwach, schwächer, am
schwächsten 7/4.7
Schwäche, die, -n 7/3.3
schwierig 3/3.1
Segelboot, das, -e 3/1.3
segeln 15/2.4
sehenswert 3/4.2
Sehenswürdigkeit, die, -en
7/1.3
Sehnsucht, die, "-e 15/3.3
seitdem 4/6.4
seitlich 6/1.2
senken 13/3.1
senkrecht 7/6.1
Serienproduktion, die, -en
6/1.2
Sezession, die, -en 7/2.2
sichtbar 7/1.3
Siegermacht, "-e 4/4.6
Silber, das, * 12/5.1
sinken, sank, gesunken 6/4.6
Sitte, die, -n 7/5.4
Sitz, der, -e 14/4.1
Skandal, der, -e 12/3.1
skeptisch 14/2.1
Skizze, die, -n 8/4.4
Skulptur, die, -en 12/1.3
Slogan, der, -s 11/6.5
Smog, der, * 10/2.1
sobald 8/1.4
Solarenergie, die, -n 10/4.1
sonderbar 12/4.1
Sondermüll, der, * 10/5.1
Sonnenbrille, die, -n 6/2.5
Sonntagsschule, die, -n 2/4.6
sorgen (für) 10/4.1

sorgfältig 3/1.1
sowieso 6/4.6
Sozialabgaben Pl. 13/5.2
Sozialdemokrat, der, -en 4/1.2
Sparbuch, das, "-er 9/3.5
sparen 10/4.1
Sparschäler, der, - 6/1.2
Speckkuchen, der, - 14/5.3
Spekulation, die, -en 14/2.1
spiralförmig 12/5.3
spitz 3/1.3
Spitze, die, -n 3/1.6
Sponsor, der, -en 13/4.2
spontan 4/1.1
Sportbekleidung, die, -en
6/1.2
Sprachregel, die, -n 7/3.2
Sprechstunde, die, -n 10/2.1
Spur, die, -en 15/5.1
Staatsmann, der, "-er 7/4.4
Staatsoberhaupt, das, "-er
11/2.3
Staatsorgan, das, -e 11/2.4
stabil 14/4.1
städteübergreifend 13/4.2
städtisch 8/3.1
Stadtrundfahrt, die, -en 7/2.5
Stadtteil, der, -e 8/4.6
Stahl, der, "-e 12/5.1
Stamm, der, "-e 9/2.3
stammen (aus) 1/2.1
Standard, der, -s 12/4.1
Stapel, der, - 12/5.4
statistisch 6/4.6
stattdessen 13/3.1
Stau, der, -s 8/3.1
steil 12/1.5
stellen (2) 1/2.2
Stern, der, -e 5/3.7
Steuer, die, -n 10/1.10
Stiftung, die, -en 3/1.1
Stil, der, -e 7/1.8
Stimme (2), die, -n 4/4.2
stinken, stank, gestunken
8/5.3
Stock (2), der, "-e 3/1.2
Stoff, der, -e 7/5.4
stoppen 10/3.2
stoßen, stieß, gestoßen 14/3.1
Stoßzeit, die, -en 8/7.3
Strafe, die, -n 1/2.5
Strandpromenade, die, -n
3/3.5
Straßenblockade, die, -n
10/5.3
Streichholzschachtel, die, -n
6/1.2

Streik, der, -s 13/5.2
streiken 13/5.2
streng 15/2.4
Strichmännchen, das, - 12/4.2
Strophe, die, -n 9/3.3
Struktur, die, -en 1/4.6
strukturieren 13/4.2
Subvention, die, -en 14/3.5
surfen 13/4.2
Symbol, das, -e 4/1.3
Synagoge, die, -n 4/4.2
Systemgastronomie, die, -n
13/4.2

T

Tagebucheintrag, der, "-e
9/3.10
tagen 4/1.2
Tageszeit, die, -en 5/2.1
Tal, das, "-er 3/4.1
Talent, das, -e 7/4.1
Talkshow, die, -s 9/3.11
Tank, der, -s 8/6.11
Tankstelle, die, -n 8/4.6
Tarif, der, -e 1/4.6
tatsächlich 9/3.2
Taube, die, -n 5/3.8
...-teilig (z.B. 1000-teiliges
Puzzle) 6/3.4
Tempel, der, - 14/5.2
Terrasse, die, -n 3/3.1
Textpassage, die, -n 15/2.1
Theologie, die, -n 13/4.2
Therapie, die, -n 11/3.5
These, die, -n 6/4.5
Tipp, der, -s 6/2.3
Titel, der, - 11/1.1
Toaster, der, -s 3/3.1
Ton (2), der, -e 12/5.1
Tor, das, -e 4/3.5
total 6/3.5
Tote, der/die, -n 8/7.3
touristisch 10/3.2
Tradition, die, -en 11/5.1
traditionell 3/4.2
tragbar 6/3.4
trainieren 6/2
tränenvoll 4/6.6
Transport, der, -e 10/5.1
transportieren 10/1.4
Traumstrand, der, "-e 10/3.2
trennen 4/6.6
treten, trat, getreten 3/1.1
treu 5/3.2
Trinkwasser, das, * 10/1.8

trocken 12/5.5
tropisch 10/3.2
Tulpe, die, -n 14/5.2
Tunnel, der, - 6/4.6
Türkisch, das, * 7/5.4
Turm, der, "-e 5/6.10
Turmbau, der, * 6/4
Tüte, die, -n 10/5.1
Typ, der, -en 8/6.6

U

u.a. (= unter anderem/anderen) 2/4.10
U-Bahn-Station, die, -en 4/6.7
Überblick, der, -e 15/1.2
überfahren, überfuhr, überfahren 8/6.4
Überfall, der, "-e 4/3.8
überhaupt 4/6.6
überlastet 8/3.1
überlisten 15/5.3
übermorgen 3/3.5
Übernachtung, die, -en 3/3.1
überprüfen 13/4.2
überraschen 9/3.8
Überschallverkehrsflugzeug, das, -e 6/4.6
übersehen, übersah, übersehen 8/4.3
Übersicht, die, -en 4/2.1
überspülen 10/3.2
Überstunde, die, -n 1/4.6
überwältigen 15/5.2
überwiegen, überwog, überwogen 7/4.4
überzeugen 15/6.2
übrig 12/5.1
Ufer, das, - 15/4.1
umdenken, dachte um, umgedacht 8/3.1
umfassend 3/4.2
Umfrage, die, -n 14/5.3
umsetzen 13/4.2
Umweg, der, -e 13/4.2
umweltgerecht 13/4.2
Umweltkonzept, das, -e 13/4.2
Umweltschützer, der, - 10/4.1
Umwelttechnologie, die,-n 11/6.4
Umzug, der, "-e 1/4.6
unabhängig 4/1.7
Unabhängigkeit, die, -en 8/2.2
unbedingt 6/3.2
undefinierbar 12/3.1

Unendliche, das, * 12/1.5
unerwünscht 4/1.2
Unfallskizze, die, -n 8/4.4
ungewöhnlich 3/4.1
unglaublich 7/4.4
Uni (= Universität), die, -s 7/2.2
Union, die, -en 4/4.6
UNO (= United Nations Organization = Organisation der Vereinten Nationen) 7/1.1
Untergliederung, die, -en 15/1.2
untergraben, untergrub, untergraben 10/3.2
unternehmen, unternahm, unternommen 13/3.4
unterschiedlich 9/2.3
unterstützen 13/4.2
Untersuchung, die, -en 10/2.1
unverhofft 4/6.6
unverständlich 4/3.6
unvollständig 11/3.3
unvorsichtig 8/5.3
unzertrennlich 5/3.5
ureigener, ureigenes, ureigene 14/5.3
Urmensch, der, -en 6/1.2
Ursache, die, -n 10/1.8
urschwäbisch 9/2.3
ursprünglich 4/6.6
User, der, - 13/4.2

V

Vaterland, das, "-er 9/3.2
Vatikanstaat, der, -en 7/1.3
verabschieden (sich) 7/3.3
verabschieden 11/2.4
Verantwortung, die, -en 1/4.6
verarbeiten 10/3.2
verbessern 7/5.3
Verbesserung, die, -en 6/1.2
Verbform, die, -en 2/3.3
verbieten, verbot, verboten 1/5.1
verbrennen, verbrannte, verbrannt 10/5.1
Verdienst, der, -e 13/4.2
vereinigen 3/1.6
vereint 7/1.1
Vererbung, die, * 6/4.6
Verfahren, das, - 12/2.1
Verfassung, die, -en 4/1.2
verfolgen 4/1.2
verfügen 13/2.1

vergeblich 15/3.7
vergiften 10/1.4
vergleichbar 7/4.5
Vergnügen, das, - 15/1.6
vergrößern 8/3.1
verhaften 15/6.1
verhalten (sich) 2/4.4
Verhalten, das, * 9/4.1
Verhaltensweise, die, -n 2/5.2
verhandeln 13/5.4
verhindern 4/1.2
verhören 15/6.2
Verkehrsweg, der, -e 6/4.6
Verkehrszeichen, das, - 8/4.6
verkürzen 13/3.1
verlangen 5/2.3
Verlängerte, der, -n 7/4.6
verletzen 8/4.3
Verletzte, der/die, -n 8/3.1
Verletzung, die, -en 8/4.3
Verliebte, der/die, -n 5/3.8
Verlobte, der/die, -n 5/2.3
Verlobungszeit, die, -en 5/2.3
vermeiden, vermied, vermieden 6/3.5
vermutlich 5/5.2
Vernehmer, der, - 15/6.2
Verpackung, die, -en 10/5.1
Verrat, der, * 15/7.1
Vers, der, -e 5/3.1
verschieden 3/2.4
verschmutzen 8/5.3
verschuldet 7/4.4
verschwinden, verschwand, verschwunden 6/4.6
versehen (mit), versah, versehen 13/4.2
Versorgung, die, * 11/1.1
verspäten (sich) 1/4.5
versperren 10/5.1
verteilen 3/3.4
vertragen, vertrug, vertragen 7/4.7
vertraut 14/2.1
vertreten, vertrat, vertreten 13/5.4
Vertreter, der, - 3/1.1
verursachen 10/1.8
Verursacherprinzip, das, -ien 10/5.1
verwalten 14/4.1
Verwaltungsbeamte, der, -n 1/4.2
verzeihen, verzieh, verziehen 5/3.3
Vielfalt, die, * 14/5
vielfältig 3/4.2

vielseitig 12/3.1
V**i**sum, das, V**i**sa 15/4.2
V**o**gel, der, "- 15/3.1
V**o**lk, das, "-er 4/6.4
*V**o**lksrepublik,* die, -en 9/3
*Volontari**a**t,* das, -e 13/4.2
*vorb**ei**gehen,* ging vorb**ei**,
vorbeigegangen 5/3.2
Vorbild, das, -er 9/2.3
*V**o**rdergrund,* der, "-e 3/1.3
V**o**rfahrt, die, * 8/4.6
Vorgänger, der, - 3/1.1
vorkommen, kam v**o**r, v**o**rge-
kommen 4/5.2
vorläufig 15/4.2
*V**o**rsitzende,* der/die, -n 4/6.6
v**o**rstellen (2) (sich etwas)
7/1.8
V**o**rstellung (2), die, -en 1/4.5
vortragen, trug v**o**r, v**o**rgetra-
gen 4/2.4
V**o**rurteil, das, -e 15/1.6
*V**o**rwand,* der, "-e 4/1.2
*Vulk**a**n,* der, -e 2/4.10

W

w**aa**grecht 7/6.1
w**a**chsen, w**u**chs, gew**a**chsen
2/4.10
*W**a**ffe,* die, -n 7/5.4
W**a**hlrecht, das, * 4/2.1
*W**a**hlsieg,* der, -e 11/6.1
wahrnehmen, nahm w**a**hr,
w**a**hrgenommen 1/4.5
Währung, die, -en 14/3.1
*W**a**hrzeichen,* das, - 12/3.1
*w**a**ldreich* 3/4.2
*W**a**lzer,* der, - 7/1.1
Wärme, die, * 2/5.7
w**a**rnen 6/4.5
*W**a**sserfall,* der, "-e 6/4.6
*W**a**sseroberfläche,* die, -n
10/1.4
WC (= engl. water closet, dt.
Toilette), das, -s 3/3.1
*W**e**b-Designerin,* die, -nen
13/4.1
wegen 3/3.1
wegnehmen, nahm w**e**g, w**e**g-
genommen 5/2.7
wegwerfen, warf w**e**g, w**e**gge-
worfen 12/3.1
w**ei**blich 5/6.9
*W**ei**nberg,* der, -e 7/5.3
*W**ei**se,* die, -n 4/6.6

*W**ei**ßbrot,* das, -e 2/1.2
weiterhin 14/2.1
weiterhören 4/6.7
weiterkommen, kam w**ei**ter,
w**ei**tergekommen 8/6.11
*W**e**ltausstellung,* die, -en
13/4.2
*w**e**ltberühmt* 6/3.5
*W**e**lthandel,* der, * 10/5.1
*w**e**ltweit* 9/2.3
*W**e**rbekampagne,* die, -n 8/3
W**e**rk, das, -e 12/2.2
W**e**rkstatt, die, "-en 5/2.5
w**e**sentlich 2/4.6
wesh**a**lb 11/2.2
*w**e**tten* 6/1.1
*Wh**i**skey,* der, -s 14/5.2
Wiedervereinigung, die, -en
4/5.2
wieso 8/6.9
*w**i**ld* 3/4.2
willk**o**mmen 9/3.2
*W**i**pfel,* der, - 3/1.2
W**i**rklichkeit, die, -en 2/4.5
W**i**ssenschaft, die, -en 13/1.1
*w**i**tzig* 2/1.6
W**o**chenende, das, -n 8/1.4
*W**o**hlstand,* der, * 10/3.2
*W**u**nder,* das, - 6/3.2
w**u**nderbar 3/3.5
*w**u**nderschön,* *, am w**u**nder-
schönsten 6/4.6
*W**u**rm,* der, "-er 5/6.10
*W**ü**ste,* die, -n 10/4.1
*W**u**t,* die, * 15/7.1

Z

Z**a**hnarzt, der, "-e 5/2.3
zart 5/6.3
z.B. (= zum B**ei**spiel) 2/3.1
*Z**e**brastreifen,* der, - 6/3.4
Z**ei**chnung, die, -en 1/1.2
*Z**ei**tepoche,* die, -n 4/2.1
*z**ei**tweise* 11/7.1
zentr**a**l 9/4.4
*zerbr**e**chen,* zerbr**a**ch, zerbr**o**-
chen 14/2.1
*zerbr**e**chlich* 12/5.5
Z**eu**ge, der, -n 8/4.3
*zi**e**lstrebig* 12/1.3
*Zit**a**t,* das, -e 7/4.1
*ziti**e**ren* 9/3
*Z**u**cht,* die, * 9/2.3
Z**u**cker, der, -sorten 2/4.10
*zuein**a**nder* 6/4.3

*zugl**ei**ch* 9/3.2
*z**u**legen* 13/4.2
zul**e**tzt 1/2.2
*zun**ä**chst* 15/2.4
*Z**u**nahme,* die, -n 8/3.2
z**u**nehmen, nahm z**u**, z**u**genommen 8/3.1
*Z**u**neigung,* die, -en 5/1.2
*z**u**ordnen* 1/3.2
*Zus**a**mmengehörigkeit,* die,
-en 4/6.6
*zus**a**mmengesetzt* 12/3.1
Zus**a**mmenhang, der, "-e 6/3.6
*zus**a**mmenschließen,* schloss
zus**a**mmen, zus**a**mmenge-
schlossen 4/1.2
*Zus**a**mmensetzungen,* die, -en
11/3/2
*zus**a**mmenstellen* 6/1.3
*zus**a**mmenstoßen,* stieß
zus**a**mmen, zus**a**mmenge-
stoßen 8/4.3
*z**u**ständig* 11/3.2
*z**u**steuern* 13/4.2
*Z**u**versicht,* die, * 7/4.4
zw**ei**feln 2/4.4
*Zw**ei**g,* der, -e 3/1.2
*Zw**i**schenstation,* die, -en
4/6.6
*Zypr**e**sse,* die, -n 14/5.2

.... *Hier finden Sie alle Hörtexte, die nicht oder nicht komplett im Buch abgedruckt sind.*

EINHEIT **1**: SCHULE UND BERUF

1   Schulzimmer früher und heute

1.3   1. Also für mich ist Lernen wie Bergsteigen. Zuerst muss ich viel Kraft aufwenden und muss den Berg hinaufsteigen, aber dann, dann habe ich eine super Aussicht. Aber manchmal guck ich auch wieder ins Tal runter, na ja, und dann, mh, denk ich schon, dass es nicht schön wäre, noch mal von vorne anzufangen.

2. Also mir gefällt das Bild mit dem Kleiderkaufen ganz gut. Im Unterricht ist es wie beim Kaufen. Man bekommt etwas Neues und manchmal stellt man allerdings zu Hause fest, dass es nicht ganz so richtig passt und dass man noch etwas selbst dazu tun muss, also lernen muss oder beim Kleid etwas verändern muss. Der Unterschied zum Sprachenlernen und im Gegensatz zum Kleiderkaufen ist, dass man bei einem neuen Kleid oft abnehmen muss, um reinzupassen und beim Sprachenlernen muss man zunehmen, das heißt also, man muss mehr lernen.

3. Also ich kann mir unter den Bildern so nichts vorstellen. Für mich ist Lernen, Unterricht wie Langstreckenschwimmen. Man hat manchmal den Kopf über Wasser, manchmal hat man den Kopf unter Wasser, aber auf die Dauer kommt man doch immer ein ganz schönes Stück voran.

3   Schule in Deutschland

3.2   **Rolf Lehmann**
Bis zum 4. Schuljahr war ich in der Grundschule in Rodendittmold und danach habe ich Realschule gemacht, auch in Rodendittmold in Kassel. Und nach der Realschule hab ich 'ne Lehre bei der Deutschen Bundesbahn angefangen als Maschinenschlosser. Da war ich dann … das waren dreieinhalb Jahre, ja. Und danach war ich … hab von der Bundesbahn ein Angebot gekriegt, ich könnte Lokführer machen und hab mich halt dazu entschlossen. Und da musste ich anderthalb Jahre auf die Schule – das war so Hälfte Theorie, Hälfte Praxis – und hatte dann die Berechtigung, fünf Lokomotiven zu fahren. Und … ja, das war halt die Grundausbildung, und seitdem hab ich so alle anderthalb bis zwei Jahre Aufbaulehrgänge, da kriegt man auch einen E-Lok-Schein oder weiß ich was für neue Baureihen, das geht halt alles so weiter. Also das Positive an dem Beruf ist, dass man viel rumkommt, Land und Leute kennen lernt. Das ist manchmal sehr interessant. Man lernt andere Städte kennen. Dass man seinen Dienst teilweise mitbestimmen kann. Dass ich mal früh oder mal spät arbeiten möchte. Und das Negative an dem Beruf ist einfach, dass wir zur Zeit zu viel arbeiten müssen, weil wir zu wenig Personal haben.

Andreas Terglane
Zuerst bin ich auf die Volksschule in Groß-Giesen gegangen. Groß-Giesen ist ein kleines Dorf bei Hildesheim. Mit zehn Jahren bin ich auf das Gymnasium Josephinum gekommen. Das ist ein katholisches Gymnasium und ein reines Jungengymnasium. Dort hab ich mich nicht besonders zurechtgefunden. Ich hatte meine Schwierigkeiten mit den sehr autoritären Lehrern. Mit 12 sind meine Eltern dann umgezogen nach Kassel. Dort bin ich dann auf das Gymnasium Heinrich-Schütz-Schule gekommen. Das war … das ist ein Mädchen- und Jungengymnasium. Dort habe ich mich dann auch gleich wesentlich besser zurechtgefunden. Nach der 10. Klasse bin ich zuerst in den Mathematikzweig gegangen, hatte da aber auch meine Schwierigkeiten mit dem sehr autoritären Klassenlehrer, so dass ich dann diese Klasse wiederholt habe und in den Kunstzweig gewechselt bin. Dort hab ich dann auch mein Abitur gemacht. Nach meinem Abitur hab ich dann ein Studium hier an der Hochschule für bildende Künste im Fachbereich Grafik und Design angefangen und arbeite jetzt freiberuflich als Grafikdesigner. Besonders wichtig an meinem Beruf ist der Spaß an der Arbeit und die freie Entscheidungsmöglichkeit über das Wann, Was und Wieviel ich arbeite.

4   Bewerbungsgespräche

4.4 Interviewerin: Herr Kienzle, Sie sind Personalberater, können Sie uns sagen, was aus Ihrer Sicht Frau Fischer bei ihrem Bewerbungsgespräch falsch macht?

Herr Kienzle: Ja, eigentlich alles. Ich glaube, viel mehr kann man nicht falsch machen. Ich nenne nur ein paar Dinge. Sehen Sie, zuerst mal ist ihre Körperhaltung falsch. Frau Fischer sitzt auf dem Stuhl wie in der Kneipe, wenn sie sich mit Freunden unterhält. Zweitens sollte sie nicht mit ihrer Einkaufstüte zu einem solchen Gespräch gehen und schon gar nicht mit ihrem Hund! Drittens, auch wenn sie starke Raucherin ist, bei einem Bewerbungsgespräch raucht man nicht. Als Raucherin hat sie heutzutage sowieso schlechte Chancen in vielen Betrieben.

Na ja, und dann ihre Kleidung. Man muss zwar nicht ganz formell angezogen sein, aber korrekt sollte die Kleidung schon sein und nicht zu sportlich. Also kein T-Shirt und auf keinen Fall eine Sonnenbrille. Wissen Sie, es hängt natürlich auch viel von der Art der Position ab, auf die man sich beworben hat. Eine Verkäuferin in einem Medienkaufhaus z.B. kann …

4.9 – Ich habe in Köln meine Ausbildung gemacht. Und dann bin ich zur Bayer AG nach Leverkusen.

– Mein Mann hat eine sehr interessante Stelle im Labor der BASF gefunden.

– Ich glaube, das würde mir Spaß machen. Arbeiten Sie auch im Internet-Marketing?

– Ich habe noch eine Frage. Wie sehen bei Ihnen die Arbeitszeiten aus?

EINHEIT **2**: WIR UND DIE ANDEREN

2   Sehen – wahrnehmen – einordnen

2.3 Swetlana aus Russland und Diana aus Armenien unterhalten sich über die Bilder.

Swetlana: Also. Das Bild oben rechts, das ist bestimmt Italien. Und da reden zwei Männer. Und die Them… das Thema kann, also es können ganz unterschiedliche Themen sein. Eins wäre zum Beispiel die Politik, wo einer den andern von etwas überzeugt. Oder er stellt seine politischen Ansichten vor.

Diana: Ich denke, das könnten auch ehemalige Nachbarn sein. Denkst du nicht? Der eine, der im Hut ist, erzählt zum Beispiel, was er …

Swetlana: Was in der letzten Zeit passiert ist oder so was.

Diana: Nee, was er zum Beispiel im Urlaub, ja, im Sommer gemacht hat, was er unternommen hat und überhaupt könnte er auch über seine Arbeit erzählen, zur Zeit. Und der andere, der hört aufmerksam zu, weil das anscheinend für ihn interessant ist.

Swetlana: Ja, sie können auch ehemalige Kollegen sein. Das könnte auch sein. Nicht nur ehemalige … aber wenn sie ehemalige Nachbarn sind, dann erzählen sie vielleicht einander über die andern Nachbarn, was da in der letzten Zeit passiert ist oder so was.

Diana: Oder über ihre Familie oder … ja. Und …

Swetlana: Aber das andere Bild, ja, hier.

Diana: Ja, ich denke, das sind keine Nachbarn, sondern das sind Freunde.

Swetlana: Ja, das stimmt.

Diana: Und das Mädchen zum Beispiel könnte …

Swetlana: Ah, die Frau könnte – das Mädchen oder die Frau könnte gerade von ihrem Urlaub erzählen. Oder von etwas, was sehr spannend, interessant ist, was mit ihr vor kurzem passiert ist.

Diana: Ja …

Swetlana: Weil sie lachen und gestikulier… also sie gestikuliert so aktiv und so. Und es ist ja anscheinend sehr lustig und die Geschichte ist bestimmt auch sehr lustig.

Diana: Ja, die könnte auch erzählen, wie sie ihren Geburtstag gefeiert hat vor kurzem oder so was.

Swetlana: Ja und die anderen nicht eingeladen hat.

Diana: Nee, zum Beispiel während sie im Urlaub gewesen war. Und …

Swetlana: Das hier unten links …

Diana: Das ist ein asiatisches Land bestimmt.

Swetlana: Und das ist ein – bestimmt ein Liebespaar. Bestimmt.

Diana: Denke ich auch. Obwohl – das könnten auch Geschwister sein.

Swetlana: Mh. Das glaube ich kaum.

Diana: Kaum zu glauben, ja …

Swetlana: Das glaube ich kaum.

Diana: Ja.

Swetlana: Ich weiß nicht. Der Mann guckt auch so irgendwie anders, nicht so wie man auf die Schwester guckt.

Diana: Ja. Mit verliebten Augen, so verliebt.

Swetlana: Das könnten die Arabischen Emirate sein.

Diana: Ja, da die Frau das Kopftuch trägt.

Swetlana: Ja. Weißes Kopftuch, nicht so wie im Iran. Im Iran sind die Kopftücher in der letzten Zeit schwarz, ne? – So.

Diana: Ja, und das …

Swetlana: Und wer könnte der Mann da unten rechts sein?

Diana: Denkst du, das ist ein Mann? Ich habe gedacht, das ist eine Frau.

Swetlana: Nein, das ist ein Mann.

Diana: Denkst du?

Swetlana: Bestimmt.

Diana: Nee, ich denke, das ist eine Frau. Vielleicht, dass …

Swetlana: Ach nein. Das ist ein Mann.

Diana: Nee.

Swetlana: Ich würde sagen, das ist ein Mann.

Diana: Mhm.

Swetlana: Und was ist er denn? Könnte ein Student sein und – könnte, aber muss nicht sein.

Diana: Ja. Oder könnte ein Musiker sein.

Swetlana: Oh ja. Das könnte auch sein.

Diana: Ja.

5 Interkulturelle Erfahrungen

5.4 Moderatorin: Ja und jetzt mal so ne ganz generelle Frage. So also aus der eigenen Kultur jetzt, oder – bei Ihnen Herr Montesem ist das natürlich schwer zu sagen – aber gibt es da Umgangsformen, von denen Sie zwar gemerkt haben, dass sie hier anders sind, aber an denen Sie trotzdem festhalten, weil es für Sie irgendwie was Besonderes ist oder Ihnen besonders am Herzen liegt?

Montesem: Also bei mir insbesondere ist, dass mein Haus total offen ist. Also bei mir kann jeder klingeln. Ich freu mich. Der Kühlschrank ist immer voll. Es ist, wie im Iran auch, üblich, dass eine Person für – man kocht für eine Person mehr, das ist so ein Stück Erziehungsweise auch, und auch dass jeder, der zu mir nach Hause kommt, egal, wenn er auch nur zehn Minuten bleibt – und das ist wieder das Griechische – aber im Iran ist das auch, aber insbesonders griechisch – etwas Süßes z.B. bekommt oder einen Tee oder einen griechischen Kaffee. Also das sind solche Sachen. Ich fühl mich wohl – und das ist auch der Unterschied zwischen mir und meiner Freundin, die Deutsche ist, dass ich mich sehr, sehr wohl fühle, wenn ich nach Hause komme und zehn Leute sind da. Das ist für mich … das ist Entspannung und sie ist eher so, dass sie für sich … Entspannung in Deutschland heißt, dass man für sich alleine ist, erst mal in Ruhe abschalten kann.

Und das ist auch der Unterschied, wenn man krank ist. Im Iran ist es so, dass ein kranker Mensch ins Wohnzimmer gesetzt wird oder liegt und alle kommen ihn besuchen. Er darf nicht alleine sein. Wobei hier in Deutschland heißt es eher, dass man sich zurückzieht. Und als ich Medizin studiert hab, war's im Krankenhaus immer so, dass bei sehr vielen türkischen Familien immer sehr viel Familie drum herum war. Und die Schwestern haben das nicht verstanden und die Räumlichkeiten sind auch nicht dementsprechend, dass sie ihre Kultur weiterleben können. Und das ist dieses Unverständnis, das ist sehr schade eigentlich.

EINHEIT **3**: FERIEN IN DEUTSCHLAND

1 Caspar David Friedrich: Der Kreidefelsen auf Rügen

1.6 Monika Kaiser: Auf dem Bild sieht man zunächst den Vordergrund. Der stellt eine Wiese dar. Auf der rechten und linken Seite sieht man zwei Bäume, die sich mit ihren Ästen in dem oberen Teil des Bildes vereinigen. Durch diese Einrahmung der beiden Bäume und auch durch die beiden Kreidefelsen links und rechts hat man den Eindruck, als wenn man durch ein Fenster auf das Meer schaut. Das Bild hat sozusagen eine Rahmung.

Im Vordergrund sieht man außerdem auf der linken Seite eine Frau in einem roten Kleid, die sehr wohl die Frau – die junge Frau Caspar David Friedrichs – darstellen soll. Auf der rechten Seite sieht man einen jüngeren Mann, und man geht davon aus, dass Caspar David Friedrich sich dort selbst dargestellt hat. Man weiß auch von anderen Bildern, dass Caspar David Friedrich häufig sich in Bildern selber dargestellt hat. Auf dem Bild sind aber nicht nur zwei Personen, sondern drei Personen. Man weiß nicht genau, welche Person der Mann – der ältere Mann, der ungefähr in der Mitte des Bildes kniet – darstellen soll.

Wenn man sich das Bild genau anschaut, kann man in dem Bild die Form eines Herzens entdecken. Und zwar ist die Herzspitze in etwa in der Mitte im unteren Teil des Bildes, und zwar dort, wo die Felsen zerklüftet sind. Die beiden Herzbögen bilden der rechte und der linke Baum, die sich oben in den Wipfeln miteinander vereinigen.

2   „Der Kreidefelsen auf Rügen" von 1837

2.2   Interviewer: Der Maler hat das gleiche Motiv später noch einmal gemalt, aber ganz anders. Kannst du uns auch zu dem zweiten Bild was sagen?
Monika Kaiser: Dieses Bild ist etwa 20 Jahre später entstanden als das erste. Was man nicht sehen kann, was aber auffällig ist: Im Original ist dieses Bild in etwa ein Drittel von dem ersten Bild.
Sehr auffällig ist sofort, dass die beiden Bäume jetzt nicht mehr Bäume sind, sondern kleine Büsche. Des Weiteren fällt auf, dass diese Büsche sich im oberen Teil – in der Mitte – nicht mehr vereinigen. Das heißt, wir können kein Herz mehr entdecken. Das Herz ist auseinander gebrochen.
Weiterhin fällt sehr stark auf, dass auf dem Bild keine Personen mehr zu sehen sind. Dort, wo der Mann auf der rechten Seite gestanden hat, ist nur noch ein verkümmerter alter Baumstamm. Auf der linken Seite sieht man nur eine alte, knorrige Wurzel, wo früher die Frau gestanden hat. Auch die Felsen sind nicht mehr so mächtig und nicht mehr so zerklüftet wie im ersten Bild.
Interviewer: Wie erklärst du dir das?
Monika Kaiser: Von der Biografie Caspar David Friedrichs wissen wir, dass Caspar David Friedrich sehr melancholisch und depressiv war. Das führt man darauf zurück, dass er sehr schwere Kindheitserlebnisse hatte. Außerdem hatte er eine sehr viel jüngere Frau und er war zu der Zeit, als er das Bild – das zweite – Bild gemalt hatte, sehr eifersüchtig. Diese Eifersucht zerstörte die Liebe zwischen den beiden. Deshalb ist auch das Herz in dem Bild auseinander gebrochen. Man sieht, dass die Beziehung zwischen Caspar und seiner Frau nicht mehr in Ordnung war.

2.4   Interviewer: Monika, du hast in diesem Frühling eine Wanderung gemacht und bist in Rügen gewesen – an der Stelle, wo auch der Maler war. Du hast dieses Foto hier gemacht. Das sieht ganz anders aus als das Bild. Wie kommt das?
Monika Kaiser: Ja, das ist richtig. Ich habe mir also genau die Stelle gesucht, wo man das Bild so sieht, wie Caspar David Friedrich es gemalt hat. Dass es nicht genau so ist wie in der Natur, liegt daran, dass es Caspar David Friedrich nicht darauf ankam, das Bild naturgetreu zu malen, sondern er hat versucht, sein eigenes Gefühl in dem Bild darzustellen. So zu malen war typisch für die Maler in dieser Zeit – zu Anfang des neunzehnten Jahrhunderts, in der Zeit der Romantik. Die Maler haben in dieser Zeit nicht das gemalt, was sie in der Natur gesehen haben, sondern versucht, ihre inneren Gefühle in ihren Bildern auszudrücken.

3   Die Insel Rügen

3.5   1. – Entschuldigung, von welchem Bahnsteig fährt der Zug nach Rügen?
+ Der Zug fährt immer von Gleis 5, aber er ist schon weg. Die Abfahrtszeit war 10 Uhr 27.
– Und wann fährt der nächste?
+ Um 14 Uhr 27.

2. – Ich hätte gern einmal Heringsfilet mit Salzkartoffeln.
+ Ja, gerne. Möchten Sie auch etwas trinken?
– Ein Bier, bitte.
+ Radeberger oder Jever?
– Ein Radeberger, bitte.

3. – Ich möchte morgen zu den Störtebeker-Festspielen. Gibt es noch Karten?
+ Für morgen leider nicht, aber für übermorgen habe ich noch Karten.
– Ja, gut, dann übermorgen. Können Sie mir sagen, wie ich am besten hinkomme?
+ Direkt hier vor der Information fährt der Bus ab. Der bringt Sie hin und danach wieder zurück.

4. – Entschuldigen Sie, ich hatte ein Nichtraucherzimmer bestellt. In meinem Zimmer riecht es nach Rauch.
+ Welche Zimmernummer haben Sie?
– Zimmer 56.
+ Oh, da ist ein Fehler passiert. Sie bekommen Nummer 36. Ich lasse Ihr Gepäck gleich nach 36 bringen.

5. – Ist das Wetter nicht herrlich heute?
   + Ja, wunderbar. Sind Sie schon länger hier?
   – Nein, ich bin gerade gestern angekommen.
   + Es wird Ihnen bestimmt gefallen. Ich komme jedes Jahr.

6. – Guten Tag, können Sie mir sagen, wie ich zum Hotel Arcona komme?
   + Ja, gehen Sie hier die Straße hinunter. An der Strandpromenade gehen Sie rechts. Sie sehen das Hotel nach 200 Metern.

5 Prüfungsvorbereitung: Hörverstehen (global und Detail)

5.2 **TEIL 1: GLOBALVERSTEHEN**
Wir haben fünf Leute gefragt: Wie und wo machen Sie am liebsten Urlaub?

1. Peter Siegel, Bankkaufmann, 28 Jahre
Also am liebsten mache ich Aktivferien. Ich fahre in der Freizeit Mountainbike und im Winter fahre ich gern Ski. Ich fahre oft in die Alpen. Meistens nach Österreich oder in die Schweiz. In meinem Beruf muss ich viel vor dem Computer sitzen und deshalb brauche ich in der Freizeit und im Urlaub viel Bewegung. Auf meinem Fahrrad kann ich mich am besten entspannen. Wenn ich durch den Wald fahre, dann kann ich den ganzen Alltagsstress vergessen.

2. Anja Pieper, Lehrerin, 31 Jahre
Bei mir ist das ganz unterschiedlich. Ich liebe Frankreich und war auch schon oft dort. Im Sommer fahre ich gerne an die französische Atlantikküste zum Baden. Frankreich ist aber auch schön, wenn man einen Kultururlaub machen will. Letztes Jahr habe ich zum Beispiel eine Gruppenreise an die Schlösser der Loire gemacht, obwohl ich Gruppenreisen sonst nicht so sehr mag. Das war aber sehr schön. Und dann fahre ich natürlich auch sehr gern nach Paris, weil es da unendlich viel zu sehen gibt, vor allem die Museen und Kunstgalerien.

3. Olav Hackl, Student, 24 Jahre
Ich fahre jedes Jahr woandershin. Wir sind immer eine Gruppe von Leuten und fahren mit unseren Motorrädern in Urlaub. Dann haben wir unsere Zelte dabei und übernachten auf Campingplätzen oder bei Bauern, wenn die uns das erlauben. Das ist einfach eine billige Art zu reisen und es macht Spaß, mit anderen Leuten zusammen zu sein. Leider gefällt meiner Freundin das Motorradfahren gar nicht. Sie macht lieber Städtereisen. Letzten September waren wir beide ein paar Tage in Rom. Das fand ich auch nicht schlecht.

4. Wenke Wiggers, Verkäuferin, 26 Jahre
Urlaub? Davon kann ich nur träumen. Ich bin vor zwei Jahren arbeitslos geworden und habe deshalb kein Geld, um in Urlaub zu fahren. Verwandte von mir wohnen am Bodensee. Die habe ich letzten Sommer besucht. Das war ganz schön. Aber in meiner Situation fällt es mir schwer, mich richtig zu entspannen und einen Urlaub zu genießen. Ich habe jetzt schon fast hundert Bewerbungen geschrieben, ohne Erfolg. Im nächsten Sommer kann ich vielleicht am Bodensee in einem Restaurant als Kellnerin arbeiten, aber Urlaub ist das natürlich nicht.

5. Franz Mauser, Steuerberater, 35 Jahre
Ich mache fast immer Urlaub in Deutschland. Die meisten Leute wollen ja immer ans Meer und in den Süden, aber ich mag die Hitze nicht und weil ich keine Fremdsprachen spreche, fahre ich auch so nicht gern ins Ausland. Ich finde, dass es so viele schöne Ecken in Deutschland gibt, die die meisten Deutschen gar nicht kennen. Im letzten Urlaub habe ich eine Wanderung durch den Schwarzwald gemacht. Das war wunderschön. Man wandert in einer Gruppe und übernachtet im Hotel. Das Gepäck muss man nicht tragen. Es wird von einem Auto von einem Hotel zum nächsten gebracht. Das ist echt praktisch und so können auch ältere Leute noch große Wanderungen machen. Allerdings ist Urlaub in Deutschland teuer. Man kommt ja billiger von Hamburg nach Mallorca als nach Freiburg.

TEIL 2: DETAILVERSTEHEN
Interviewer: Frau Henkel, Sie haben hier in Seckenheim einen „Bioladen". Viele Menschen wissen gar nicht, was sich hinter dem Wort verbirgt. Können Sie unseren Zuhörern kurz erklären, was ein „Bioladen" eigentlich ist?
Frau Henkel: Ja, das ist gar nicht so einfach und es sind auch nicht alle Geschäfte, die „Bio" im Namen führen, gleich. Bei uns jedenfalls bedeutet „Bioladen", dass wir nur Produkte aus „biologisch-kontrolliertem Anbau" verkaufen.
Interviewer: Und was bedeutet das?
Frau Henkel: Ja, also unsere Lebensmittel werden kontrolliert, d.h. sie dürfen keine Gifte enthalten, keine Pflanzenschutzmittel, Pestizide usw. Es dürfen auch keine Konservierungsstoffe drin sein.
Interviewer: Haben denn die normalen Lebensmittel alle diese Stoffe drin?

Frau Henkel: Nein, natürlich nicht alle, aber sehr viele schon. Und die Menschen, die hier einkaufen, wollen eben sicher sein, dass sie wirklich natürliche und gesunde Lebensmittel kaufen.

Interviewer: Aber Sie können doch gar nicht kontrollieren, ob das immer so stimmt, ob Ihre Lieferanten sich an die Regeln halten …

Frau Henkel: 100 Prozent sicher kann man nie sein. Aber die Kontrollen für unsere Lebensmittel sind sehr streng. Viel strenger als in der normalen Landwirtschaft oder in der Lebensmittelindustrie. Und wir versuchen auch, so viel wie möglich bei Bauern und Herstellern aus unserer Region zu kaufen. Damit können wir dann vieles auch ganz persönlich kontrollieren.

Interviewer: Die Gesundheit hat aber ihren Preis. Wenn ich hier so in das Käseregal schaue, da sind die Preise oft fast doppelt so hoch wie im Supermarkt.

Frau Henkel: Da haben Sie zum Teil Recht. Ja, gesunde Ernährung ist etwas teurer, aber da gesunde Ernährung auch bedeutet, dass Sie dann weniger Fleisch essen und überhaupt bewusster essen und weniger konsumieren, ist die Rechnung am Monatsende meist nicht so sehr viel höher.

Interviewer: Wer kauft bei Ihnen ein?

Frau Henkel: Eigentlich Menschen aus allen Schichten. Leute, die gesund leben wollen.

Interviewer: Na ja, das Publikum sieht aber schon etwas anders aus als im Supermarkt.

Frau Henkel: Sicher, viele gehören wohl eher zu den Besserverdienenden. Aber es kommen auch Leute, die das Meiste im Supermarkt einkaufen, aber z.B. das Brot bei uns.

Interviewer: Ich sehe gerade, dass Sie auch Wein verkaufen? Ist das gesund?

Frau Henkel: Auch der Wein ist aus ökologisch-kontrolliertem Anbau. Und ein bisschen Wein ist sicher nicht ungesund. Das ist ein großes Vorurteil, dass wir alles Menschen sind, die den Genuss ablehnen.

Interviewer: Sind Sie mit dem Geschäft zufrieden?

Frau Henkel: Im Großen und Ganzen schon. Es könnte besser sein, aber ich will nicht klagen.

Interviewer: Sie bekommen immer mehr Konkurrenz. Auch die Supermärkte fangen an, „Bioabteilungen" zu eröffnen.

Frau Henkel: Ja, das sehen wir einerseits mit großer Sorge, andererseits bedeutet das auch, dass das, was wir ökologisch wollen, von immer mehr Menschen akzeptiert wird. Ich glaub schon, dass für kleine Läden wie unseren immer noch ein Platz sein wird.

Interviewer: Frau Henkel, ich danke Ihnen für das Gespräch.

EINHEIT 4: DER 9. NOVEMBER

6   Der 9. November 1989

6.2   1. – Frau Finster, was haben Sie gerade gemacht, als Sie 1989, im November von der Öffnung der Mauer hörten?
+ Ich bin kerzengerade aus meinem Bett aufgestanden und habe leider es nicht direkt mitgekriegt, weil ich ausgerechnet zu dieser Zeit in Spanien weilte, obwohl ich selbst in Berlin lebe. Wir sind dann daraufhin sofort zu jedem Zeitungskiosk gerannt und in jede Bar, in der es einen Fernseher gab, und haben fassungslos die Nachrichten verfolgt, weil damit hätten wir nie gerechnet.

2. – Herr Weimann, können Sie sich daran erinnern, was Sie gemacht haben, als 1989, im November die Mauer geöffnet wurde?
+ Ja, das kann ich. Es war ein besonderer Tag, ich war nämlich in Israel und hörte die Nachricht im Radio und bin an diesem Tag nach Tel Aviv gefahren und badete im Mittelmeer. Und gleichzeitig dachte ich an Deutschland und wie komisch es ist, an diesem historischen Tag in Israel zu sein und nicht in Deutschland.

6.6   Reporter: Der Platz am Schöneberger Rathaus. Zehntausend Menschen jubeln Willy Brandt zu, dem ehemaligen Regierenden Bürgermeister von West-Berlin.
Brandt: Dies ist ein schöner Tag nach einem langen Weg. Aber wir finden uns erst an einer Zwischenstation. Wir sind noch nicht am Ende des Weges angelangt. Es liegt noch 'ne ganze Menge vor uns. Die Zusammengehörigkeit der Berliner und der Deutschen überhaupt manifestiert sich auf eine bewegende, auf eine uns aufwühlende Weise. Und sie tut es am bewegendsten dort, wo getrennte Familien endlich wieder, ganz unverhofft und tränenvoll, zusammenfinden.

6.7 Reporter: Ganz Berlin ein Volksfest. An der Mauer spontane Kundgebungen, Musikgruppen, Künstler. Willy Brandt beschwört die Aura der nationalen Gemeinsamkeit.

Brandt: Mich hat auch das Bild angerührt von dem Polizisten auf unserer Seite, der rübergeht zu seinem Kollegen drüben und sagt: „Jetzt haben wir uns so viele Wochen, vielleicht Monate, auf Abstand gesehen. Ich möchte Ihnen heute mal die Hand geben.".

Reporter: Der Regierende Bürgermeister von West-Berlin, Walter Momper, vor einer halben Stunde.

Momper: In dem europäischen Haus werden wir das Berliner Zimmer mit Türen nach allen Seiten einrichten. Und wir können sagen, dass auch die Türen der DDR jetzt weit offen stehen. Und bei der Gelegenheit möchte ich mitteilen, dass uns die Regierung der DDR mitgeteilt hat … dass uns die Regierung der DDR mitgeteilt hat, dass in ungefähr einer Stunde weitere Übergänge geöffnet werden. Diese Übergänge …

Reporter: Nicht nur Übergänge, auch stillgelegte U-Bahn-Stationen öffnen wieder. Wie viele Menschen aus dem Ost-Teil in den West-Teil der Stadt kamen, ist nicht feststellbar. Rund eintausend DDR-Übersiedler haben sich in den letzten vierundzwanzig Stunden in den West-Berliner Aufnahmestellen gemeldet. Ungleich mehr stehen Schlange vor den Bezirksämtern, vor Banken und Sparkassen, um sich ihr Begrüßungsgeld abzuholen: einhundert Mark.

7 Prüfungsvorbereitung: Hörverstehen (selektives Hören)

7.2
1. Guten Tag, Herr Martin. Sie haben anfragen lassen, ob Sie mit dem Auto zu unserer Besprechung kommen können. Der Weg ist eigentlich leicht zu finden. Sie fahren über die Rheinbrücke und folgen dann den Schildern zur BASF, Tor 5. Sie könnten auf dem Gästeparkplatz parken. Am Dienstag kann es aber sein, dass auf der Brücke gebaut wird. Es wäre also doch besser, mit der Straßenbahn zu fahren. Nehmen Sie vom Hauptbahnhof in Mannheim die Linie 5 nach Ludwigshafen. Die Straßenbahnhaltestelle ist genau vor Tor 5.

2. Und hier die Wettervorhersage für Rügen bis morgen Abend. Heute bleibt es sonnig und warm mit Temperaturen bis 25 Grad. Morgen kommt dann im Laufe des Tages Bewölkung auf, aber es bleibt niederschlagsfrei. Der Regenschirm kann also noch zu Hause bleiben.
Und die weiteren Aussichten: Am Montag etwas kühler und zur Wochenmitte …

3. Intercity „Allgäu" aus Dortmund nach Oberstdorf über Stuttgart, Ulm, Memmingen, Kempten. Sonthofen, die Abfahrt 14 Uhr 06, wird heute voraussichtlich fünf bis 10 Minuten später hier ankommen. Ich wiederhole: Intercity „Allgäu" aus Dortmund nach Oberstdorf über Stuttgart, Ulm, Memmingen, Kempten, Sonthofen, die Abfahrt 14 Uhr 06, wird heute voraussichtlich fünf bis zehn Minuten später hier ankommen.

4. Ihr Kinoprogramm in Mannheim, vom 28.2. bis zum 5.3.:
Odeon
„Der Hund, der zu viel wusste", ein Action-Thriller mit dem Star-Schäferhund aus „Kommissar Rex", 14 Uhr 30, 17 Uhr und 20 Uhr 30
Atlantis
„Der 9. November", eine Liebeskomödie über den Tag der Maueröffnung 1989, mit Peter May und Katy Dietrich
Cineplex Planken
„Titanic", das große Liebesdrama auf einem sinkenden Schiff. Nur noch bis Donnerstag, 16 Uhr und 20 Uhr.
Filmpalast
„Der Elefantenfreund", ein Ökokrimi in der Savanne Namibias, mit Robert Greenford und Peter Falk.

5. Und in unserer Lebensmittelabteilung bieten wir heute: holländische Tomaten für 1 Euro 25 das Kilo, Schweizer Edamer, 100g für nur 0,99 Cent, Bananen aus Nicaragua, ökologischer Anbau mit Biosiegel, für das Kilogramm nur 2 Euro 15.

EINHEIT 5: KÜSSCHEN, KÜSSCHEN

2 Kussgeschichten

2.1 Michael (Deutschland)

Ja, also der erste Kuss, das weiß ich noch genau, das war in Hermersberg, ein ganz kleines Dorf und das war die Tochter des Friseurs, Christina. Und ich war sechs Jahre alt und sie war fünf Jahre alt und wir haben uns auf einer Wiese, ganz allein, geküsst und danach haben wir Händchen gehalten. Und dann haben alle angefangen zu sagen, dass wir verheiratet sind. Und dann habe ich aufgehört, mich mit ihr zu treffen. Das war's.

Christian (Rumänien)

So, mein erster Kuss, das war, als ich sechs Jahre alt war und hab ich das in den Spiegel gemacht. Hab das im Fernsehen gesehen, wie das gemacht wird, im Leben halt nicht, und – tja, keine Partnerin gefunden und hab gesagt, o.k., ich mache das mit dem Spiegel erst mal. Mal sehen, was für eine Reaktion …

Sven (Deutschland)

Mein erster Kuss, das war im Kindergarten. Ich war ungefähr fünf Jahre alt und der erste Kuss war auf die Wange, danach auf den Mund, ja, und dann bin ich schnell weggerannt.

Annette (Deutschland)

Mit dem Küssen hab ich sehr spät angefangen, weil ich immer ein Junge sein wollte, und deswegen hab ich erst sehr spät meinen Freund geküsst. Davor ist es mir aber mal gegen meinen Willen trotzdem passiert. Das war auf einer Fastnachtsfeier. Da kam ein Betrunkener auf mich zu – ich war ungefähr 12 Jahre alt – und hat mich einfach abgeküsst. Und das war ganz furchtbar, weil er gestunken hat, nach Rauch und Alkohol.

Sylvie (Deutschland)

Also mein erster Kuss, den ich so als Kuss auch wahrgenommen hab, da war ich ungefähr 10 Jahre alt, 5. Klasse – und ich bin mit meinem Freund immer ganz viel spazieren gegangen und dann haben wir erst mal ein bisschen Händchen gehalten, so ganz vorsichtig, und ich weiß noch, der Tag war ganz regnerisch und wir sind ganz weit aufs Feld raus, da war dann so 'ne kleine Brücke über einen Bach, und da haben wir uns hingesetzt und uns angeguckt und dann haben wir gedacht: Und jetzt küssen wir uns.

2.6

Es war einmal ein Schuhmacher, der sehr arm war. Deshalb musste er von morgens bis abends arbeiten. Da er keine Zeit hatte, am Mittag nach Hause zu gehen, kam seine Frau jeden Tag in die Werkstatt, um ihm das Essen zu bringen. Als sie wieder einmal das Essen brachte, reparierte er gerade einen Schuh. An seinem Schnurrbart hing noch ein Faden. Weil seine Hände sehr schmutzig waren, bat er seine Frau, den Faden wegzunehmen. Aber auch sie hatte die Hände nicht frei, denn sie trug den großen, schweren Korb mit dem Essen darin. Da kam sie auf die Idee, den Faden mit ihren Lippen von dem Schnurrbart ihres Mannes zu entfernen. Dabei berührte ihr Mund einen Augenblick lang die Lippen ihres Mannes. Dem Mann und der Frau gefiel das sehr gut. Deswegen hängte er nun jeden Tag einen Faden an seinen Schnurrbart, damit die Frau ihn mit ihren Lippen wegnehmen konnte. Und wenn sie nicht gestorben sind, dann küssen sie sich noch heute.

6 Kosenamen und Diminutive

6.10 Das Würmchen auf dem Türmchen

Ein Mensch, der saß auf seinem Po,
sang die Geschichte so:
Sitzt ein Wurm auf 'nem Turm
mit 'nem Schirm unterm Arm.
Kommt ein Sturm,
wirft den Wurm mit dem Schirm unterm Arm
sssssssssssssst vom Turm.

'ne Tante saß auf ihrem Po,
sang die Geschichte so:
Sitzt ein Würmlein auf dem Türmlein
mit 'nem Schirmlein unterm Ärmlein.
Kommt ein Stürmlein, wirft das Würmlein
mit dem Schirmlein unterm Ärmlein
sssssssssssssst vom Türmlein.

Ein Schwabe saß auf seinem Po,
sang die Geschichte so:
Sitzt e Würmle aufem Türmle
mittem Schirmle unterm Ärmle.
Kommt e Stürmle, schmeißt das Würmle
mittem Schirmle unterm Ärmle
sssssssssssssst vom Türmle.

Ein Hesse saß auf seinem Po,
sang die Geschichte so:
Sitzt e Wärmsche uffem Tärmsche
mittem Schärmsche unnerm Armsche.
Kummt e Schtärmsche, saacht zum Wärmsche:
Ei, ich blos disch gleich vom Tärmsche!
Naa, saacht das Wärmsche
mittem Schärmsche unnerm Ärmsche.
Naa, du blost mich net vom Tärmsche.
Doch, saacht das Schtärmsche zu dem Wärmsche,
und ich blos dich doch vom Tärmsche.
Ä, ä, saacht das Wärmsche mit dem Schärmsche unnerm Ärmsche,
und du blost mich net vom Tärmsche!

Und das Würmchen auf dem Türmchen
öffnete ganz schnell sein Schirmchen.
Und es segelt auf dem Stürmchen
sssssssssssssst fort vom Türmchen.

Frederick Vahle

EINHEIT 6: ERFINDUNGEN UND FORTSCHRITT

2 Mit eurolingua das Erfinden trainieren

2.4   1. – Ja, was ist das, deiner Meinung nach?
+ Ich möchte mal nachdenken, weil ich weiß nicht, was das ist. Hier, es könnte irgendwie eine Skala, ne?
    Hier, eine Skala …
– Eine Skala? Nein, also eine Skala ist das nicht. Nein. Ich geb dir mal 'nen Tipp: Party – Party.
+ Party? Etwas mit der Musikanlage aber nicht. Nee, kaum.
– Nein, nein. Nichts mit der Musikanlage. Wenn man zum Beispiel isst und trinkt. Hilft dir das?
+ Ja, man kann damit einen Teller reichen oder so was.
– Ja, wie meinst du das? Also einen Teller reichen …
+ Also nicht mit der Hand, sondern mit diesem Gerät.
– Mit dem Griff? Das ist so 'ne Art Griff, meinst du?
+ Ja.
– Nein, das ist es nicht. Stell dir mal vor, du musst trinken und essen zur gleichen Zeit. Hilft dir das?
+ Ah, das ist für das Glas!
– Wie? Beschreib das doch mal.
+ Das Glas muss drin. Also das Glas steht in dem Gerät, so dass man nicht das Glas einfach auf den Tisch
    stellt. Oder man kann damit spazieren gehen und so sich bewegen und nicht sitzen die ganze Zeit.
– Sehr gut, sehr gut. Bravo! Ja, toll!
+ Ja?

2. – Wissen Sie, was das ist?
+ Ja, das erkenne ich. Das hab ich vor drei Wochen gerade kennen gelernt, auf 'ner Silvester …
– Das gibt es doch nicht.
+ Doch. Und zwar haben wir Silvester gefeiert und meine Mitbewohnerin hatte dieses Gerät und hat damit allen imponiert, als sie ihr Sektglas bei diesem – wie wir alle in dem Raum standen und gegessen haben – ihr Sektglas dann plötzlich an den Teller hängen kann damit und sich noch mit einer Hand normal gestikulierend unterhalten kann.
– Werden Sie sich das auch zulegen?
+ Nein, das ist mir zu albern.

EINHEIT 7: WIENER IMPRESSIONEN

1 Grüße aus Wien

1.2
– Mundeln, Apfelstrudel, Nusskipferl, Kaffeehaus, Wiener Prater.
– Da fällt mir ein: der Prater und der Naschmarkt, den ich sehr schön finde, dann den Rosengarten und das Schloss Schönbrunn und überhaupt die ganzen Museen und das …
– Schloss Schönbrunn, der Stephansdom, mh und John Irving.
– Kaffee, Stephansdom und natürlich der Walzer.
– Mozart, Mozartkugel, Konzerthäuser, aber ich bin nie in Wien gewesen.

1.11
1. In der Nähe dieser Stadt stehen einige der ältesten Gebäude der Welt.
2. Diese Stadt war über 40 Jahre lang geteilt.
3. Diese Stadt wurde fast 100 Jahre von Großbritannien verwaltet.
4. In dieser Stadt steht die Zentrale einer berühmten Weltorganisation.
5. In den zwanziger Jahren war sie die Kulturmetropole Europas.
6. Diese Stadt gehört seit 1997 wieder zu China und ist eines der wichtigsten Wirtschaftszentren Asiens.
7. Diese Stadt war früher die Hauptstadt ihres Landes. Man spricht dort Portugiesisch.
8. Diese Stadt ist die Hauptstadt eines großen Landes in Nordafrika.
9. Am Eingang zu dieser Stadt fährt man an einer weltberühmten Statue vorbei, die die Freiheit darstellt.
10. Diese Stadt unter dem „Zuckerhut" halten auch heute noch viele Menschen für eine der schönsten der Welt, obwohl sie viele Probleme hat.

2 Wege und Orte beschreiben

2.3 Ich starte am Stephansplatz und gehe jetzt den Graben entlang. Dann gehe ich rechts in die Tuchlauben. Ich gehe die Tuchlauben geradeaus und komme in die Marc-Aurel-Straße. Hier gehe ich die erste rechts und dann die erste wieder nach links. Und jetzt stehe ich vor dem Gebäude. Was ist es?

3 Drei Blicke auf Wien und Österreich

3.1 Ein Schweizer
Ich merke nur, dass die Klischees hier manchmal nicht nur dem Verständnis des Ausländers über Österreich im Weg stehen, sondern dass die Klischees auch dem Österreicher selber im Weg stehen und ich muss ehrlich sagen, ich verstehe Österreich ganz anders als diese Klischees. Ich war noch nie – ich sage das nach 10 Jahren, vielleicht mag das ein Mangel sein – ich war noch nie in der Spanischen Hofreitschule, weil ich mich nicht anstelle, um dort einmal hineinzuschauen. Und für mich ist auch der Opernball nicht das Jahresereignis, das für mich so wichtig sein müsste.
Das sind aber Dinge, die hier – vom Neujahrskonzert bis zum – über den Opernball, über die Spanische Hofreitschule bis zu den Jodlern und alles Dinge, wo manche Österreicher das Gefühl haben, sie sind sich das schuldig, sich jetzt eben so zu zeigen. Und ich glaube, es gibt hier eine andere Wirklichkeit, die vielleicht sehr viel moderner ist. Ich glaube, Österreich ist in manchem ein moderneres Land als es oft dargestellt wird. Und das finde ich oft schade, dass eben diese Klischees dem Österreicher selber im Wege stehen.

3.2 Ein Amerikaner

Es gibt bestimmte Sprach- und Verhaltensregeln oder sogar Spiele, und die Eingliederung für einen Ausländer hängt davon ab, inwiefern man diese Regeln und Spiele meistern kann einerseits und meistern will andererseits. Es sind einfach Formeln, wenn man begrüßt, wenn man verabschiedet, dass man dauernd Hände schütteln muss, zum Beispiel, wann man aufsteht und wann man sitzen bleibt, wer zuerst … es sind kleinere Sachen. Es gibt so einen Grad an Formalität hier, das für einen Amerikaner ungewohnt ist.

Eine Schwedin

Und wenn ich jetzt sehr kritisch sein darf, glaube ich, dass die Äußerlichkeiten – dass die entscheidend sind, dass das sehr typisch ist für die Kultur in Wien […]. Schönheit, Kleider, Besitz und Karriere sind wichtig. Man zeigt einander gegenüber nicht die Schwäche. Man redet nicht über Probleme, die man hat.

3.4 Anmerkung: Die Transkription erfolgt hier auf Hochdeutsch.

INTERVIEW 1

Interviewer: Herr Knaus, Sie sind Hotelier hier in der Steiermark, in Ramsau und Sie haben gerade die Aussagen von einem Schweizer, einem Amerikaner und einer Schwedin über Wien gehört. Was meinen Sie dazu?
Herr Knaus: Meine Meinung ist, dass eigentlich alle drei Recht haben, es ist nur, es kommt nur darauf an, wie man das Ganze sieht, wie man sich die Kultur anschaut und wie leicht es für den Einzelnen ist, auf diese Kultur zuzugehen. Eigentlich haben alle drei Recht.
Interviewer: Sie lernen viele Wiener hier in Ihrem Hotel kennen. Wie ist Ihr persönliches Verhältnis zu den Wienern?
Herr Knaus: Unser Verhältnis zu den Wienern ist besonders gut. Das ist eigentlich historisch bedingt, ganz im Gegensatz zu solchen Kollegen, die mehr im Westen sind, mal die Tiroler, da gibt es eigentlich so Geschichten, die ich nicht teilen kann. Wir mögen die Wiener ganz besonders gern.

INTERVIEW 2

Interviewer: Was meinen Sie zu den Aussagen der drei Personen, die Sie gerade gehört haben?
Herr Lastonersky: Ja, im Großen und Ganzen treffen sie ja ins Schwarze. Wenn ich zum Beispiel über Spanische Hofreitschule bis zu den Jodlern, die beide nichts miteinander zu tun haben in Wien, der Opernball, na ja, es kommt sehr darauf an. Also das ist auch so, dass er hauptsächlich von Fremden besucht wird, und die wollen das erleben, das kennen sie vom Heimatland nicht. Die Jodler geht eigentlich mehr nach Westösterreich und wird auch von den Fremden verlangt. Die wollen das sehen, was sie als Wirklichkeit finden. Das, Punkt zwei, die Äußerlichkeiten, die entscheidend sind, ja, wo – wo ist die Bekleidung, Schönheit, Besitz und Karriere nicht entscheidend? Das ist an und für sich überall dasselbe. Dann, zum Dritten, ist die Eingliederung für einen Ausländer, wir von Innerösterreich haben das Gefühl, wenn von – von der Provinz einer nach Wien kommt, der stellt sich so schnell um, dass er dann schon ein besserer Wiener ist als ein gebürtiger Wiener. Und die werden von uns an und für sich hier draußen auf dem Land als Rucksack-Wiener bezeichnet. Also, sie …
Interviewer: Als Rucksack-Wiener?
Herr Lastonersky: Als Rucksack-Wiener, ja. Die kommen mit dem Rucksack – jetzt bildlich gesprochen – nach Wien, treten dort einen Posten an und sind dann in einem halben Jahr oder in einem Jahr ärger als der gebürtige Wiener. Und über die Wiener selbst, es gibt vielleicht 20 Prozent Wiener und 80 Prozent Weaner. Die sind von unserem Ausdruck so: Weaner. Das ist halt …
Interviewer: Was heißt das? Weaner? Im Unterschied zum Wiener?
Herr Lastonersky: Der Wiener ist, der Ur-Wiener ist ja sehr gemütlich und höflich und nett, und der Weaner ist Großstädter – wir sind wer – und das wird bei uns hier draußen nicht sehr gelobt.
Interviewer: Was aber in vielen anderen Großstädten vielleicht ganz ähnlich ist. Wenn wir bei uns so an die Berliner denken …
Herr Lastonersky: Berliner weniger vielleicht, aber die Münchner sind da sehr stark, sind auch sehr bewusst – über ihre Großstadt München. Aber beim Wiener ist es vielleicht ein bisschen anders noch. Der hat vielleicht mehr Tradition als die anderen Großstädte und bringt das auch zur Schau.

4 Verkehrsunfälle

4.2 Zeugin A: Also ich habe gesehen, wie der Mann mit dem blauen Auto um die Ecke gefahren ist. Er ist viel zu schnell gefahren und hat am Stoppschild nicht angehalten. Der andere ist von rechts gekommen und ist auch wie ein Verrückter gefahren. Er hat noch nicht einmal gebremst. Ich kann nur sagen: Männer am Steuer werden zu Bestien!

Zeuge B: Ich glaube, dass der Lieferwagen-Fahrer auch schuld ist. Der Fahrer des blauen Wagens konnte gar nichts sehen. Er hat angehalten und ist ganz langsam auf die Kreuzung gefahren. Er wollte nach rechts abbiegen. Dann ist der andere Wagen von rechts gekommen. Ich glaube, er war viel zu schnell und hat den Toyota, oder was das ist, zu spät gesehen. Er hat dann noch gebremst, aber es war schon zu spät. Dann hat es gekracht.

Zeugin C: Also der blaue Toyota hat an dem Stoppschild gehalten und ist dann auf die Straße gefahren. Er hat gewartet, weil er nichts gesehen hat – da war dieser Lieferwagen, der die Sicht versperrt hat. Dann ist der andere von rechts gekommen und es hat gekracht. Der beige Wagen ist ziemlich schnell gefahren. Er hat noch versucht, nach rechts auszuweichen. Tja, dann hat's gekracht. Aber zum Glück ist ja nicht viel passiert. Nur ein Blechschaden.

6 *Wenn du langsamer gefahren wärst ... – Konjunktiv II Perfekt*

6.1 SIE: Es ist schon zehn nach acht. Bist du nicht bald fertig?
ER: Wenn du dauernd an mir rummeckerst! Das ist jetzt schon die vierte Krawatte, die ich anprobiere.
SIE: Zum Hemd passt die auch nicht, aber vielleicht zu den Socken! Jetzt mach endlich.
ER: Ich hasse Krawatten.
SIE: Das weiß ich. Du sagst es ja oft genug.
ER: So, das weißt du, dann wirst du eben noch ein bisschen Geduld haben müssen.
SIE: Wir sind jetzt schon zu spät. Du weißt doch, dass dein Chef Unpünktlichkeit hasst.
ER: Ja, ja ...

6.2 ER: „Pass auf, die Kurve!"

ER: Wenn du nicht so schnell gefahren wärst, dann wärst du nicht gegen den Baum gefahren!
SIE: Wenn du nicht dauernd gemeckert hättest, dann hätte ich mich besser konzentrieren können!
ER: Wenn du vorsichtiger gefahren wärst, dann hätte ich auch nicht so viel Angst gehabt!
SIE: Wenn du rechtzeitig fertig gewesen wärst, dann hätten wir auch mehr Zeit gehabt.
ER: Ha! Wenn du nicht dauernd meine Kleidung kritisiert hättest, dann wär ich früher fertig gewesen ...

EINHEIT **9**: ZWISCHEN DEN KULTUREN

4 Die Einheimischen und die Fremden

4.2 Dione (Singapur)
Also ich finde die Leute hier in Deutschland schon sehr freundlich und hilfsbereit. Vor sieben Jahren war ich hier bei einem Austauschprogramm und ich habe in einer Familie gelebt, also gewohnt und bin mit der Tochter in die Schule gegangen und bis jetzt habe ich noch sehr, sehr guten Kontakt zu dieser Familie und ich weiß, dass die immer für mich da sind und ... ja also, wir sind noch sehr, sehr gut befreundet. Und als negativ finde ich, sehr, dass sehr viele Deutsche mich fragen, ob ich nach meinem Abschluss noch hier in Deutschland bleiben will und hier arbeiten will. Und was mich richtig irritiert, ist, wenn ich jetzt nein sage, dann sind die total überrascht und fragen so: Wirklich? Wollen Sie wirklich nicht hier bleiben? Wollen Sie wirklich nach Hause? Und das irritiert mich schon, weil – ich meine, nicht alle Ausländer, die hierher kommen, wollen unbedingt hier bleiben nachher.

Irina (Lettland)

Ja, ich bin schon seit ein paar Monaten hier in Deutschland und ich finde es schön hier, es gefällt mir sehr, und die Leute sind alle freundlich, hilfsbereit und aufgeschlossen und ich hab viel Kontakt zu denen. Ich wohne in einem Studentenwohnheim, hab viel Kontakt zu den Mitbewohnern, wir unternehmen viel. Also das studentische Leben ist hier sehr schön, und was ich noch schön finde, dass die Studenten viel, viel selbständiger sind. Man hat zum Beispiel 'ne Möglichkeit, sich den Stundenplan selbständig zusammenzustellen und hat 'ne Möglichkeit, viel selbständiger zu arbeiten. Was sprachlich so ein bisschen manchmal irritiert, sind ein paar Begrüßungsformeln, zum Beispiel, wenn man sich begrüßt und „Hallo" sagt, dann gehört häufig auch „Wie geht's?" dazu, und dieses „Wie geht's?" ist nicht so tief gehend gemeint, also da muss man nicht unbedingt jedes Mal erzählen, wie es einem wirklich geht, sondern es ist mehr formelhaft und wenn man beginnt, dann schon was Näheres dazu zu erzählen, dann ist das manchmal ein bisschen komisch.

EINHEIT **10**: KREISLÄUFE

1 Einen Kreislauf beschreiben

1.3
- Der motorisierte Verkehr hat in den letzten Jahrzehnten ständig zugenommen. Durch die zahlreichen Autos und Lastwagen werden immer mehr Abgase produziert.
- Diese giftigen Stoffe gelangen in die Luft und sie werden durch den Wind über die Ozeane und Meere transportiert.
- Dort sinken sie mit dem Regen auf die Wasseroberfläche, wo sie mit der Zeit eine Ölschicht bilden.
- Die Folge davon ist eine Vergiftung des Planktons, das vielen Meerestieren als Nahrung dient.
- Indem die Fische das Plankton fressen, nehmen sie die schädlichen Stoffe auf.
- Diese gelangen über die Nahrungsaufnahme auch in den menschlichen Organismus und können lebensgefährliche Krankheiten verursachen.

5 Etwas tun für die Umwelt

5.2
Interviewer: Flavia, viele Schweizer haben eine große Angst vor der Umweltzerstörung. Was tust du für die Umwelt?

Flavia Eggenberger: Tja, also abgesehen davon, dass ich ja alleine nicht viel ausrichten kann, versuche ich, möglichst umweltbewusst zu leben. Also das heißt im Klartext: Ich fahre nicht Auto, ich fahre immer mit dem Fahrrad, in der Stadt und auch außerhalb; oder wenn ich auf Reisen gehe, dann benütze ich die öffentlichen Verkehrsmittel. Außerdem trenne ich den Abfall, was wir alle müssen hier in der Stadt Zürich seit dem 1. Januar dieses Jahres.

Interviewer: Was heißt das genau: „Ich trenne den Abfall."?

Flavia Eggenberger: Ja, also … Küchenabfall, Altmetall – also Aluminium, Konservendosen usw. – Karton und Papier, Glas, Altöle und Sonderabfälle werden getrennt, weil es seit Anfang dieses Jahres spezielle Sammelstellen gibt dafür und, insbesondere, höhere Gebühren erhoben werden nach dem Verursacherprinzip. Also die Kehrichtsäcke kosten jetzt pro Stück viel mehr als früher. Das soll dann die Abfuhrgebühren decken. Und das ermutigt einen natürlich zum Trennen von Abfällen, so dass nur noch das Nötigste in den Kehrichtsack kommt.

Interviewer: Was du jetzt erzählt hast, sind Dinge, die jeder Einzelne von uns machen kann. Was sollte deiner Meinung nach der Staat machen, um die Umwelt besser zu schützen?

Flavia Eggenberger: Ja, das ist eine schwierige Frage. Das eine sind eben diese Abfallgebühren nach dem Verursacherprinzip, das sollte vielleicht für Großverbraucher oder Großproduzenten von Abfällen konsequenter „durchgezogen" werden. Ich weiß nicht ganz genau, wie das jetzt geregelt ist, aber ich stell mir vor, dass die Industrie viel höhere Gebühren bezahlen sollte für Abfall, besonders Sonderabfall. Und auch die andere Seite … die Produzenten, zum Beispiel von Verpackungen oder von giftigen Stoffen, sollten auch mehr zur Kasse gebeten werden. In dem Sinn könnte das eine Ermutigung sein, dann wieder die alltäglichen Waren weniger zu verpacken, und damit weniger Abfall zu produzieren …, aber auch dann wieder im Großen. Tja, also ein Problem ist ja immer der Export von Abfall und …, also ich glaub, das ist schwierig zu regeln, weil da ganz viele Interessen im Spiel sind.

Interviewer: Könntest du etwas genauer sagen, was du damit meinst?

Flavia Eggenberger: Wenn zum Beispiel in der Schweiz gewisse Stoffe verboten werden oder deren Entsorgung teurer gemacht wird, dann besteht ja immer noch die Möglichkeit, diese Stoffe entweder im Ausland zu produzieren oder dort zu entsorgen, zu geringeren Preisen. Und ich glaube, da gibt es genügend Länder, die bereit sind, das zu tun. Ich denke an die so genannten Drittweltländer, die auf solche Einnahmequellen …, also mit solchen Einnahmequellen natürlich auch rechnen. Und da geht das Problem in eine ganz andere Ebene über: Es geht dann um Welthandel, Weltökonomie, das Nord-Süd-Gefälle usw. usf.

Interviewer: Nun gibt es ja Institutionen und Gruppen, die sich ganz aktiv für die Umwelt einsetzen, zum Beispiel „Greenpeace". Was hältst du von solchen Aktionen?

Flavia Eggenberger: Ja, es kommt immer etwas darauf an, wie diese Aktionen aussehen: Zum Beispiel gibt es ja von „Greenpeace" diese Besetzungs-Aktionen, also wenn sie mal eine Fabrik besetzen, die irgendwelches Gift in den Fluss hinauslässt … oder Öltanker oder Transportfrachter besetzen. Ich finde das eigentlich ganz gut, und zum Teil hat das ja auch etwas bewirkt dann im Größeren, also gerade so bei Sicherheitsvorschriften bei Transporten und so … Dann vielleicht andere Aktionen, die dann noch etwas chaotischer verlaufen und vielleicht nicht immer so viel bringen: Ich denke da jetzt an Leute, die Straßen versperren, den Verkehr stören oder Autos zerstören. Ja, also ich find das … Ja, ich lach dann

natürlich für mich und … ja gut … schön … Aber langfristig bringt das … oder mittelfristig bringt das nicht viel, es „wiegelt" die Leute gegeneinander auf. Die Autofahrer – auch solche, die vielleicht nicht ganz „umweltunbewusst" sind, werden „verrückt" gemacht, und es gibt dann so eine Polarisierung von sogenannten „Chaoten" und Autofahrern, dabei sind die Leute vielleicht differenzierter als nur Autofahrer oder Chaoten.

Interviewer: Noch eine letzte Frage, Flavia: Was würdest du dir für die Zukunft unserer Umwelt wünschen?

Flavia Eggenberger: Etwas idealistisch: dass alle etwas vernünftiger werden in dem Sinn, dass wirtschaftliche, ökonomische Interessen zurücktreten, wenn es um die Umwelt geht, weil das ja schließlich unsere Lebensgrundlage ist.

Interviewer: Danke.

Option 2: SPIELE, MUSIK, GESCHICHTEN

4 Eine besondere Weihnachtsgeschichte: Die Falle

4.8   **Der Weihnachtsmann tritt auf.**

Der bestellte Weihnachtsmann kam pünktlich. Er war ein Student mit schwarzem Vollbart, unter dem Arm trug er ein Paket. „Wollen Sie so auftreten?", fragte Herr Lemm. „Nein", antwortete der Student, „da kommt natürlich noch ein weißer Bart darüber. Kann ich mich hier irgendwo umziehen?" Er wurde in die Küche geschickt. „Da stehen aber leckere Sachen", sagte er und deutete auf die kalten Platten, die auf dem Küchentisch standen. „Nachher, wenn die Kinder im Bett sind, wollen noch Geschäftsfreunde meines Mannes vorbeischauen", erwiderte die Hausfrau. „Daher eilt es etwas. Könnten Sie bald anfangen?" Der Student war schnell umgezogen. Er hatte jetzt einen roten Mantel mit roter Kapuze an und band sich einen weißen Bart um. „Und nun zu den Geschenken", sagte Herr Lemm. „Diese Sachen sind für den Jungen, Thomas", er zeigte auf ein Fahrrad und andere Spielsachen, „und das bekommt Petra, das Mädchen, ich meine die Puppe und die Sachen da drüben. Die Namen stehen jeweils drauf. Und hier ist noch ein Zettel, auf dem ein paar Unarten der Kinder notiert sind, reden Sie ihnen mal ins Gewissen, aber machen Sie ihnen keine Angst, vielleicht genügt es, etwas mit der Rute zu drohen. Und versuchen Sie, die Sache möglichst rasch zu machen, weil wir noch Besuch erwarten." Der Weihnachtsmann nickte und packte die Geschenke in den Sack. „Rufen Sie die Kinder schon mal ins Weihnachtszimmer, ich komme gleich nach. Und noch eine Frage. Gibt es hier ein Telefon? Ich muss jemanden anrufen." „Auf der Diele rechts." „Danke."

Nach einigen Minuten war alles soweit. Mit dem Sack über dem Rücken ging der Student auf die angelehnte Tür des Weihnachtszimmers zu. Einen Moment blieb er stehen. Er hörte die Stimme von Herrn Lemm, der gerade sagte: „Wisst ihr, wer jetzt gleich kommen wird? Ja, Petra, der Weihnachtsmann, von dem wir euch schon so viel erzählt haben. Seid schön brav…" Fröhlich öffnete er die Tür. Blinzelnd blieb er stehen. Er sah den brennenden Baum, die erwartungsvollen Kinder, die feierlichen Eltern. Es hatte geklappt, jetzt fiel die Falle zu. „Guten Tag, liebe Kinder", sagte er mit tiefer Stimme. „Ihr seid also Thomas und Petra. Und ihr wisst sicher, wer ich bin, oder?" „Der Weihnachtsmann", sagte Thomas etwas ängstlich. „Richtig. Und ich komme zu euch, weil heute Weihnachten ist. Doch bevor ich nachschaue, was ich so alles in meinem Sack habe, wollen wir erst einmal ein Lied singen. Kennt ihr ‚Stille Nacht, heilige Nacht'? Ja? Also!" Er begann mit lauter Stimme zu singen, doch mitten im Lied hörte er auf. „Aber, aber, die Eltern singen ja nicht mit! Jetzt fangen wir alle noch mal von vorne an. Oder haben wir etwa den Text nicht gelernt? Wie geht denn das Lied, Herr Lemm?" Herr Lemm blickte den Weihnachtsmann befremdet an. „Stille Nacht, heilige Nacht, alles schläft, einer wacht …" Der Weihnachtsmann klopfte mit der Rute auf den Tisch: „Einsam wacht! Weiter! Nur das traute …" „Nur das traute, hochheilige Paar", sagte Frau Lemm betreten, und leise fügte sie hinzu: „Holder Knabe mit lockigem Haar." „Vorsagen gilt nicht", sagte der Weihnachtsmann barsch und hob die Rute. „Wie geht es weiter?"

„Holder Knabe im lockigen …" „Im lockigen Was?" „Ich weiß es nicht", sagte Herr Lemm. „Aber was soll denn diese Fragerei? Sie sind hier, um …" Seine Frau stieß ihn in die Seite und als er die erstaunten Blicke seiner Kinder sah, verstummte Herr Lemm. „Holder Knabe in lockigem Haar", sagte der Weihnachtsmann, „schlaf in himmlischer Ruh, schlaf in himmlischer Ruh. Das nächste Mal lernen wir das besser. Und jetzt singen wir noch einmal miteinander ‚Stille Nacht, heilige Nacht'." „Gut, Kinder", sagte er dann. „Eure Eltern können sich ein Beispiel an euch nehmen. So, jetzt kommen die Geschenke an die Reihe. Wir wollen doch mal sehen, was wir hier im Sack haben. Aber Moment, hier liegt ja noch ein Zettel!" Er nahm den Zettel und las ihn durch. „Stimmt das, Thomas, dass du in der Schule oft ungehorsam bist und den Lehrern widersprichst?" „Ja", sagte Thomas kleinlaut. „So ist es richtig", sagte der Weihnachtsmann. „Nur dumme Kinder glauben alles, was ihnen die Lehrer erzählen. Brav, Thomas." Herr Lemm sah den Studenten beunruhigt an. „Aber…", begann er. „Sei doch still", sagte seine Frau. „Wollen Sie etwas sagen?", fragte der Weihnachtsmann Herrn Lemm mit tiefer Stimme und strich sich über den Bart. „Nein." „Nein, lieber Weihnachtsmann, heißt das immer noch. Aber jetzt kommen wir zu dir, Petra. Du sollst manchmal bei Tisch reden, wenn du nicht gefragt wirst, ist das wahr?" Petra nickte. „Gut so", sagte der Weihnachtsmann. „Wer immer nur redet, wenn er gefragt wird, bringt es in diesem Leben zu nichts. Und da ihr so brave Kinder seid, sollt ihr nun auch belohnt werden. Aber bevor ich in den Sack greife, hätte ich gern etwas zu trinken." Er blickte die Eltern an. „Wasser?", fragte Frau Lemm.

„Nein, Whisky. Ich habe in der Küche eine Flasche ‚Chivas Regal' gesehen. Wenn Sie mir davon etwas einschenken würden? Ohne Wasser, bitte, aber mit etwas Eis." „ Mein Herr!", sagte Herr Lemm, aber seine Frau war schon aus dem Zimmer. Sie kam mit einem Glas zurück, das sie dem Weihnachtsmann anbot. Er leerte es und schwieg.

„Merkt euch eins, Kinder", sagte er dann. „Nicht alles, was teuer ist, ist auch gut. Dieser Whisky kostet etwa 50 DM pro Flasche. Davon müssen manche Leute einige Tage leben, und eure Eltern trinken das einfach runter. Ein Trost bleibt: Der Whisky schmeckt nicht besonders." Herr Lemm wollte etwas sagen, doch als der Weihnachtsmann die Rute hob, ließ er es. „So, jetzt kommen die Geschenke an die Reihe." Der Weihnachtsmann packte die Sachen aus und überreichte sie den Kindern. Er machte dabei kleine Scherze, doch es gab keine Zwischenfälle, Herr Lemm atmete leichter, die Kinder schauten respektvoll zum Weihnachtsmann auf, bedankten sich für jedes Geschenk und lachten, wenn er einen Scherz machte. Sie mochten ihn offensichtlich. „Und hier habe ich noch etwas Schönes für dich, Thomas", sagte der Weihnachtsmann. „Ein Fahrrad. Steig mal drauf." Thomas strampelte, der Weihnachtsmann hielt ihn fest, gemeinsam drehten sie einige Runden im Zimmer.
„So, jetzt bedankt euch mal beim Weihnachtsmann!", rief Herr Lemm den Kindern zu. „Er muss nämlich noch viele, viele Kinder besuchen, deswegen will er jetzt leider gehen." Thomas schaute den Weihnachtsmann enttäuscht an, da klingelte es.

4.9   Der Weihnachtsmann ist nicht allein

„Sind das schon die Gäste?", fragte die Hausfrau. „Wahrscheinlich", sagte Herr Lemm und sah den Weihnachtsmann eindringlich an. „Öffne doch." Die Frau tat das, und ein Mann mit roter Kapuze und rotem Mantel, über den ein langer, weißer Bart wallte, trat ein. „Ich bin Knecht Ruprecht", sagte er mit tiefer Stimme. Währenddessen hatte Herr Lemm im Weihnachtszimmer noch einmal behauptet, dass der Weihnachtsmann jetzt leider gehen müsse. „Nun bedankt euch mal schön, Kinder", rief er, als Knecht Ruprecht das Zimmer betrat. Hinter ihm kam Frau Lemm und schaute ihren Mann fragend an. „Da ist ja mein Freund Knecht Ruprecht", sagte der Weihnachtsmann fröhlich.
„So ist es", erwiderte dieser. „Da drauß' vom Walde komm ich her, ich muss euch sagen, es weihnachtet sehr. Und jetzt hätte ich gerne etwas zu essen."
„Wundert euch nicht", sagte der Weihnachtsmann zu den Kindern. „Ein Weihnachtsmann allein könnte nie all die Kinder besuchen, die es auf der Welt gibt. Deswegen habe ich Freunde, die mir dabei helfen:

Knecht Ruprecht, den heiligen Nikolaus und viele andere …"
Es klingelte wieder. Die Hausfrau ging zur Tür und öffnete. Vor der Tür stand ein dritter Weihnachtsmann. „Puh", sagte er. „Diese Kälte! Hier ist es beinahe so kalt wie am Nordpol, dort wo ich zu Hause bin!" Mit diesen Worten betrat er das Weihnachtszimmer. „Ich bin Sankt Nikolaus", fügte er hinzu, „und ich freue mich immer, wenn ich brave Kinder sehe. Das sind sie doch – oder?" „Sie sind sehr brav, nur die Eltern gehorchen nicht immer, denn sonst hätten sie schon längst eine von den kalten Platten und etwas zu trinken gebracht." „Verschwinden Sie!", flüsterte Herr Lemm in das Ohr des Studenten. „Sagen Sie das doch laut, dass Ihre Kinder es auch hören können", antwortete der Weihnachtsmann. „Ihr gehört jetzt ins Bett", sagte Herr Lemm. „Nein", brüllten die Kinder und klammerten sich an den Mantel des Weihnachtsmannes. „Hunger", sagte Sankt Nikolaus.

4.10   Die Party

Die Frau holte ein Tablett. Die Weihnachtsmänner begannen zu essen. „In der Küche steht Whisky", sagte der erste, und als Frau Lemm sich nicht bewegte, ging Knecht Ruprecht hinaus. Herr Lemm lief hinter ihm her. „Lassen Sie die Hände vom Whisky." „Thomas!", rief Knecht Ruprecht laut und schon kam der Junge mit seinem Fahrrad angefahren. Erwartungsvoll blickte er Vater und Weihnachtsmann an. „Mein Gott, mein Gott", sagte Herr Lemm, doch er ließ Knecht Ruprecht vorbei.
„Tu was dagegen", sagte seine Frau. „Das ist ja furchtbar. Tu was!" „Sie werden jetzt alle sofort verschwinden", sagte Herr Lemm. „Schmeißen Sie uns doch raus", erwiderte der Weihnachtsmann und zeigte ins Weihnachtszimmer. Dort saß der Nikolaus, aß Bröt-

chen und erzählte Thomas davon, wie es im Himmel aussah. Knecht Ruprecht trank Whisky und brachte Petra ein Lied bei, das mit den Worten begann: „Nun danket Gott, die Schule ist bankrott." „Wie viel verlangen Sie?", fragte Herr Lemm. „Wofür?" „Für Ihr Verschwinden. Ich erwarte bald Gäste, das wissen Sie doch." „Ja, das könnte peinlich werden, wenn Ihre Gäste hier hereinplatzen würden. Was ist Ihnen die Sache denn wert?"
„Hundert Mark", sagte der Hausherr. Der Weihnachtsmann lachte und ging ins Zimmer. „Holt mal eure Eltern", sagte er zu Petra und Thomas. „Sankt Nikolaus will uns noch die Weihnachtsgeschichte erzählen." Die Kinder liefen auf die Diele. „Kommt", schrien sie, „Sankt Nikolaus will uns was erzählen."

4.11   Fröhliche Weihnachten

Herr Lemm sah seine Frau an. „Geh mit den Kindern hinein", flüsterte er, „ich rufe jetzt die Polizei an!" – „Tu es nicht", bat sie, „denk doch daran, was in den Kindern vorgehen muss, wenn Polizisten …" – „Das ist mir jetzt völlig egal", unterbrach Herr Lemm. „Ich tu's." „Kommt doch", riefen die Kinder. Herr Lemm hob den Hörer ab und wählte. Die Kinder kamen neugierig näher. „Hier Lemm", flüsterte er, „Lemm, Berlin-Dahlem. Bitte schicken Sie ein Überfallkommando." – „Sprechen Sie bitte lauter", sagte der Polizeibeamte. „Ich kann nicht lauter sprechen, wegen der Kinder. Hier, bei mir zu Haus, sind drei Weihnachtsmänner und die gehen nicht weg …" Frau Lemm hatte versucht, die Kinder wegzuscheuchen, es war ihr nicht gelungen. Petra und Thomas standen neben ihrem Vater und schauten ihn an. Herr Lemm verstummte. „Was ist mit den Weihnachtsmännern?", fragte der Beamte, doch Herr Lemm schwieg weiter. „Fröhliche Weihnachten", sagte der Beamte und hängte auf.
Da erst wurde Herrn Lemm klar, wie verzweifelt seine Lage war. „Komm, Papi", riefen die Kinder, „Sankt Nikolaus will anfangen." Sie zogen ihn ins Weihnachtszimmer. „Zweihundertfünfzig", sagte er leise zum Weihnachtsmann, der auf der Couch saß. „Pst", antwortete der und zeigte auf den Nikolaus, der „Es begab sich aber zu der Zeit" sagte und langsam fortfuhr. „Dreihundert." Als der Nikolaus be-

gann, den Kindern zu erzählen, was der Satz „und die war schwanger" bedeute, sagte Herr Lemm „vierhundert", und der Weihnachtsmann nickte. „Jetzt müssen wir leider gehen, liebe Kinder", sagte er. „Seid hübsch brav, widersprecht euren Lehrern, wo es geht, haltet die Augen offen und redet, ohne gefragt zu werden. Versprecht ihr mir das?" Die Kinder versprachen es, und nacheinander verließen der Weihnachtsmann, Knecht Ruprecht und Sankt Nikolaus das Haus. „Ich fand es nicht richtig, dass du Geld genommen hast", sagte Knecht Ruprecht auf der Straße. „Das war nicht geplant." „Leute, die sich Weihnachtsmänner mieten, sollen auch dafür zahlen", meinte der Weihnachtsmann. „Aber nicht so viel." „Wieso nicht? Alles wird heutzutage teurer, auch die Weihnachtsmänner." „Richtig", sagte Sankt Nikolaus. „Wo steht geschrieben, dass der Weihnachtsmann immer nur etwas bringt? Manchmal holt er auch was." „In einer Gesellschaft, in der ‚Hastuwasbistduwas' gilt, kann auch der Weihnachtsmann nicht sauber bleiben", sagte der Weihnachtsmann. „Vielleicht sollten wir das Geld einem wohltätigen Zweck zur Verfügung stellen", schlug Knecht Ruprecht vor. „Erst einmal sollten wir eine Kneipe finden, die noch offen ist", sagte der Weihnachtsmann. Sie fanden eine, nahmen ihre Bärte ab, setzten sich und spendierten eine Lokalrunde, bevor sie weiter beratschlagten.

EINHEIT **11**: POLITIK

2   Das politische System der Bundesrepublik Deutschland

2.6   Annette (Deutschland)

Ja, ich interessiere mich sehr für Politik, weil ich denke, dass unser tägliches Leben davon deutlich bestimmt wird.
Und ich habe mich auch schon mal aktiv für eine politische Frage engagiert, eigentlich sogar schon mehr als einmal, wobei die Themen immer wechselten. Es waren mal frauenspezifische Themen oder umweltspezifische Themen und in letzter Zeit sind es häufiger Fragen, die die Ausländerpolitik betreffen.

Selbstverständlich gehe ich wählen, weil ich denke, dass man von seinem Wahlrecht Gebrauch machen sollte. Allerdings hab ich da auch sehr unterschiedliche Wahlzettel schon abgegeben und es kann durchaus auch mal ein leerer gewesen sein, als ich gar keine Lust hatte.

Ich denke, es müsste sich sehr viel ändern, damit sich mehr Menschen für Politik interessieren, weil gerade ja die Jugendarbeit in den politischen Parteien sehr stark nachgelassen hat. Und ich glaube auch, die Informationen, was man wirklich tun kann und wie man sich engagieren kann, nicht ausreichend sind. Ich meine, gut, in „Greenpeace" oder „Amnesty" machen ja deutlich mehr Jugendliche mit als in politischen Parteien, das ist ja auch 'ne politische Aktivität, aber ich denke, dass man da viel verändern müsste.

Irina (Lettland)

Ja, ich komme aus Lettland, aus der Hauptstadt Riga und – was die politische Situation in Lettland angeht, muss ich sagen, dass es da ziemlich schwierig ist. Lettland gehörte früher zu der ehemaligen Sowjetunion und das System, das politische System bei uns war … war ähnlich gewesen und heutzutage ist … hat sich, obwohl Lettland schon seit ein paar Jahren unabhängig ist, hat es sich … nicht so vieles verändert. Die Demokratie ist noch nicht, sozusagen, stabil. Das konkrete System hat sich sozusagen noch nicht entwickelt. Und von daher ist es nicht so einfach, sich politisch zu engagieren. Was mich persönlich angeht, kann ich sagen, dass ich erst seit einem Jahr wahlberechtigt bin. Ich hatte früher keine Staatsbürgerschaft gehabt und musste einen Naturalisationsprozess mitmachen. Erst seit diesem Jahr darf ich wählen gehen und – wie gesagt – Lettland braucht einfach Zeit, um das System herauszuarbeiten und eine richtige Demokratie zu entwickeln.

Dong Ha (Korea)

Ich interessiere mich eigentlich nicht für Politik, weil eben viele Politiker interessieren sich halt dann nur für die Macht an – sich selbst und auch dann für das Geld. Meistens – also das ist meine Meinung. Aber gehe ich dann trotzdem zum Wählen, weil – weil ich immer drauf hoffe, dass es irgendwo eine Partei gibt, die dann mehr für die – für die Arbeitnehmer irgendwas tun kann.

Hermann (Deutschland)

Ja, ich interessiere mich natürlich für Politik. Das war in meiner Generation auch ziemlich normal. Ich hab mich aktiv ein paar Mal engagiert, besonders in den siebziger Jahren für eine mehr grüne Politik. Ich bin immer wählen gegangen, hab aber Zweifel, ob das irgendwas genützt hat und hab auch nicht immer die gleiche Partei gewählt. Meistens links, aber oft auch die Grünen. Was sich ändern müsste … Ich glaube, die Politiker müssten tatsächlich mehr darauf achten, was die Menschen interessiert. Man hat nicht das Gefühl, dass die Politiker sich wirklich dafür interessieren, etwas voranzubringen. Es geht eher um politische Spielchen, um Macht und nicht um die Menschen, die dahinter stehen.

Janina (Polen)

Mein Name ist Janina. Ich komme aus Polen. Ja, ich interessiere mich für Politik. Mich interessiert eigentlich die Ökologie. Diese Frage und das Problem ist in Polen jetzt neu, das ist – im Westen war das schon ein – das ist kein neues Thema, aber bei uns ist das neu und viele Leute sind engagiert. Ich gehe auch wählen und ich meine, dass immer mehr Leute werden sich engagieren in … Bei uns sind viele andre – Veränderungen, politische, also die Demokratie jetzt, und mit dem kommen auch viele Fragen und viele Probleme, die im Westen schon waren.

6　Eine Politikerrede im Wahlkampf

6.2
Und jetzt komm ich zu meinen – ich hab gehört, es sind auch Repräsentanten da – Freunden von der politischen Konkurrenz. Dort tritt der Strahlemann und Automann Schröder auf und sagt: Modernisierung in sozialer Verantwortung. Und meine Damen und Herren: völlig d'accord. Nur, eine Modernisierung in sozialer Verantwortung, die die Ökologie weglässt, die die Ökologie sozusagen nur zum Luxuspolitikfeld macht oder zum … zum Schönwetterthema, die bleibt auf halbem Wege stehen, und diese Modernisierung trägt nicht in die Zukunft. Weil – und das soll man sich bitte auch in diesem Zusammenhang mal vor Augen führen – nicht die Automobilindustrie hat die Arbeitsplätze in den vergangenen Jahren geschaffen, sie hat sie abgebaut, um Zigtausende, sondern die Umwelttechnologie hat die Arbeitsplätze geschaffen. Die Umwelttechnologie und die Kommunikationstechnologie sind die beiden Branchen, in denen wir ein Wachstum von Arbeitsplätzen zu verzeichnen haben, in der Umwelttechnologie zwischen 800.000 und 1.000.000. Und alle Prognosen sagen: Wenn die Umwelttechnologie nicht nur 'ne Technologie, eine nachsorgende Technologie ist, d.h. also Filter- und Altlastensanierung etc., sondern integriert in die Produktionsprozesse wird, ist dort noch ein Vielfaches an Arbeitsplätzen, an neuen Arbeitsplätzen, an zukunftsträchtigen Arbeitsplätzen, zu mobilisieren. Und deshalb muss ich ganz ehrlich sagen: Also, bei allem Respekt vor dem Herrn Schröder, aber ein Kandidat einer SPD, bei der die Ökologie auf Seite 27 im Programm als Fußnote angedeutet wird und die nicht Ross und Reiter nennt bei der Mineralölsteuer, der braucht ganz starke Grüne zur Seite.

1 Ein Kunstwerk

1.5 A = Interviewer, B – L = die interviewten Personen

A: Entschuldigung, darf ich Ihnen ein paar Fragen stellen? Sie schauen sich gerade den „Himmelsstürmer" an. Was bedeutet er für Sie?
B: Ich würde das irgendwie so für mich interpretieren: Weg nach oben, Weg in die Zukunft, Weg irgendwo weit weg …
A: Also optimistisch?
B: Eigentlich schon, ja … auf jeden Fall.

C: Der Himmelsstürmer?
A: Was bedeutet er für Sie?
C: Was der bedeutet? Mich fasziniert gerade die Vorstellung, dass es da immer weitergeht, immer weiter so … so ins Unendliche.
A: Sie meinen, es geht immer weiter?
C: Ja, so stell ich mir das gerade vor. Deshalb hab ich so versucht, gerade da so weiterzuschauen.
A: Dazu lädt er ein?
C: Ja, für mich ja.
D: Dass der Mensch immer hoch hinaus will.
E: Ja, da ist die Frage … wenn er zu hoch hinaus will, ob er nicht dann gleich ein Bier trinken gehen soll, als Gegensatz dazu, dass man gar nicht so weit hinaus will, sondern dass man mehr auf der Erde bleibt.
A: Ist das eher pessimistisch oder eher optimistisch?
E: Ja, das ist die Frage … Also, ganz ohne Technik hätte dieses Kunstwerk in der Form nicht geschaffen werden können. Das heißt also, die Technik kann gar nicht in der Form kritisiert werden. Das heißt, er müsste eigentlich weitergehen, oder?
D: Na ja, er hat ja noch ein Stück des Weges zu gehen … vor sich.
E: Ja, natürlich.
D: Er ist auch noch nicht abgestürzt.
A: Ist er gefährdet auf dem Weg oder sieht es eher gefahrlos, optimistisch aus, das Ganze?
E: Auf mich wirkt es ungeheuer optimistisch.
D: Ja, also er hat 'nen aufrechten Gang und sieht halt nach vorne. Er weiß, wo er hingehen will.

A: Sie schauen sich gerade den „Himmelsstürmer" an. Was … wie finden Sie den?
F: Originell, hübsch. Gefällt mir gut. Ja, doch.
A: Was bedeutet er für Sie?
F: Weiß nicht … Vielleicht der steile Aufstieg der Menschheit … wär möglich.
G: Da kann ich im Moment nichts dazu sagen.
A: Muss man ja auch nicht. Hauptsache, es ist interessant.
G: Ja … Was hier alles als Kunst bezeichnet wird, ist doch … irgendwo … ich finde das bizarr. Was da drinnen für ein Schrott zusammengeschweißt ist … und das nennen die „Kunst"! Dafür wird Geld bezahlt und das wird ausgestellt! Da bezahlt man teures Eintrittsgeld, um sich so was „angucken" zu dürfen … Also das hier, das find ich noch ganz originell.
A: Wie finden Sie das?
H: Gut.
A: Ja?
H: Muss ich mich genauer äußern?
A: Nein. Hat das irgendeine Bedeutung für Sie?
H: Ja, ich hab das so interpretiert, dass es der Fortschritt ist und dass es steil bergauf geht, aber dass dann ein Ende da ist und dass man abstürzt.
A: Ah, der stürzt ab?
H: Ja, wenn er weitergeht, stürzt er ab.
A: Aha. Also Vorsicht!
H: Ja.
A: Wie finden Sie den „Himmelsstürmer?"
I: In meinen Augen ist das Blödsinn. Das Einzige, was interessant ist, ist, wie der befestigt ist in der Erde.
A: Was halten Sie davon?
J: Ich find's „bärenstark", ich find's gut … besonders die Perspektive, die er gerade fotografiert hat. Find ich super, ja! Wenn hellblauer Himmel ist ohne Wolken …

A: Was bedeutet das Ding für Sie?

J: Genau das, was der Name sagt, „Himmelsstürmer", das bedeutet es für mich. Da stürmt einer gen Himmel.

A: Und was passiert mit dem?

J: Schwer zu sagen … es ist die Frage, ob er jemals oben ankommt.

A: Darf ich Sie fragen, wie Sie das finden?

K: Ja, ich find's spannend, wie mühelos der da hochgeht. Mein Kleiner will gerade versuchen, da hochzuklettern, aber …

A: Wie findest du das?

L: Schön.

EINHEIT **13**: ZUKUNFTSTHEMA „ARBEIT"

6 Prüfungsvorbereitung: Hörverstehen (Detail)

6.2 Moderator: Ein Bericht von Wolfgang Müller-Streitbörger, den ich nun in seinem Tele-Office ganz herzlich begrüße.

Herr Streitbörger: Ja, hallo, Herr Stein.

Moderator: Sie sind Journalist, aber Sie berichten nicht nur zum Beispiel über die Arbeitswelt, die sich durch die neuen Medien verändert, sondern Sie sind gewissermaßen auch selber davon betroffen und nutzen die Technik ganz intensiv, oder seh ich das falsch.

Herr Streitbörger: Als wir anfingen, im Jahre 1990, war es Telefon und Fax und das war eine mühselige Angelegenheit mit dem Fax, denn es hieß, dass die armen Redaktionsassistentinnen in den Redaktionen unsere Texte noch einmal abtippen mussten. Das hat sich geändert. Wir arbeiten inzwischen für Zeitungen, die sich so etwas nicht mehr bieten lassen würden. Die haben einfach nicht mehr die Leute zum Abtippen. Die verlangen von uns, dass wir Dateien schicken. Das kann man auf dem Postweg machen, dauert bloß ein oder zwei Tage, also zu lange für die meisten Medien. Seit einigen Jahren verschicken wir deshalb unsere Artikel als Dateien übers Telefonnetz.

Moderator: Wo genau liegt denn der Vorteil von elektronischer Post, die ja sozusagen direkt aus dem PC auf dem Schreibtisch hinaus in die Welt geht? Ist das immer nur ein Zeitvorteil?

Herr Streitbörger: Wir arbeiten mit Kunden in Deutschland, überall im Land verteilt, aber auch z.B. in den USA. Der eine Vorteil ist, E-Mail-Dienste, wenn ich eine E-Mail schicke, ist es immer nur ein Ortsgespräch. Es ist also sehr viel billiger, als z.B. ein Fax zu schicken.

Zum anderen kann ich von vornherein bestimmen, dass auch andere Personen diese E-Mail erhalten, d.h. die Verteilung wird sehr viel einfacher.

Ich kann natürlich auch ein Fax an zehn Personen in Kopie verschicken. Die Erfahrung zeigt dann bloß, dass dann in mindestens in zwei Fällen das Faxgerät nicht funktioniert. Das wird eine Angelegenheit von einer halben Stunde oder einer Stunde. Mit der E-Mail ist es momentan gemacht. Im selben Moment, in dem ich eine verschicke, habe ich auch die anderen verschickt und das spart sehr viel Arbeitszeit ein.

Moderator: Wie hat denn Kollege Computer Ihre Arbeit fürs Radio verändert?

Herr Streitbörger: Den Beitrag, den wir gerade gehört haben, habe ich erstmals rein digital aufgenommen, d.h. ich bin ins Studio gekommen beim WDR, habe aufgenommen – eigentlich wie immer – bloß es gab kein Tonband mehr. Die Aufnahme existierte nur auf der Festplatte des Computers im Studio. Und dann wurde am Computer geschnitten. Nicht mehr mit der Schere das Band und dann per ISDN, also per digitaler Telefonleitung, an den SDR überspielt. Das ist erstmal faszinierend und neu, ändert aber meine Arbeit noch nicht so sehr. Der nächste Schritt aber wird sie sehr ändern. Ich werde nämlich demnächst mir ein entsprechendes Aufnahme- und Schnittprogramm zulegen. Die Computer haben wir hier schon lange stehen, die teure Hardware. Die Programme für die Aufnahme und den Schnitt von Hörfunk werden inzwischen so – billig nicht gerade – aber sie werden erschwinglich, so dass wir hier in unserem eigenen Redaktionsbüro Hörfunkbeiträge aufnehmen können, schneiden können und dann mit ISDN direkt an die Redaktionen übertragen. Das wird eine große Zeitersparnis geben, aber auch eine zusätzliche Belastung. Denn bis jetzt musste ich mich als Autor und Sprecher nur auf das Schreiben und auf das Sprechen konzentrieren. In Zukunft werde ich auch Techniker sein müssen. Und das habe ich nie gelernt, das muss ich noch lernen.

EINHEIT 14: DAS PROJEKT „EUROPA"

1   Wir und Europa

1.1   Über allen Gipfeln
Ist Ruh.
In allen Wipfeln
Spürest du
Kaum einen Hauch;
Die Vögelein schweigen im Walde!
Warte nur, balde
Ruhest du auch.

Ein Gespenst geht um in Europa – das Gespenst des Kommunismus.
Die Mächte des alten Europa haben sich zu einer heiligen Hetzjagd gegen dieses Gespenst verbündet …

1.3   – Europa bedeutet für mich: viele Länder, die ich schon besichtigt habe und wo ich mich immer gut gefühlt
   habe, Vielfältigkeit der Sprachen, bedeutet jetzt auch die Europäische Union und vielleicht sollte auch für
   mich eine bessere Fähigkeit bedeuten, zum Beispiel in Fällen wie Bosnien oder, ja, Irak usw. also einzu-
   greifen.
   – Na, hoffentlich viele Vorteile, im Gegensatz zu jetzt, also eine praktische Umsetzung von dem, was wir in
   der Politik erfahren und im Alltag überhaupt nicht mehr erfahren als Ausländer, und hoffentlich ebenso,
   dass die Leute tatsächlich sich so frei bewegen können und das Geld auch sich – frei bewegen können, also
   im Grunde genommen Vorteile.
   – Europa ist eine schwierige Sache, denn für mich bedeutet Europa erst mal eine Vereinigung von Menschen, die verschiedene Sprachen sprechen und auch verschiedene Kulturen haben und die versuchen, sich
   gemeinsam zurechtzufinden und sich zu verstehen, also viel Verständnis füreinander zu bringen. Und das
   hat nichts mit dem Europa im Sinne der Wirtschaft zu tun, was man sonst immer so hört: Euro, Wirtschaft, Geld usw.
   – Die Zukunft.

EINHEIT 15: DER SPAZIERGANG VON ROSTOCK NACH SYRAKUS

1   Einführung

1.5   – Also mir fällt ein: das Meer, mir fällt ein: Ausgrabungen. Antike fällt mir ein, Mofas fallen mir ein. Was
   fällt mir noch ein zu Italien? Sonne fällt mir ein, schwüles Wetter fällt mir ein, Goethes Farbenlehre,
   Goethes Italienreisen …
   – *La Dolce Vita*, *dolce far niente*, die Mode, die blaue Grotte von Capri, die Mafia.
   – Sonne, Meer, Rom.
   – Zu „Italien" fällt mir die Stichwort ein: sole, Sonne, Mamma, gutes Essen, blauer Himmel, Heimat.
   – Zum Stichwort „Italien" fällt mir die Insel Sizilien ein, insbesondere Syrakus. Das ist ein Ort in – auf Sizilien. Ich kannte ihn bislang nicht. Durch Zufall hat mein Vater mir Weihnachten ein Büchlein in die Hand
   gedrückt, das ich lesen sollte, und zwar von F. C. Delius „Der Spaziergang von Rostock nach Syrakus". Und
   ich wusste bislang gar nicht, wo Syrakus liegt, hab das Büchlein jetzt verschlungen, sehr spannend, und bin
   inzwischen also ganz interessiert, mir das auch mal anzugucken.

2.1   Er biegt auf die Fernstraße 111 Richtung Demmin ein. … Ja, du brauchst ein Ziel, sagt er sich. Italien muss
jetzt sein. Drei Jahre vielleicht, dann bist du in Syrakus.

7.2 Interview mit Friedrich Christian Delius

Interviewer: Herr Delius, wie sind Sie auf die Idee gekommen, das Buch „Der Spaziergang von Rostock nach Syrakus" zu schreiben?

F. C. Delius: Ich habe bei einem Osteraufenthalt auf Rügen, 1992, in einer Lokalzeitung eine Reportage entdeckt, in der erzählt wurde von einem Mann, der versucht hat, mit seinem Boot nach Dänemark zu kommen, um dann irgendwann nach Italien zu reisen. Und diese Geschichte war auch in ihren ganz grob angedeuteten Zügen so interessant, dass ich diesen Artikel einfach mit nach Berlin genommen habe und je mehr ich darüber nachgedacht habe, desto mehr setzte die sich in meinem Kopf fest, als irgendetwas, wo ich so den Verdacht hatte, da steckt ganz viel drin, an Geschichte. Ich hab, nachdem ich mit einem anderen Buch fertig war, mir dann diesen Artikel wieder mal vorgenommen und hab gedacht, also dem müsste man eigentlich nachgehen, habe den Autor gesucht und gefunden und habe mit dem lange gesprochen. Und der hat mir seine ganze Geschichte ausführlich erzählt und hat mich sozusagen autorisiert, seine Geschichte zu schreiben, an der er auch finanziell beteiligt ist, nebenbei.

Und ich habe diese Geschichte als eine Chronik aus einer vergangenen Zeit, die noch sehr nah ist, geschrieben, in einem ganz sachlich-nüchternen Chronikstil geschrieben, deshalb, weil ich mir sicher war, dass hier eine ganz groteske, bizarre – also in sich sehr humorvolle – Geschichte stattfindet, wie jemand gegen die Mauer rebelliert, ohne sie umzuwerfen, wie er mit List gegen einen allmächtigen Staat vorgeht, wie er mit List und Tücke sich im Westen durchschlägt und bis nach Italien kommt und es tatsächlich schafft, wieder einigermaßen unbehelligt in seine DDR zurückzukehren. Und ich fand das eine so typische Geschichte für die Situation in Europa, nicht nur in Deutschland, im Europa der achtziger Jahre, dass ich es wert fand, also diesem Mann mit seiner Geschichte in einem Buch ein kleines Denkmal zu setzen.

Interviewer: Ein wichtiges Thema ist das Thema „Reisen". Welche Bedeutung hat „Reisen" für Sie?

F. C. Delius: Ja, in dieser Geschichte ist es ja so, dass der Wunsch zu reisen, der eigentliche Motor ist für diesen Paul Gompitz, der Wunsch zu reisen, deshalb, weil das Reisen verboten war. Das ist jetzt etliche Jahre her, aber man muss hin und wieder schon daran erinnern, dass es in diesen osteuropäischen Staaten verboten war, frei zu reisen. Und selbst wenn die Leute das Geld hatten, irgendwohin zu fahren, durften sie nicht und in den Westen schon gar nicht. Und das – und hier gibt es einen Menschen, der das nicht aushält, der diesen schlichten Wunsch zu reisen hat und sagt: Ich muss etwas tun, damit ich mir diesen Wunsch erfülle. Und neben allem anderen, was in seinem Staat reglementiert war, war das am stärksten. Die meisten Leute in diesen diktatorisch regierten Ländern wollten ja nicht unbedingt weg aus ihrem Land, aber sie wollten die Freiheit haben, zurückzukommen – die Freiheit, zu reisen und wieder zurückzukommen. Und deshalb ist dieses hier in dem Buch das stärkste Motiv und es kommt hinzu: für die Deutschen, für die Mitteleuropäer ist das Südeuropa, speziell Italien, immer ein besonders – eine besonders anziehende Gegend gewesen, wegen der Sonne, wegen der Antike, wegen der fröhlicheren Menschen, wegen Wein und Leichtigkeit und all das, was man im grauen Mittel- und Nordeuropa so vermisst, und das ist ein wesentlicher Zug, sagen wir mal, des mitteleuropäischen Charakters, dass er sozusagen massenweise in den Süden drängt. Und das hat ja mal angefangen vor 200 Jahren, vor 100 Jahren immer mehr, und dieser Held der Geschichte ist noch einer, für den mehr das Klassische, die Bildungsreise im Vordergrund steht und der deshalb auf den Spuren sozusagen der deutschen Klassiker nach Italien reist.

Interviewer: Wie waren die Reaktionen auf Ihr Buch? Haben Sie auch Briefe von Leserinnen und Lesern bekommen?

F. C. Delius: Ja, also, neben der überwiegend sehr positiven Kritik, neben vielen, vielen Lesungen, die ich gemacht habe, auch in den neuen Bundesländern, mit sehr viel Resonanz, hab ich natürlich auch eine Menge Briefe bekommen und vielfach haben mir die Leute sozusagen ähnliche Geschichten erzählt oder haben erzählt, wie sie selber mal versucht haben, etwas Ähnliches zu planen oder zu überlegen, aber nie so weit gekommen sind. Also wie sie sich ausgedacht haben, irgendwie eine Möglichkeit zu bekommen, nach China zu fahren und von da aus vielleicht eine Reise zu machen oder – also andere, die irgendwelche Sachen sich überlegt haben, also etwas Ähnliches wie Paul Gompitz machen zu können. Und es stellte sich heraus, also nach allem, was ich weiß, dass er wirklich einer der wenigen, vielleicht der Einzige ist, dem das in dieser überraschenden und fast genialen Weise gelungen ist. Die Briefe, die ich bekommen habe, die waren vor allen Dingen auch eine Bestätigung dafür, dass in diesem Buch die Verhältnisse in der DDR in den achtziger Jahren wirklich ganz gut beschrieben sind, das heißt die Sorgen, die man eben im Alltag hatte, sich sozusagen immer ein bisschen anzupassen, aber nicht zu sehr, weder also die meisten Leute waren ja weder Anhänger der Partei noch Dissidenten, sondern versuchten, irgendwo dazwischen so für sich einen Weg zu finden. Und welche Schwierigkeiten das waren, welche Hindernisse da jeden Tag zu überwinden waren, das ist hier in dem Buch – das haben mir viele Leute eben bestätigt – auf eine sozusagen ganz beiläufige und fast freundlich-witzige Weise irgendwie eingefangen und das ist mir von vielen Seiten bestätigt worden.

Interviewer: Danke schön.

LÖSUNGSSCHLÜSSEL

EINHEIT 1

1.4 Schultüte und Schultaschen gibt es auch in Deutschland. Krawatte und Riemen sind aus Großbritannien.

2.1 Bild 3 aus 1.1

3.2 Lehmann (L): Grundschule – Realschule – Lehre als Maschinenschlosser – 3¹/₂ Jahre – Lokführer – Aufbau-lehrgänge – man kommt viel rum – flexible Arbeitszeit – viel Arbeit
Terglane (T): Grundschule – Gymnasium – Probleme mit den Lehrern – Mathematikzweig – Klasse 10 wiederholt – Kunstzweig – Kunsthochschule – Fachbereich Grafik und Design – freiberuflicher Grafikdesigner – Spaß an der Arbeit – freie Entscheidung – flexible Arbeitszeit

4.6 4 – 3 – 2 – 1

5.1 1. (A) Früher waren …
2. (B) … durfte nicht gesprochen werden.
3. (B) … wurden die Schüler auch geschlagen.
4. (B) … sind … verboten worden.
5. (A) Allerdings hatten …
6. (B) Manchmal mussten über sechzig Schüler in einer Klasse lernen.

6.1 a10 – b8 – c2 – d3 – e1

EINHEIT 2

1.1 a2 – b5 – c8 – d4 – e9 – f3 – g7 – h8 – i1 – j6

1.2 6. Lederhose 1. Zigarette 7. Rumfässchen 2. Spaghetti 8. Mickey Mouse 5. Holzschuhe 1. Mütze 7. Skier 3. Schirm 3. Hut (Melone) 8. Federschmuck 3. Zeitung 9. Schleier 4. Essstäbchen 1. Baguette

1.4 Das Klischee, dass Frauen nur im Haushalt arbeiten sollten.

1.5 Beispiele:
Schlangen sind falsch. Haifische sind aggressiv. Alle Deutschen sind Biertrinker und essen am liebsten Bockwurst.

3.1 Stockholm <u>sei</u> in Schweden, sage ich. Das <u>wisse</u> er, sagt er. Schweden und die Schweiz <u>seien</u> nicht dasselbe und <u>lägen</u> weit auseinander, sage ich.

3.3 lägen

3.4

ich	könn e	<u>hab e</u>	<u>komm e</u>	wiss e	sei
du	könn est	hab est	komm est	wiss est	sei (e)st
er/es/sie	könn e	hab e	komm e	wiss e	sei
wir	<u>könn en</u>	<u>hab en</u>	<u>komm en</u>	<u>wiss en</u>	sei en
ihr	könn et	hab et	komm et	wiss et	sei et
sie	<u>könn en</u>	<u>hab en</u>	<u>komm en</u>	<u>wiss en</u>	sei en

4.1 1. Schweden
2. Argentinien
3. Italien
4. Birma
5. Vietnam
6. Südafrika
7. Tschad
8. Neuseeland
9. Österreich
(Siehe auch Weltkarte am Ende des Buches.)

4.4 New York – Stockholm – Schweden – Schweiz

4.5 Beispiel:
Der Taxifahrer denkt, dass die Schweiz in Schweden sei (oder vielleicht auch Schweden in der Schweiz). In Wirklichkeit liegen beide Länder weit auseinander.

4.8 Beispiel:
Ein Geographie-Idiot ist ein Mensch, der nicht weiß, wo die verschiedenen Länder liegen und noch nicht einmal die Namen aller Staaten kennt.

4.10 1d – 2e – 3g – 4h – 5a – 6f – 7b – 8c

5.4 Bild 1: Herr Montesem fühlt sich wohl, wenn viele Leute zu Besuch sind. Das ist für ihn Entspannung.
Bild 2: Entspannung in Deutschland heißt, dass man erstmal in Ruhe abschalten kann.
Bild 3: Im Iran (wie z.B. auch bei den Türken) müssen immer möglichst viele Menschen um den Kranken sein.
Bild 4: In Deutschland versammelt sich nicht die ganze Familie am Krankenbett, die Räumlichkeiten sind nicht dafür geeignet.

6.3 5 – 2 – 7 – 1 – 8 – 4 – 6 – 9 – 3

EINHEIT 3

1.2 1j – 2i – 3b – 4f – 5d – 6g – 7a – 8c – 9e – 10h

1.7 Auf dem Bild sieht man zunächst den <u>Vordergrund</u>. Der stellt eine Wiese dar. Auf der <u>linken</u> und <u>rechten</u> Seite sieht man zwei <u>Bäume</u>, die sich mit ihren Ästen in dem oberen Rand des Bildes <u>vereinigen</u>. Durch diese <u>Einrahmung</u> der beiden Bäume und auch durch die beiden <u>Kreidefelsen</u> links und rechts hat man den Eindruck, als wenn man durch ein <u>Fenster</u> auf das <u>Meer</u> schaut, das Bild hat sozusagen eine Rahmung. Im <u>Vordergrund</u> sieht man außerdem auf der linken Seite eine Frau in einem <u>roten</u> Kleid, die die junge Frau Caspar David Friedrichs <u>darstellen</u> soll. Auf der <u>rechten</u> Seite sieht man einen Mann. Man nimmt an, dass sich Caspar David Friedrich hier <u>selbst</u> dargestellt hat.

2.4 2 und 5

3.7 Beispiele:
– Haben Sie noch ein Einzelzimmer mit Dusche?
– Fährt heute noch ein Schiff nach Hiddensee?
– Was möchten Sie bestellen? / Was darf ich Ihnen bringen?
– Was kostet das Zimmer?
– Können Sie mir sagen, wo die Post ist? / Gibt es eine Post hier im Ort?
– Ist es hier immer so kalt?
– Können Sie mir sagen, was man hier unternehmen kann?

4.4

1. reines	12. kulinarische	23. alte
2. idyllischen	13. umfassenden	24. weite
3. historischen	14. schönsten	25. legendären
4. gepflegten	15. beliebten	26. traditionelle
5. sehenswerten	16. gesunden	27. wilde
6. schönen	17. längsten	28. romantische
7. frischer	18. schönen	29. einzigartige
8. grünen	19. zahlreichen	30. vielfältigen
9. sanfte	20. schmucken	31. grüne
10. bewaldete	21. langen	32. größte
11. schroffen	22. waldreichen	33. gemütlichen

5.2 Teil 1: Richtig sind die Aussagen 2, 3 und 5.
Teil 2: Richtig sind die Aussagen 1, 2, 4, 5, 8 und 9.

1.2   a10 – c4 – d10 – e9 – f5/6 – g2 – h3 – i7 – j12 – k14 – l11

1.3   1b – 2b – 3g – 4e – 5e – 6c – 7d – 8f – 9a – 10g

2.1   1. Die neue Großmacht
        2. Das Ende einer Epoche
        3. Demokratie

2.3   1b – 2d – 3f – 4e – 5c – 6a

3.1   Verb, 3. Person Singular, Präteritum

3.2   Nomen

3.3   Beispiel:
        Krimpfbrois: Sport(arten) – schrümpfelte: spielen, trainieren, machen

3.6   Beispiele:
        1. esse 2. Fahrrad 3. schrieb … Satz … Tafel 4. gehe … Kino … schaue … Filme

4.3   1919   Versailles – D. verliert 2. Gebiete
        1923   Inflation
        1929   (Weltwirtschaftskrise) 5 Mio. Arbeitslose – Nationalsozialisten
        1933   (Hitler Reichskanzler) – Verfolgung – KZ – Juden ohne Rechte
        1938   Pogromnacht – Synagogen brennen – Geschäfte zerstört
        1939   Kriegsbeginn – systematische Ermordungen/Vernichtung

4.4   1. Zeile 1/2   5. Zeile 20–23
        2. Zeile 3/4   6. Zeile 23/24
        3. Zeile 10   7. Zeile 28
        4. Zeile 7–10

4.6   Bis zum Jahre 1918 war Österreich eine <u>Monarchie</u>. Kaiser Franz Josef <u>regierte</u> von 1848 bis 1916. Nach dem <u>1. Weltkrieg</u> verboten die <u>Siegermächte</u> Österreich, sich Deutschland anzuschließen. Der deutschsprachige Teil Österreichs wurde eine selbständige <u>Republik</u>. Von 1933 an regierten in Deutschland die <u>National-</u><u>sozialisten</u>. Auch in Österreich gab es eine nationalsozialistische <u>Partei</u>. 1934 gab es einen <u>Arbeiteraufstand</u> gegen die rechtskonservative Regierung. Über 300 Menschen starben. Danach wurden die Sozialdemokratische Partei und die <u>Gewerkschaften</u> verboten. 1938 <u>marschierte</u> Hitler mit seinen <u>Soldaten</u> in Österreich ein. Bis 1945 gehörte Österreich dann zum Deutschen <u>Reich</u>. Nach dem <u>2. Weltkrieg</u> wurde Österreich wieder selbständig. Wie die Schweiz ist Österreich <u>neutral</u>. Seit 1996 ist das Land Mitglied der <u>Europäischen Union</u>.

5.2   Beispiele:
        1939 beginnt der 2. Weltkrieg, Polen wird von Deutschland angegriffen. 1945 endet der Krieg, Deutschland wird besetzt. 1949 entstehen die beiden deutschen Staaten (BRD und DDR), Berlin wird geteilt. Bis 1961 fliehen viele Menschen vom Osten in den Westen. 1961 schließt die DDR ihre Grenzen, in Berlin wird die Mauer gebaut. 1989 wird der vierzigste Geburtstag der DDR gefeiert, die DDR-Bürger demonstrieren gegen den Staat. Am 9.11.89 wird die Mauer durch die DDR-Regierung geöffnet. Am 3.10.90 werden die beiden deutschen Staaten wieder vereinigt.

6.5   1e – 2f – 3a – 4g – 5c – 6b – 7d

6.6   „Dies ist ein <u>schöner</u> Tag nach einem langen Weg. Aber wir finden uns <u>erst</u> an einer Zwischenstation. Wir sind noch nicht am <u>Ende</u> des Weges angelangt. Es liegt noch 'ne <u>ganze</u> Menge vor uns. Die Zusammengehörigkeit der <u>Berliner</u> und der <u>Deutschen</u> überhaupt manifestiert <u>sich</u> auf eine bewegende, auf eine <u>uns</u> aufwühlende Weise. Und sie <u>tut</u> es am bewegendsten dort, wo getrennte <u>Familien</u> endlich wieder, ganz unverhofft und tränenvoll, <u>zusammenfinden</u>."

6.7   1R – 2B – 3M – 4R – 5R – 6M

7.2   1R – 2F – 3F – 4R – 5F

2.3 Was kostet ein Kuss?

2.4 Nach einer längeren Verlobungszeit wurde <u>eine Frau</u> von ihrem Verlobten verlassen. <u>Sie</u> ging vor Gericht und verlangte 50 000 Dollar für die 1250 Küsse, die er von ihr bekommen hatte. <u>Sie</u> hatte genau Buch darüber geführt. Der Rechtsanwalt <u>des Mannes</u> empfahl, <u>sein Klient</u> solle die Küsse alle mündlich zurückzahlen. Mit diesem Vorschlag war <u>die Frau</u> aber nicht einverstanden.

Gefährlicher Zahnarztbesuch

Ein 51-jähriger Franzose klagte vor Gericht gegen <u>einen Zahnarzt</u>. <u>Dieser</u> hatte <u>ihn</u> vor drei Jahren behandelt. Seitdem hat <u>der Franzose</u> kein Gefühl mehr im Mund. Außerdem fehlt <u>ihm</u> die Lust am Küssen. <u>Er</u> forderte Schmerzensgeld, da ihn seine Freundin deswegen verlassen hatte.

2.7 … <u>Da</u> er keine Zeit hatte, am Mittag nach Hause zu gehen, kam seine Frau jeden Tag in die Werkstatt, um ihm das Essen zu bringen. … <u>Weil</u> seine Hände sehr schmutzig waren … Aber auch sie hatte die Hände nicht frei, <u>denn</u> sie trug den großen, schweren Korb … <u>Deswegen</u> hängte er nun jeden Tag einen Faden an seinen Schnurrbart, <u>damit</u> die Frau ihn mit ihren Lippen wegnehmen konnte. Und <u>wenn</u> sie nicht gestorben sind, <u>dann</u> küssen sie sich noch heute.

3.5
1. Gedanken	7. Nacht
2. sagen	8. Sekunde
3. Worte	9. Minute
4. Augen	10. Sekunde
5. Buch	11. Gedanken
6. Hilfe	12. Teil

3.9 Was auch immer mag <u>passieren</u>,
ich will dich niemals mehr <u>verlieren</u>.
Am hellen Tag, in dunkler <u>Nacht</u>,
du hast mir das Glück <u>gebracht</u>.
Es gibt nichts, was schöner <u>ist</u>,
als das Gefühl, wenn du mich <u>küsst</u>.
Ich will dich immer glücklich <u>sehen</u>
und deshalb niemals von dir <u>gehen</u>.

4.1 verl<u>ie</u>ren – verg<u>e</u>ssen – verz<u>ei</u>hen – geh<u>ö</u>ren – zerst<u>ö</u>ren – ber<u>eu</u>en – verl<u>a</u>ssen

4.2 ge-, zer– und be-

4.3 er-, ent-, wider-, miss-

4.4 Am Abend <u>beschloss</u> er, mit dem Bus nach Hause <u>zurückzufahren</u>, weil er sehr müde war. Im Bus <u>setzte</u> er sich <u>hin</u> und las die Zeitung. Leider <u>schlief</u> er dabei <u>ein</u> und <u>verpasste</u> seine Haltestelle. Als er <u>aufwachte</u>, war es draußen schon dunkel, und er saß immer noch im Bus. Neben ihm stand eine Frau und sagte: „<u>Entschuldigen</u> Sie, dass ich Sie geweckt habe. Sie sind <u>eingeschlafen</u>. Sicher haben Sie <u>vergessen auszusteigen</u>." Tom <u>bedankte</u> sich bei ihr. Er <u>lud</u> sie zum Abendessen <u>ein</u> …

6.5 Wölkchen/Wölklein – Häschen/Häslein – Blümchen/Blümlein – Bärchen/Bärlein

6.11 Schwaben und Hessen

Option 1

3.1 **Du bist mein, ich bin dein**
Du bist mein, ich bin dein:
dessen sollst du gewiss sein.
Du bist eingeschlossen
in meinem Herzen:
verloren ist das Schlüsselein:
du musst immer drinnen sein.

4.1 1h – 2g – 3d – 4b – 5i – 6c – 7e – 8a – 9f – 10j

5.1 **b)** 1. Universität
2. Bewerbung
3. Klischee
4. Reservierung
5. Hotel
6. Deutschland
7. Geschichte
8. Liebesbrief
9. Kompliment

EINHEIT 6

1.2 a5 – b3 – c8 – d4 – e2 – f6 – g7 – h1

1.3

Was?	Wann?	Wer?
Reißverschluss	1911	K. Kuhs
Kältemaschine	1874	C. Linde
Streichholzschachtel	19. Jh.	A. M. Pollack von Rudin
Klettverschluss	1948	G. de Mestral
Sparschäler	1945	A. Neweczrzal
Schreibmaschine	1864	P. Mitterhofer
Draisine (Laufrad)	18. Jh.	Freiherr v. Drais
Fahrradpedale	1864	Michaux
Fahrradkette	19. Jh.	Lawson
luftgefüllter Reifen	19. Jh.	Dunlop
Rücktrittbremse	19. Jh.	E. Sachs
Beil	13978 v. Chr.	U. Grrmp

2.3 Sektglashalter für Stehpartys, den man an einem Teller befestigen kann.

3.1 1. Die Streichholzschachtel
2. Den Klettverschluss
3. Die Kältemaschine, …
4. Der Sparschäler
5. Der Reißverschluss
6. 1945
7. Der luftgefüllte Reifen, …
8. Uhhg Grrmp

3.2 2d – 3a – 4e – 5b – 6c

3.3 2d den → Taschenrechner
3a sie → eine Freundin
4e der → Tochter
5b das → Auto
6c den → Pullover

3.4 2. denen – dem 3. dem 4. der 5. deren 6. der 7. das – die 8. den – die

3.5   2. … <u>Seine</u> Krankenkasse muss sie bezahlen.
3. … <u>Sein</u> Auto ist zwar total kaputt, …
4. … <u>Ihre</u> CDs werden millionenfach verkauft.
5. … <u>Sein</u> Vortrag war sehr interessant.
6. … <u>Seine</u> Erfindungen kennt jedes Kind.
7. Leonardo da Vinci hat viele Erfindungen auf dem Papier entwickelt, aber <u>er</u> konnte viele <u>davon</u> zu <u>seiner</u> Zeit noch nicht bauen.

4.3   1. Zeile 8/9
2. Zeile 5
3. Zeile 4
4. Zeile 2
5. Zeile 5/6
6. Zeile 2
7. Zeile 4/5
8. Zeile 6–8

5.2   b10 – d2 – o7 – g5 – i6 – j1 – k3 – m8 – n9 – o4

EINHEIT 7

1.3   1a – 2i – 3c – 4e – 5h – 7d – 9g

1.4   1. Das <u>Burgtheater</u> <u>wurde</u> Ende des 19. <u>Jahrhunderts</u> <u>gebaut</u>. Es ist eines der <u>bedeutendsten</u> deutschsprachigen Theater.
2. Das <u>bekannteste</u> Gebäude Wiens ist der <u>Stephansdom</u> aus dem 13. <u>Jahrhundert</u>. Sein <u>Turm</u> ist 137,7 Meter <u>hoch</u>. Er ist der <u>dritthöchste</u> Kirchturm der <u>Welt</u>.
3. Die <u>Staatsoper</u> <u>wurde</u> 1861 bis 1869 <u>gebaut</u>. Hier spielen die Wiener Sinfoniker. Eines der <u>besten</u> Orchester der <u>Welt</u>.
4. Das neugotische <u>Rathaus</u> mit seinem 98 <u>Meter</u> <u>hohen</u> Turm in der Mitte wurde im 19. <u>Jahrhundert</u> gebaut.

1.10   1. Berlin 2. Kairo 3. New York 4. Rio de Janeiro 5. Hongkong

1.11   1. Kairo
2. Berlin
3. Hongkong
4. New York
5. Berlin
6. Hongkong
7. Rio de Janeiro
8. Kairo
9. New York
10. Rio de Janeiro

2.1   Stephansdom (D4) – Burgtheater (C2) – Kärntnerstraße (C4 – E3) – Staatsoper (E3) – Rathaus (C1) – Karlskirche (F4)

2.5   Meine Damen und Herren, <u>rechts</u> sehen Sie den Rathauspark. Hinter d<u>em</u> Park liegt das Rathaus mit sein<u>em</u> groß<u>en</u> Turm in d<u>er</u> Mitte. Wenn Sie aus d<u>em</u> <u>linken</u> Fenster schauen, haben Sie das <u>Burgtheater</u> vor sich. Wir fahren jetzt weiter zu<u>m</u> Parlament, das direkt neben d<u>em</u> Rathauspark liegt. Der Brunnen vor d<u>em</u> Parlamentsgebäude ist der „Athene-Brunnen". Der Bus fährt jetzt d<u>en</u> Burgring entlang und a<u>m</u> Naturhistorischen Museum vorbei, das Sie auf d<u>er</u> <u>rechten</u> Seite sehen. Gegenüber dies<u>em</u> Museum, auf der anderen Seite des Maria-Theresien-Platzes, liegt das Kunsthistorische <u>Museum</u>. Nun kommen wir zu<u>r</u> Hofburg, in d<u>er</u> die österreichischen Kaiser residierten. In dies<u>em</u> Gebäude können Sie die prunkvollsten Räume aus verschied<u>en</u>en Epochen besichtigen.

3.1   Im Text kommt vor: Es gibt viele Klischees über Österreich. Auch die Österreicher selbst glauben zum Teil daran. Österreich ist für viele Leute: Spanische Hofreitschule, das Neujahrskonzert, der Jodler usw. Österreich ist moderner als viele … denken.

3.2 Bild 1 passt zur Aussage der Schwedin, denn sie stellt fest, dass Äußerlichkeiten wie Schönheit, Kleider und Besitz in Wien sehr wichtig sind.
Bild 2 passt zur Aussage des Amerikaners, denn er sagt, dass man bei der Begrüßung dauernd Hände schütteln muss.

3.3 Richtig sind die Sätze 1, 2, 6, 8, 9 und 10.
Beispiele für die Korrektur der anderen Aussagen:
3. In Wien zeigt man keine Schwäche.
4. Kleider sind wichtig.
5. Man redet nicht über persönliche Probleme.
7. Österreicher sind im Allgemeinen viel formeller als Amerikaner.

4.2 Beispiele:
(Kaffeehäuser gibt es in Wien) seit dem 18. Jahrhundert. (Ins Kaffeehaus geht man, um) in Ruhe Zeitungen und Zeitschriften zu lesen, Briefe zu schreiben, Freunde zu treffen und zu diskutieren oder um Schach oder Karten zu spielen. (Viele Künstler und Politiker) treffen sich im Kaffeehaus. (Heute sind manche) Kaffeehäuser durch Espressostuben ersetzt worden. (Im Kaffeehaus kann man nicht nur Kaffee trinken), sondern auch die weltbekannten Wiener Mehlspeisen und Konditoreispezialitäten essen.

5.2 Erst sammeln, dann ordnen, dann schreiben. Das Wörternetz hilft Ihnen, Ihre Ideen zu ordnen.

5.3 1. _Obwohl_ ich sehr gern tanze, würde ich nie auf den Wiener Opernball gehen. _Weil_ eine Eintrittskarte …
2. Der Kaffee in Wien ist deshalb so gut, weil das Wasser eine sehr gute Qualität hat. _Es_ kommt in den meisten Bezirken aus den Alpen und ist ganz frisch. _Darauf_ sind die Wiener sehr stolz.
3. In einem richtigen Wiener Kaffeehaus _bekommt man_ immer ein Glas frisches Wasser, denn _die Wiener behaupten_, dass _man_ vom Kaffeetrinken Durst _bekommt_. Wenn das Glas _leer ist_, bringt der Ober ein neues.
4. Das beliebtest_e_ Getränk in Wien ist eigentlich der Wein, der in _den_ Weinbergen rund um die Stadt _wächst_. Aber seit dem 18. Jahrhundert trinkt man auch gern Kaffee.
5. Heute gibt es in Wien neben den gemütlichen Kaffeehäusern _immer_ mehr moderne Espressostuben. Aber dennoch ist es einfach, eines der _guten_ alten Kaffeehäuser zu _finden_.

5.4 Die türkisch_en_ Truppen standen vor Wien _und_ die einzige Möglichkeit zur Rettung für die Wiener war, … um Hilfe zu bit_ten_. … natürlich einen, der perfekt Türkisch spr_ach_.
Ein solch_er_ Mann _war_ der Kaufmann Georg Franz Kolschitzky, _weil_ er bei der orientalischen Kompanie gearbeit_et hatte_ und die Sprache und die Sitten …
… und brachte dem polnisch_en_ König die Bitte seiner Regierung.
König Johann Sobiesky schickte seine Truppen nach Wien. Die Türken _mussten_ die Belagerung der Stadt beenden … Sie hinterließen kostbar_e_ Zelte, Waffen, Schmuck, Stoffe – und zwischen diesen Schätzen einige Säcke …
Die Wiener dachten, _dass_ die seltsamen Früchte Futter für Kamele wären. … Nachdem er die Regierung um die Säcke mit dem rätselhaften Inhalt gebeten hatte, _eröffnete er_ kurz darauf das erste _Kaffee_haus in Wien.

6

7 1b – 2b – 3c – 4c – 5a – 6b – 7c – 8a – 9a – 10c

1.5 2d – 3c – 4a – 5e – 6b

1.8 Beispiel:
Ich frühstücke. Ich verlasse das Haus. Ich fahre zur Arbeit. Ich setze mich an den Computer. Ich führe Telefonate. Ich diktiere Briefe. Es ist 12 Uhr, Mittagspause. Ich gehe zum Essen. Es ist 13 Uhr. Ich sitze wieder am Computer. Ich arbeite bis 18 Uhr. Ich schnappe meine Tasche. Ich verlasse das Haus.

2.3 1. Platz 2. Sicherheit 3. Schnelligkeit 4. Geld 5. Unabhängigkeit 6. Stress 7. Umwelt 8. Komfort

3.1 1/1 – 2/2 – 4/1 – 7/1 – 8/2 – 9/1 und 2 – 13/1
Falsch ist: 3, 5, 6, 10, 11, 12 und 14.

3.2 a) Das Verkehrsaufkommen hat … zugenommen.
… hat es sich … verzehnfacht
… ist die Zahl der Unfälle … immer weiter gestiegen.
Obwohl die Unfallzahlen leicht rückläufig waren …

4.2 Beispiel:
Der Fahrer des beigen Autos ist schuld, weil er zu schnell gefahren ist. Der Fahrer des Lieferwagens hat eine Teilschuld, weil er zu nah an der Kreuzung geparkt hat. Der Fahrer des blauen Wagens hat sich nach Aussagen der Zeugen B und C korrekt verhalten.

4.3 1. zwei Fußgänger, ein Lastwagen(fahrer), ein Rad(fahrer)
   in Seckenheim, beim Rathaus, Ecke Badenerstraße
   am Freitagmorgen
2. ein Kind auf seinem Fahrrad, eine Autofahrerin
   in Edingen, in der Goethestraße
   am Donnerstag, um 14 Uhr 50
3. ein Auto(fahrer), ein Lieferwagen(fahrer)
   in Wieblingen, auf der Kreuzung Hauptstraße/Blumenstraße
   am Samstag, um 11 Uhr 10

4.4 2a – 3b

4.5

Nomen	Verben	Adjektive
Verkehrsunfall	beschädigen	frontal
Geschwindigkeit	abbiegen	
Zusammenstoß	einbiegen	
Zeuge	ausweichen	
Fahrerin	anfahren	
	bremsen	
	entgegenkommen	

4.6 2. Tankstelle
3. Vorfahrt
4. Panne
5. Kreuzung
6. Führerschein
7. Geschwindigkeitsbeschränkung
8. Ampel
9. Verkehrszeichen
10. Einbahnstraße
11. Geschwindigkeit

5.1 liebend – lieben, schlafend – schlafen, fahrend – fahren, wartend – warten, liegend – liegen, parkend – parken, entgegenkommend – entgegenkommen, kommend – kommen, vorbeifahrend – vorbeifahren

5.3 fluchende – parkenden – stinkenden – fahrende – rennende

6.3 Er hat dauernd gemeckert. Sie hat sich nicht gut konzentrieren können. Er hat Angst gehabt. Er war nicht rechtzeitig fertig. Sie hat dauernd seine Kleidung kritisiert.

6.4 1g – 2f – 3b – 4e – 5a – 6h – 7c – 8i – 9d – 10j

6.5 Typ 1: 1g – 3b – 5a
Typ 2: 2f – 8i
Typ 3: 4e – 6h – 7c – 9d – 10j

6.7 2. Wenn ich eine Telefonzelle finden würde, würde ich dich anrufen.
3. Wenn ich eine Telefonzelle gefunden hätte, hätte ich dich angerufen.
(Im ersten Satz wird von der Zukunft gesprochen, im zweiten von der Gegenwart und im dritten von der Vergangenheit.)

6.8

Ich	hätte	nichts getan.	Ich	wäre	dort geblieben.
Du	hättest	nichts getan.	Du	wärst	dort geblieben.
Er/Sie	hätte	nichts getan.	Er/Sie	wäre	dort geblieben.
Wir	hätten	nichts getan.	Wir	wären	dort geblieben.
Ihr	hättet	nichts getan.	Ihr	wärt	dort geblieben.
Sie	hätten	nichts getan.	Sie	wären	dort geblieben.

6.10 a) hättest kommen müssen – hättest reservieren können
b) Das Modalverb steht am <u>Ende</u> des Satzes. Vor dem Modalverb steht das Verb im <u>Infinitiv</u>. Auch das Modalverb steht im <u>Infinitiv</u>.

6.11 Beispiele:
– Du hättest rechtzeitig tanken sollen.
– Er hätte sich eben beeilen müssen.
– Wir hätten die andere Autobahn nehmen sollen.
– Ihr hättet doch früher zum Bahnhof fahren können.
– Du hättest mehr Zeit für den Weg zum Flughafen einplanen müssen.
+ Der Kühlschrank ist leer!
+ Wir haben die Prüfung nicht geschafft.
+ Seine Kollegin hat ihm gesagt, dass er morgen keinen Urlaubstag haben kann.

7.3 1c – 2e – 3a – 4d – 5f – 6g – 7b

8.2 4 – 1 – 5 – 3 – 2

EINHEIT 9

1.2 Beispiele:
Ein Einwanderer/Immigrant ist jemand, der aus einem anderen Land ausgewandert ist, um nun dauerhaft in dem Einwanderungsland zu leben. Ein Asylbewerber ist ein Mensch, der in seinem Herkunftsland aus politischen oder religiösen Gründen verfolgt worden ist und in einem anderen Land einen Zufluchtsort sucht / Asyl beantragt. Ein Fremder ist jemand, der den Menschen in einem Ort/Land unbekannt/fremd ist. Ein Gastarbeiter lebt für eine begrenzte Zeit in einem anderen Land, um dort zu arbeiten. Ein Flüchtling ist aus seinem Heimatland geflohen, um Krieg, Bürgerkrieg oder Hunger zu entkommen. Ein Gast ist jemand, der als Besucher da ist.

3.2 1d – 2c – 3a – 4b

4.2 Beispiele:
Dione:
+ Leute sind sehr freundlich und hilfsbereit; Freundschaft mit Austausch-Familie
– Deutsche fragen oft, ob man bleiben will; Deutsche denken, dass alle Ausländer unbedingt in Deutschland bleiben wollen
Swetlana:
+ Leute freundlich, hilfsbereit und aufgeschlossen; Kontakt zu Mitbewohnern; Studenten selbständiger
+ die formelhafte Frage „Wie geht's?" bei der Begrüßung, auf die keine ehrliche Antwort erwartet wird

5.2 1b – 2b – 3c – 4a – 5b

1.1 Reihenfolge: 4 – 1 – 2 – 3

1.3 Stationen: 1g – 2a – 3f – 4d – 5e – 6b – 7c

1.4 Reihenfolge: 5 – 3 – 1 – 7 – 4 – 6 – 2

1.5 Beispiele:
2. Luft /steigen
3. Wind /Meer
4. regnen / Wasseroberfläche
5. Plankton / vergiften
6. Fische / Plankton
7. Menschen / Fische

1.8 1d – 2b – 3c

3.4 b) <u>Weil</u> es im Süden zu wenig Platz gab, musste man den Nordosten entwickeln. <u>Daher</u> baute man dort … Das hatte man immer so gemacht, <u>trotzdem</u> hatte man dem Riff nie geschadet, <u>weil</u> man im Jahr nur wenige Häuser gebaut hatte. <u>Aber</u> nun wurde das Riff zerstört. <u>Nachdem</u> das Riff weg war … Die Palmen verschwanden im Meer und <u>obwohl</u> man den Strand zu schützen versuchte … <u>Deshalb</u> setzte man Betonblöcke ins Meer, <u>damit</u> die Wellen nicht mehr an den Strand kamen. <u>Aber</u> dadurch war nun auch die Strandidylle zerstört …

3.5 Beispiele:
Es wäre besser gewesen, wenn man keinen Kalk verwendet hätte. / Man hätte keinen Kalk verwenden sollen.
Es wäre besser gewesen, wenn man das Korallenriff nicht abgebaut hätte. / Man hätte das Korallenriff nicht abbauen sollen.

3.6 Beispiele:
Statt große Hotels zu bauen, hätte man kleine Bungalows bauen können. Statt den Massentourismus zu entwickeln, hätte man sich auf eine kleine Zahl von Urlaubern im Jahr beschränken können. Statt ein riesiges Übernachtungsangebot zu schaffen, hätte man wenigen Urlaubern ein vielfältiges Freizeitangebot bieten können. Statt das Korallenriff abzubauen, hätte man den Urlaubern Tauchen und Angeln am Riff anbieten können. Statt Betonblöcke ins Meer zu setzen, hätte man ein künstliches Riff aus Steinen anlegen können.

5.1 a7 – b10 – c13 – d9 – e6 – f2 – g8 – h1 – i14 – j5 – k11 – l3 – m12 – n4

5.2 Die 2. Aussage passt besser zum Interview. Flavia ist sehr engagiert, aber sie findet, dass radikale Aktionen polarisieren und nicht weiterbringen.

5.3 Die passenden Sätze sind:
In Abschnitt 1: 1, 3 und 4;
in Abschnitt 2: 1, 2, 4 und 5;
in Abschnitt 3: 3 und 4.

6 Waagrecht:
1. Vogel
2. Tabletten
3. Ohr
4. Krankenkasse
5. Fieber
6. Bauch
7. Apotheke
8. Herz
9. Zahnarzt
10. Husten
11. Magen
12. Auge

Senkrecht:
Versicherung

7.2 1a – 2e – 3x – 4d – 5l – 6f – 7g – 8i – 9h – 10j

Option 2

3.2 B passt.

3.4 Langsam findet der Tag sein Ende
und die Nacht beginnt.
In der Kärntnerstraße,
da singt einer „Blowing in the Wind".

Hat eine grüne Jacke an.
Steht da ganz verloren.
Und der Stephansdom der schaut hinab,
auf den armen Steirer Jungen.

Der hat sein Glück probieren wollen,
in der großen fremden Stadt.
Hat geglaubt, seine Musik bringt ihn
auf das Rennbahn-Express-Titelblatt.

Aus der Traum,
zerplatzt wie Seifenblasen.
Nichts ist geblieben
als ein paar Schilling
in seinem Gitarrenkoffer drinnen.

Wochenlang stehe ich schon da.
Wochenlang plage ich mich ab.
Ich spiele mir die Finger wund
und singe sogar „Da kommt die Sonne".

Doch es ist zum Verrücktwerden.
Keiner will mich singen hören.
Langsam bekomme ich wirklich genug.
Ich frage mich, was ich da tue.

Da geht den ganzen Tag der Wind.
Nichts als Baustellen, dass kein Mensch etwas findet.
Die Budenhäuschen sind ein Graus.
Und im Kaffeehaus nehmen sie dich aus.

Ich will wieder heim.
Ich fühle mich da so arm.
Brauche keine große Welt.
Ich will heim nach Fürstenfeld.

In der Zeitung (da) haben sie geschrieben,
da gibt es eine Szene, da musst du hin.
Was die wollen, das können sie schreiben,
mir kann die Szene gestohlen bleiben.

Da gehe ich gestern ins U4.
Fängt ein Mädchen an mit mir zu reden.
Schwarze Lippen, grünes Haar,
da kannst du ja Angst bekommen, wirklich wahr.

Ich will wieder heim …

Niemals spiele ich mehr in Wien.
Wien hat mich gar nicht verdient.
Ich spiele höchstens noch in Graz,
Sinabelkirchen und Stinatz.

Ich brauche keinen Gürtel, brauche keinen Ring.
Ich will zurück hinter den Semmering.
Ich brauche nur das bisschen Geld
für die Fahrt nach Fürstenfeld.

Ich will wieder heim …

2.1 Rätselfrage:
Es ist die spanische Insel Mallorca, weil Hunderttausende Deutsche dort Urlaub machen und auch viele
Deutsche fest auf Mallorca leben.

2.2 4, 8, 13, 14 und 16 sind erst seit der Vereinigung 1990 Bundesländer der BRD.

2.4 1. Bundesregierung
2. Bundespräsident
3. Bundeskanzler
4. Bundestag
5. Bundesrat
6. Bundesverfassungsgericht

3.3 a2 – b3 – c4 – d5 – e1

4.1 1. des Bundesrats, des Menschen, des Gesetzes, des Parlaments, der Gemeinde, der Frauen

4.2 Maskulinum: des/(e)s
Neutrum: des/(e)s
Femininum: der/–
Plural: der/–

4.3 1. des Volkes
2. dieses Landes
3. der Gesundheitsministerin
4. dieses Film(e)s
5. deines Arztes
6. ihrer Kinder

5.1 1b – 2c – 3e – 4a – 5d

7.1 Kreisler verschiebt den Wortakzent auf die erste Silbe: Politiker statt Politiker

8.2 1g – 2i – 3j – 4k – 5m – 6o – 7p – 8f – 9e – 10c

EINHEIT 12

1.5
1. Zukunft
2. ins Unendliche
3. hoch hinaus
4. Aufstieg
5. originell
6. Fortschritt-, dann stürzt er ab
7. wie er in der Erde befestigt ist
8. ob er jemals ankommt
9. hochklettern

2.1 Pablo Picasso hat das Kunstwerk 1942 geschaffen und es „Stierschädel" genannt.

3.1 Heureka: Zürich
Fasnachtsbrunnen: Theaterplatz in Basel
Lichtskulptur: Hauptbahnhof in Basel

3.2 Provokation: Skandale und Provokationen gehörten von Anfang an zu seinem künstlerischen Repertoire.
Vielseitigkeit: Er schuf – neben seinen berühmten Maschinen und Skulpturen – auch Plakate, Halstücher, Krawatten und architektonische Entwürfe.
Öffentlichkeit: Seine „Heureka"-Maschine machte ihn in der ganzen Schweiz bekannt. Er kannte seine Medienwirkung und nutzte sie geschickt.

6.1 1b – 2a – 3b – 4c– 5b – 6a – 7b – 8b – 9a – 10c

EINHEIT 13

2.1 Beispiele:
Während einer „Berufsausbildung" lernt man einen Beruf.
Bei einer „Untersuchung" erforscht man etwas. Man will eine Frage beantworten z.B. Wer hat welche Ausbildung.
Ein „Erwerbstätiger" ist jemand, der bezahlte Arbeit leistet.
Wenn man die Prüfungen an einer Hochschule bestanden hat, dann hat man einen „Hochschulabschluss".
Ein „Ungelernter" ist jemand, der keinen Beruf erlernt hat. Der „Lebensunterhalt" ist das Geld, das man zum Leben (für Wohnen, Essen usw.) braucht.

2.2 Beispiele:
Während es 1976 noch 35 Prozent ungelernte Arbeiter gab, werden es 2010 wahrscheinlich nur noch 10 Prozent sein. Die Zahl der Erwerbstätigen mit abgeschlossener Lehre oder Berufsfachschulabschluss steigt von 51 Prozent auf 63 Prozent. Immer mehr Menschen werden einen Hochschulabschluss machen. Im Jahr 2010 wird es 17 Prozent Erwerbstätige mit Hochschulabschluss geben.

3.2
1. Statt die Arbeitslosigkeit zu finanzieren …
2. Es wäre besser, stattdessen … ein „Grundgehalt" zu bezahlen …
3. Stattdessen sollte man die Arbeitszeit verkürzen …

3.3
2. … stehen wir täglich im Stau.
3. … immer mehr zu verdienen.
4. … wird die Arbeitslosigkeit finanziert.
5. … werden neue Dienstleistungsjobs entstehen.
6. … zur Bank zu gehen.

5.3 der Lohn – die Kosten – die Arbeit – der Platz – die Zeit – die Verkürzung – die Konkurrenz – die Fähigkeit – die Existenz – das Minimum – die Produktion – die Abgaben – die Teilzeit – die Kündigung – der Schutz – der Betrieb – der Rat

5.4
1. Sozialabgaben
2. Produktionskosten
3. Existenzminimum
4. Betriebsrat
5. Konkurrenzfähigkeit
6. Rationalisierung, Arbeitsplatz
7. Gewerkschaften
8. streiken

6.2   R: 1, 4, 5, 7, 9

EINHEIT 14

2.2   Beispiele:
Zeus war ein griechischer Gott. Europa stammte aus Phönizien, dem heutigen Libanon. Zeus hat sich in die am Strand spielende Europa verliebt. Er nahm Europa mit nach Kreta. Der Historiker Herodot wusste nicht, woher der Name des Kontinents stammt. In der Antike war der „Kontinent" viel kleiner als heute.

4.1   a5 – b3 – c1 – d2 – e4

5.1   Dänemark – Deutschland – Spanien – Frankreich – Irland – Italien – Griechenland – Luxemburg – Niederlande – Österreich – Portugal – Finnland – Schweden – Großbritannien

5.3   Nicht zum Text passen: Wiener Schnitzel (3. v.o.) und Choucroute (Eine Spezialität aus dem Elsass mit Würstchen, Schweinebauch, Rippchen, Kartoffeln und Sauerkraut, 4. v.o.)

EINHEIT 15

2.3   1. Zeile 4/5 – 2. Zeile 21–23 – 3. Zeile 1 – 4. Zeile 7–10/14–16 – 5. Zeile 6

3.3   1. entwischen 2. Flotte 3. blamiert werden 4. eingestehen 5. vorausspringendes Heimweh 6. die Kumpels 7. sein Leben riskieren

4.2   Bild 1: Er liest den Artikel über seine Geschichte in einer westdeutschen Zeitung.
Bild 1: Gompitz in der Ständigen Vertretung der DDR

Bildquellen: allover: © Gohsens, S. 153 (Mitte links); © Kröner, S. 120 (unten rechts), S. 153 (unten links), S. 155 (2. von links); © Lantelmé, S. 120 (oben rechts), S. 153 (oben), S. 156 (unten rechts); © Müller, S. 153 (Mitte), S. 155 (2. von rechts); © Nagels, S. 122 (unten); © Rosenthal, S. 153 (Mitte rechts); © Rüther, S. 120 (links), S. 121 (oben); © van Vliet, S. 153 (unten rechts) − © Archiv für Kunst und Geschichte, S. 10 (3.), S. 29 (oben), S. 38 (f), S. 41 (rechts), S. 63 (links), S. 68 (f), S. 88 (links), S. 89, S. 104, S. 163 (3), S. 164 (unten), S. 180 (oben); Archiv für Kunst und Geschichte: © AP, S. 50 (1, 5), S. 51; © Lessing, S. 74 (unten), S. 148 (oben links); © Koch, S. 148 (oben rechts) − Artothek: © Blauel, S. 148 (unten links); © Koch, S. 148 (oben rechts) − Bavaria: © TCL, U2 − © Bildarchiv Preussischer Kulturbesitz, S. 28 (rechts), S. 68 (g); Bildarchiv Preussischer Kulturbesitz: © Petersen, S. 10 (1.) − Bilderberg: © Baumgartl, S. 87 (Mitte); © Engler, S. 36 (2. von oben links, 2. von unten); © Schmid, S. 165 (2. von unten) − © Binder, U3 − © The Body Shop Deutschland, S. 105 (oben) − © 1998 King Features Syndicate Inc./Distr. Bulls, S. 56; 1999 Quino/Distr. Bulls, S. 117 − © Cornelsen, S. 40, S. 43, S. 47 (unten), S. 128 (unten), S. 136, S. 162 (rechts), S. 164 (oben links), S. 177 (rechts); Homberg, S. 17, S. 25 (unten), S. 26 (1, 2, 3), S. 58 (unten), S. 59, S. 68 (oben, a, b, d, h), S. 84 (rechts), S. 108, S. 116 (oben), S. 138, S. 151; Kämpf, S. 42; Kirschke, S. 77 (oben); Kleber, S. 113; Ludwig, S. 105 (unten Mitte); Mouginot, S. 11 (rechts), S. 21 (Mitte rechts) − © Daimler Benz AG, S. 91, S. 92 − © Diogenes Verlag, Zürich, Helme Heine, aus: „Uhren haben keine Bremse", 1985, S. 19 − documenta Archiv: © Bleicker, S. 144 − © dpa, S. 93, S. 167 (a); dpa: © Beck, S. 133; © Greenpeace, S. 173; © Paetow, S. 54; © Schmitt, S. 131 − © Evangelische Pressestelle für Weltmission, S. 134 (unten), S. 135 − Focus: © Hoepker/Magnum, S. 134 (5); © Jepsen, S. 107 (unten) − Das Fotoarchiv: © Durrans, S. 134 (3); © Eisermann, S. 122 (2. von oben); © Hollenbach, S. 128 (oben links); © Horwarth, S. 156 (links); © Moris, S. 170 (rechts); © Müller, S. 36 (oben); © Oberhäuser, S. 159; © Owen, S. 134 (1); © Riedmiller, S. 36 (unten rechts); © Sackermann, S. 128 (oben rechts); © Scheibner, S. 36 (unten links) − © Funk, S. 12, S. 21 (Mitte links), S. 29 (unten), S. 111 (oben), S. 118 (oben), S. 122 (oben), S. 123 (rechts), S. 137 − © Editions Gallimard, S. 82 − Graffiti: © Stoppel, S. 141 (oben links) − © Hanel, S. 163 (unten links) − © Hofmann, S. 28 (links) − © Hoppe, S. 81 (3) − Bildagentur Huber: © Giovanni, S. 171 (oben); © Leimer, S. 79 (1, 2); © Radelt, U1 − Image Bank: © Barto, S. 101 (unten rechts); © Becker, S. 85 (unten); © Delespinasse, S. 76 (oben links); © King, S. 10 (2.); © Murray, S. 169 (2. von unten) − © Interfoto, S. 38 (b, g), S. 88 (rechts, Mitte); Interfoto: © Baptiste, S. 45 (oben links); © Braun, S. 141 (unten); © Hänel, S. 35 (unten); © Popper, S. 45 (unten rechts); © Rose, S. 38 (a); © Sammlung Rauch, S. 38 (c), S. 74 (oben), S. 163 (2) − © 1997 Kenji Kawakami, aus: „Chindogu oder 99 (un)sinnige Erfindungen", S. 72, S. 73 − © Keystone, Zürich, S. 146, S. 147 − Keystone Pressedienst, Hamburg, S. 38 (i), S. 63 (rechts), S. 163 (7), S. 170 (Mitte), S. 175 − © Koenig, S. 112, S. 123 (Mitte) − © Kurverwaltung Münstertal, S. 35 (oben) − © Kurverwaltung St. Peter-Ording, S. 36 (2. von oben rechts) − laif: © Bermes, S. 10 (5.); © Bindrim, S. 116 (Mitte); © van Cappellen, S. 167 (b); © Eid, S. 167 (c); © Krause, S. 122 (2. von unten); © Püschner, S. 163 (4); © Ulutuncok, S. 134 (2); © Wegner, S. 167 (e); © Zanettini, S. 165 (oben, unten) − © Linde AG, S. 68 (e) − Mauritius: © AGE, S. 10 (4.), S. 85 (oben), S. 87 (links), S. 105 (unten links); © Cash, S. 50 (2); © Gierth, S. 179 (oben); © Grasser, S. 13; © Kuchlbauer, S. 38 (d); © Mollenhauer, S. 76 (unten links); © Noble, S. 87 (rechts); © Dr. Pott, S. 24 (links); © Raga, S. 76 (Mitte rechts); © Schön, S. 180 (unten); © Schwarz, S. 24 (unten rechts); © Sporting Pictures, S. 24 (oben rechts); © Thonig, S. 171 (Mitte); © Wendler, S. 101 (unten links); © World Pictures, S. 24 (Mitte) − Museum der bildenden Künste Leipzig: © Gerstenberger, S. 30 − © Museum für Post und Kommunikation, S. 177 (links) − © Picture Press/Brigitte/Young Miss Syndication, S. 158 (oben rechts) − Plus 49/Visum: Kaiser, S. 156 (oben rechts) − © Postbank, S. 158 (unten) − © Pretsch, S. 118 (unten) − © pwe Kinoarchiv Hamburg, S. 50 (3), S. 185 (unten) − © Rauschenbach, S. 64, S. 65 − Réunion des Musées Nationaux: © Hatala, S. 145 − © Rohrmann, S. 11 (links), S. 21 (oben), S. 38 (l), S. 71, S. 81 (4), S. 123 (links), S. 134 (4), S. 222 − © Schapowalow, S. 169 (oben); Schapowalow: © Atlantide, S. 21 (unten), S. 85 (Mitte); © Beisert, S. 111 (unten); © Comnet, S. 83 (unten); © Florence, S. 105 (unten rechts); © Heaton, S. 81 (5), S. 83 (Mitte); © Pelka, S. 101 (unten); © Pratt-Pries, S. 81 (1), S. 84 (links); © Waldkirch, S. 83 (oben) − Bildagentur Schuster: © Mallaun, S. 178 − © Sportimage, S. 50 (4) − Superbild: © Bach, S. 153 (unten Mitte); © Ducke, S. 162 (oben links), S. 169 (Mitte); © Loewen, S. 169 (unten); © Nießner, S. 179 (unten); © Southern Stock, S. 169 (2. von oben); © Willmann, S. 162 (unten links) − Tom, S. 160 − Transglobe: © Bäsemann, S. 116 (unten); © Halaska, S. 155 (rechts); © Kähler, S. 121 (Mitte); © Martino, S. 81 (2); © Nieto/Jerrican, S. 155 (links); © Schäfer, S. 107 (oben) − Ullstein, S. 38 (e, h), S. 41 (Mitte), S. 45 (oben rechts, unten links), S. 163 (1, 6); Ullstein: © AP, S. 76 (oben rechts), S. 165 (2. von oben); © Bach, S. 38 (k); © Bartelsen, S. 158 (oben links); © Engler, S. 47 (oben); © Keystone Pressedienst GmbH, S. 41 (links); © Leibing, S. 170 (links); © Lombard, S. 163 (5); © Michaelis, S. 102; © P/F/H, S. 142; © Reuters AG, S. 76 (Mitte links, unten rechts), S. 167 (d); © Schraps, S. 48; © Springer, S. 38 (j); © Tollkühn, S. 25 (oben) − © Vario-Press, S. 181 − © VCS-Zeitung, Nr. 8/92, S. 103 − © VDV, S. 95 − VG Bild-Kunst, Bonn, 1999: © Münter, S. 148 (oben rechts) − Voller Ernst: © Langrock, S. 129 − © A.R. Penck, courtesy Galerie Michael Werner, Köln & New York, S. 148 (unten rechts) − © Wiener Tourismusverband: © Gsellmann, S. 79 (6) − Zefa: © Norman, S. 50 (6); © Rossi, S. 26 (4) − DIE ZEIT: © Murschetz, S. 163 (unten rechts), S. 166 − Zenit: © Langrock, S. 121 (unten). **Textquellen:** © Anrich Verlag, Weinheim, Ursula Fuchs, aus: „Emma oder die unruhige Zeit", 1979, S. 11 − © Auslandsbeauftragte des Landes Bremen, aus: „,Wir' Inländer und ‚die' Ausländer", S. 105 − © Deutscher Taschenbuch Verlag, München, Nai-Li Ma, aus: „In zwei Sprachen leben", hg. von Irmgard Ackermann, 1983, S. 106-109 − © Haffmans Verlag AG, Zürich, Robert Gernhardt, aus: „Heilig Abend zusammen, Die Falle", 1998, S. 130 − © Verlag Kiepenheuer & Witsch, Köln, Wolf Biermann, aus: „Dichter erzählen Kindern", S. 132-133 − © Georg Kreisler, „Was für Ticker?", S. 142 − © Edition Freiheit der Mambo Musik Verlags- und Produktions GmbH u. Co. KG, c/o Sony Music Publishing, Frankfurt am Main, Münchener Freiheit, „Verlieben, verlieren...", S. 54 − © Moderato Musikproduktion GmbH/George Glueck Musik GmbH, Berlin, Die Prinzen, „Mein Fahrrad", 1991, S. 102 − © Patmos Verlag, Düsseldorf, Klaus W. Hoffmann, „Lied eines Nordseewassertropfens", S. 114 − © Picture Press/Brigitte/ Young Miss Syndication, S. 158-159 − © PolyGram Songs Musikverlag GmbH, Hamburg, Udo Lindenberg, „Horizont", S. 185 − © Rowohlt Verlag GmbH, Reinbek, Friedrich Christian Delius, aus: „Der Spaziergang von Rostock nach Syrakus", 1995, S. 171-181 − © Edition Karl Scheibmaier, Wien, STS, „Fürstenfeld", S. 128-129 − © Suhrkamp Verlag, Frankfurt am Main, Peter Bichsel, aus: „Geschichten zur falschen Zeit", S. 23. ■ Nicht alle Copyrightinhaber konnten ermittelt werden; deren Urheberrechte werden hiermit vorsorglich und ausdrücklich anerkannt.